21世纪通用法学系列教材

法律实务教程

LAW TEXTBOOKS FOR NON-LEGAL MAJORS

主　编　郑新建　张　鹏

撰稿人（以撰写章节先后为序）

张　鹏　孔维强　张　静　郑新建

中国人民大学出版社

·北京·

图书在版编目（CIP）数据

法律实务教程/郑新建，张鹏主编. —北京：中国人民大学出版社，2014.9
21 世纪通用法学系列教材
ISBN 978-7-300-19899-6

Ⅰ.①法… Ⅱ.①郑…②张… Ⅲ.①法律-中国-高等学校-教材 Ⅳ.①D92

中国版本图书馆 CIP 数据核字（2014）第 190218 号

21 世纪通用法学系列教材
法律实务教程
主编 郑新建 张 鹏
Falü Shiwu Jiaocheng

出版发行 中国人民大学出版社
社 址 北京中关村大街 31 号 邮政编码 100080
电 话 010－62511242（总编室） 010－62511770（质管部）
010－82501766（邮购部） 010－62514148（门市部）
010－62515195（发行公司） 010－62515275（盗版举报）
网 址 http://www.crup.com.cn
http://www.ttrnet.com(人大教研网)
经 销 新华书店
印 刷 北京七色印务有限公司
规 格 185 mm×260 mm 16 开本 版 次 2014 年 9 月第 1 版
印 张 13 插页 1 印 次 2018 年 10 月第 2 次印刷
字 数 316 000 定 价 25.00 元

前 言

案例是活的法律，是法律观念、法律理论、法律条文在法律实践中的交集、融汇和结晶。诚如德国比较法权威学者拉贝尔所说："有法律而无相关判决，犹如仅有骨骼而无肌肉。"案例不仅诠释着法律的实际适用状况，而且通过案例可以领会和掌握法律条文和法学理论的精髓以及实际操作技术。

在我国当前的法学教育中，案例教学法是重要手段之一。它是指在法学教学实践中，教师依据教学大纲和教材，根据教学需要，在学生学习基础理论的前提下，选择典型案例，通过分析、讨论等多种形式，以案说法、以法说案，在实践中培养学生活学活用法律知识的一种教学方法。其基本流程是：第一，案例的选择。即老师在准备讲解一个具体法律问题时，先交给学生一个案例（这个案例可能并没有真实的判决结果），以此诱导学生产生学习的动机。第二，法律文义的学习。法律的抽象性和原则性决定了在认识和掌握某些法律概念、法律术语时必须结合实例。这一阶段是要帮助学生认识法律的存在形式，对于法条的文义借助案例加以说明。第三，案例讨论。在学生获取了相关的法律基础知识，熟谙相关法律条文的基础上，选择一些典型、疑难案例供学生课后练习，这样可以巩固所学理论，提升对法律的识别能力和运用能力。很显然，我国目前的案例教学与英美法国家的判例教学还是有很大区别的。第四，总结、归纳。

本书在编写上以案例教学法为主要依据，每一节内容基本上都采取了"案例导入"、"知识讲解"、"案例评析"、"延伸阅读"的结构，让学生既可以了解一般案件的审判知识，又可以掌握一定深度的相关法学理论和知识，内容难度循序渐进，易于理解和掌握。针对理论性较强的法学基础理论、宪法等章节，增加了"法学故事"和"经典案例"的介绍和解读，并辅以图片和漫画，既增加了趣味性，又可以让学生了解法律文化和历史发展。在每一章最后，设置了"知识点思维导图"和"实战练习"，便于学生总结、归纳和实际训练。

本书作者均为河北广播电视大学教学一线教师，具有法学硕士以上学历，教授或大学讲师职称，拥有较高的法学理论素养和多年的教学实践经验，熟悉法律适用中的重点、疑点和难点问题，写作针对性强。

本书分为法律基础知识和法律应用知识两编，共 11 章，第一章法学基础理论，第二章宪法，第三章刑法，第四章民法，第五章行政法，第六章交通法，第七章劳动法，第八章婚姻家庭法，第九章继承法，第十章侵权责任法，第十一章合同法。

河北广播电视大学教师郑新建、张鹏担任本书主编，负责总体策划、大纲编制、统稿和组织实施。作者写作分工如下：张鹏（第 1～5 章、第 11 章）；孔维强（第 6、7 章）；张静（第 8、9 章）；郑新建（第 10 章）。

本书编写过程中参阅了大量的论著、教材和研究成果，我们尽可能地做了说明，谨此对有关作者表示衷心的感谢。

特别感谢，竭红云老师为本书绘制漫画插图。

由于编者水平有限，书中难免存在疏漏之处，敬请批评指正。

编者

2014年7月23日

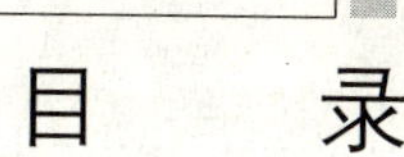

第一编 法律基础知识

第二编 法律应用知识

第一编

法律基础知识

第一章
法学基础理论

学习目标：通过本章的学习，对法学的基本理论和知识有一个初步的了解，在这一过程中，既要增进法学知识，又要尽可能地形成法律学习的历史感和整体把握法律的思想意识，培养法学思维，增强对现实法律现象的分析能力。本章的学习有一定难度，需要了解法的词源和词意、法的价值、法律监督，重点掌握法的外部特征和本质、法的创制和法的实施。

第一节　法的概念和本质

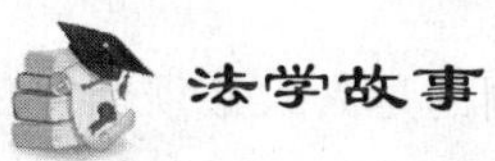

法学故事

洞穴奇案

五名山洞探险者在一次探险活动中，因为遭遇山崩被困洞中。营救行动随即开始，并且持续了数天时间，在此期间，被困者和营救者均面临生死考验。新的山崩持续不断，不但严重阻碍了营救行动，更造成10名营救者死亡，但这些都没有阻止营救的努力。终于，在探险者被困的第三十二天，营救行动获得成功。然而，人们在洞中只发现4名虚弱的幸存者，他们不幸的同伴——威特莫尔先生，没能坚持到最后一刻。更不幸的是，威特莫尔先生并非死于意外、疾病或者饥饿，他是以抽签方式被选中和杀死，成为自己同伴的救命食粮。随之而来的是一场令人无法忘怀的审判：4名幸存者被控犯有谋杀罪。在长达三个月的法庭调查和辩论之后，4名被告一审谋杀罪名成立，被判处绞刑。

如何评价和处理这四位吃了人的幸存者？法律能够做什么？法律应该体现一种怎样的正义？

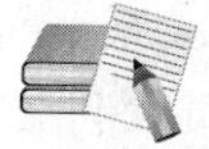

知识讲解

一、法的词源和词意

在古代汉语中，“法”和“律”两个字最初是分开使用的，含义也不同，以后发展为同义，合称法律。根据中国的第一部字书《说文解字》记载：“法”的古体字是“灋”。“灋，刑也。平之如水，从水；廌，所以触不直者去之，从去。”“廌”是一种独角兽，也叫獬豸，它性知有罪，有罪触，无罪不触。这也是古代的一种“神兽裁判”的思想。[①]

獬豸

清朝执法官员的补服

在清朝，凡是执法者，在他的补服上都有獬豸的标志。从以上我们可以看出，法的确有平、正、直以及公正裁判的含义。

《说文解字》称：“律者，均布也。”均布是古代用来调音律的工具。把律比做均布，说明律有规范人们行为的作用，是人人必须遵守的规范。

可见，“法”是指判断平、正、直的一种标准，而“律”则主要强调的是人人必须遵守。把“法”与“律”连用，就是说这种“律”是一种包含国家确认的判断平、正、直的标准的“律”。

二、法的外部特征

“法”是指国家判断人们行为的是非曲直的标准，其外部特征包括：

(一) 法律是一种行为规范

法律规范规定人们可以怎样做、应该怎样做或禁止怎样做，它是评价人们行为是否合法的标准，是指引人们的行为、预测未来行为及其后果的尺度，同时也是制裁违法行为的依据。

(二) 法律是由国家制定或认可的

制定和认可是国家创制法律规范的基本方式。认可，是指承认已有的行为规范有法律效力。制定，是指创制新的规范。制定虽是创制新的规范，但也不是凭空想出来的，往往是经验的总结，是带有一定预见性的经验总结。

(三) 法律是通过规定社会关系参加者的权利义务来确认、保护和发展一定的社会关系

法与权利、义务的概念是不可分的。任何法律规范都是直接、间接的关于社会成员权利义务的规范。法是对已有的或可能有的权利义务关系的认可。这一点我国古代法学家商鞅曾讲过。他认为法有“定分”的作用，而“定分”就能够“止争”。所谓“定分”实际就是确定人们的权利义务的关系。商鞅认为权利义务关系明确了，就可以减少无谓的争端，可以说这个思

① 参见张文显主编：《法理学》，43页，北京，高等教育出版社，2001。

想在当时是相当深刻的。

（四）法律是有国家强制力作保障的规范

这是法律规范区别于其他社会规范、技术规范的重大特点。人们遵守法律规范，当然不单纯是出于对国家制裁的惧怕，而有种种其他原因。在社会主义国家人们对法律规范的遵守大都出于自觉。但是国家强制力的保证仍是法律规范区别于其他规范的重要标志。一种规范如果没有国家强制力的保证，那么违反了这种规范就可以不受国家法律的制裁，则这种规范不是法律规范。法律规范是有国家强制力保障的规范，即违反了它，要受国家制裁。

三、法的本质

法最主要的特征是从“国家—阶级关系—物质生活条件”的关系链来理解法的本质。

（一）法是被奉为法律的国家意志

作为法律的国家意志不同于国家意志的其他表现形式的地方在于，它不是针对个别人、个别情况颁布的，而是具有普遍的效力。由于法律具有国家意志的特征，所以它表现出一般统治的特点。

一般统治即法律统治，它不是任何个人统治，也不是社会上哪一部分人、哪一阶级或阶层的统治，而是代表国家意志的统治，社会上的所有人，无论是统治者还是被统治者，无论来自何种社会群体，无论是一个群体中的哪一部分人，都必须遵守法律。[①]

（二）法是统治阶级意志的体现

马克思主义法律观的鲜明特征是把具有普遍约束力的法律、国家意志放到阶级关系、政治关系、统治和被统治关系的框架中加以分析。迄今为止的整个文明社会的历史，都是阶级斗争的历史。占统治地位的个人要取得对整个社会的统治地位，就必须利用国家组织自己的力量，利用法律使自己的意志上升为国家意志，从而取得普遍性和合法性。

一旦统治阶级取得了国家政权，颁布了法律，他们与被统治阶级的斗争似乎就不再是一个阶级对另一个阶级的斗争，而成为代表整个社会的国家、法律和代表与社会利益、国家利益相违背的个别利益之间的斗争。

法是统治阶级意志的体现，但它又必须具有代表全社会的属性，法作为统治阶级的代表和作为全社会的代表是法的本质的内在矛盾。无论历史上还是现实中，任何一个阶级要执行政治统治职能，它都必须首先具有全社会意义上的公共职能，如果不执行公共职能，其政治统治职能就不可能长久维持下去。

四、法的概念

法是由国家制定和认可，体现统治阶级意志，以规定人们的权利和义务为调整机制，并由国家强制力保证其实施的社会规范的总称。

法理评析

“洞穴探险者”一案的是富勒教授基于部分现实，精心构建的一个引发人们去思考的法律

① 参见朱景文主编：《法理学》，2版，24页，北京，中国人民大学出版社，2007。

故事，这一故事集中地、深层次地反映了法律和道德在个案中的冲突和矛盾。关于“洞穴探险者”案件的讨论，一直是激烈且多元化的。从这个故事被发表到现在，不同法学流派对本案的审理存在着各种各样的见解。每种见解都像一束光，从不同的方面照亮了案件，但又或多或少地存在不能触及和无法让人完全信服的部分。这一案件的特殊性使得无论是支持判决有罪者还是认为探险者无罪的人都有足够的理由来支持自己的观点，但又无法使自己的意见在法学理论家（如果是全体公民都参与讨论，应该是可以形成多数意见的结论的）中间得到普遍的支持和认可。最终，无论是富勒教授还是续作者萨伯，都倾向于将本案存疑。

对于这么一个著名的、理论家广泛探讨的案件，虽然大家都想给出一个一锤定音的“最后判决”，但是可惜的是，“第十五个判决”的作出并非易事。

延伸阅读

中外经典法律名言

1. 法律不应该被看做（和自由相对的）奴役，法律毋宁是拯救。（亚里士多德：《政治学》）

2. 我在这块土地上创立法和公正，在这时光里我使人们幸福。（古巴比伦《汉谟拉比法典》卷首语）

3. 处于国家领导地位的人应该具有这样的义务感：第一，他们不论做什么，都要符合公民的利益；第二，他们应该维护国家的整体，而不要为维护某一个部分而忽略了其他的部分（古罗马法学家西塞罗：《论义务》）

4. 一次不公正的裁判的罪恶甚于十次犯罪。因为犯罪污染的只是水流，而枉法裁判污染的却是水源。（17世纪英国哲学家培根）

《汉谟拉比法典》，是迄今发现最早的完整成文法典

5. 刑罚的目的既不是要摧残折磨一个感知者，也不是要消除业已犯下的罪行……刑罚的目的仅仅在于：阻止罪犯再重新侵害公民，并规诫其他人不要重蹈覆辙。（18世纪意大利法学家贝卡里亚：《论犯罪与刑罚》）

6. 法律的制定是为人们享受和平的、有德行的生活所必需的。（13世纪欧洲神学家阿奎那）

7. 所谓正义，主要的不是关于实际规则的对或错。人类的正义，是要求同样的事情，按同样的规则来处理，而且，这种规则应能适用于一切人，适合于一切人与生俱来的本性。（古罗马法学家）

8. 法律高于国王之上，连国王也不得违反。（13世纪英国《大宪章》的精神）

9. 余致力于国民革命凡四十年，其目的，在中国之自由平等……（孙中山：《总理遗嘱》）

10. 人人完全平等地有权由一个独立而无偏倚的法庭进行公正的和公开的审讯，以确定他的权利和义务并判定对他提出的任何形式指控。（1948年联合国《世界人权宣言》第10条）

第二节　法的价值

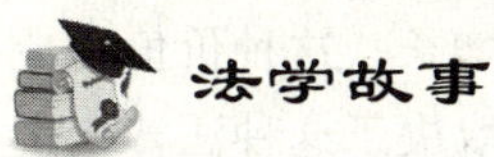

所罗门的智慧

所罗门是历史上以色列的国王。据传说，有两个妇人争夺一个孩子，让所罗门王来裁决。所罗门王说："既然你们都说，孩子是自己的，然而你们均没有足够的证据证明孩子确实是自己的，那么就将孩子劈成两半，你们一人一半，这样不就公平了?"所罗门的话是严肃的。此时，所罗门的手下要执行所罗门的命令。其中一个妇人同意这个分法，认为所罗门王英明；而另一个妇人大哭，说："亲爱的所罗门王，我不要孩子了。整个孩子归她吧。"此时，所罗门对大哭的妇人说："你才是孩子的母亲。母亲是爱孩子的，宁愿不要孩子，也不要孩子死啊。"所罗门命令手下把那个争孩子的假母亲抓了起来，重重惩罚。

这里，结果是公平的——孩子归他的母亲，获得这个结果的方式是充满智慧的。所罗门王所用的策略是不可重复的，这只有在特殊情况下才能得到。那两个妇人均是在不知道所罗门王的真正意图的情况下表达出自己的偏好的，真母亲首先希望孩子活着，其次才是孩子回到自己的身边；假母亲首先关心的是不要输掉官司，孩子的生死是次要的。我们看到，这里的公平的分配不是指平均分配，也不是双方均满意的分配，而是合理的分配。分小孩的故事告诉我们公平不是平均。

一、法的价值的概念、特性

(一) 价值的一般含义

从哲学的意义上讲，价值这一概念可以从两个基本的方面来理解：

首先，价值反映的是人与自然、人与社会的关系，揭示的是人的实践活动的动机和目的。人的实践活动都是为了把客观存在的对象改造成为满足人类自身需要的事物。人和物之间的这种需要与满足的对应关系，就是价值关系。

其次，"价值"是用以表示事物所具有的对主体有意义的、可以满足主体需要的功能和属性的概念。所以，在人类的实践中，凡是对人有用、有利、有益的，能够满足人的某种需要，有助于实现人的目标的东西，就是有价值的，就会得到人们的肯定性的评价。反之，那些不能满足人的需要，无助于人实现目标，对人无用、无利甚至有害的东西，就是无价值的或负价值的，必然受到人们的否定性评价。[①]

以上是从哲学意义上来阐释价值，那么法的价值是什么呢?

(二) 法的价值的概念

法的价值或者说法律的价值并非中国法律传统所固有的概念，而是从西方法学移植而来的一个概念。

---

① 参见李德顺：《价值论》，"前言" 3 页，北京，中国人民大学出版社，1987。

法的价值，是指法律在发挥其社会作用的过程中能够满足个人、群体、阶级、社会需要的积极意义。例如，人身安全、财产安全、公民的自由、社会的公共福利、经济的可持续发展、善良风俗的维持、环境的保护与改善，等等，这些都是美好和值得珍惜的，都是有价值的。法律发挥社会作用的目的就在于对这些有价值的事物予以保护并促进它们的增长。这种价值构成了法律所追求的理想和目的，所以一种法律制度有无价值、价值大小，既取决于这种法律制度的性能，又取决于一定主体对这种法律制度的需要，取决于这种法律制度能否满足一定主体的需要以及满足的程度。

二、法与自由、秩序、正义的关系

（一）法与自由

自由是人类社会的价值，也是法所应体现的价值，实现自由，不仅对国家的立法，而且对法的实施，都是具有促进作用的。就立法而言，人们只有掌握了客观规律，实现了由必然王国向自由王国的转变，才能更科学地制定法律。就法的实施而言，自由的实现，使大多数人从被奴役的状况下解放出来，可以在更广泛的空间发挥每个人的潜在能力，提高各自的全面素质，从而为法的执行和法的遵守提供较好的社会文化条件。自由，像平等一样，是衡量法的进步与落后、专制与民主的标准。脱离自由的法，必然是落后的、专制的法。

自由的实现取决于一系列的社会条件（包括政治条件、经济条件）的保障。其中，法是保障自由、实现自由的一个重要条件。在民主社会中，法的目的之一就是保护和扩大人们的自由，使大多数人摆脱不合理的奴役和压迫，能够独立、自主地从事一定的活动，选择自己的行为。

自由的法律保护，主要是指从立法和执法方面采取具体的保护措施和法律制度来实现人们在社会政治生活中的诸种自由。在立法上，自由的保护表现在两个方面：一是确立自由原则；二是规定法律上的自由权。[①]

自由是从事一切对他人没有害处的活动的权利。因此它必须有一个合理的限度。超过了这个限度，就不再是国家法律许可和保障的行为。相反，要受到法律的禁止和限制。

法律对自由的限制，严格来说，就是法律为人们行使自由权确定技术上和程序上的活动方式和活动界限。它也像自由的法律保障一样，反映着国家、社会对个人自由的认识和基本的态度。法律上对自由予以限制表现在三个方面：（1）禁止自由的权利人利用自由进行自我伤害。比如：法律禁止自杀、赌博、决斗等行为。（2）禁止在行使自由时侵犯他人的相同的自由和其他权利。（3）自由的行使必须体现个人利益与社会利益、国家利益的统一，应当有利于或至少无害于社会（集体）利益、国家利益，应当有利于或至少无害于社会、集体和国家。

（二）法与秩序

秩序（order）一词，可以从两个角度来认识。从静态来看，秩序是指自然、社会中的事物和人处于其适当的位置，形成固定的、有规则的、合理的关系。从动态来看，秩序意味着自然、社会运动过程的一致性、连续性和确定性。

---

① 自由权是指法律所规定的，人们能够按照自己的意志独立作出一定行为或不作出一定行为或者免受他人约束、干预的权利。

秩序构成了物质世界永恒运动和人类社会生存的基础。秩序是人类一切活动的必要前提，是社会发展所应追求的基本价值。秩序，是法律所要实现的最基本的价值，它构成法律调整的出发点，也是法律所要保护和实现的其他价值的基础。

法律本身固有的性质，决定了它既是社会秩序的象征，又是社会秩序的保护手段。法律在预防和制止社会的无序状态方面起着其他社会调整手段（如道德、习俗、宗教等）不能取代的作用，表现在：（1）法律通过其制定、执行和遵守过程，影响和引导人们遵守一般的社会规范，从而使一些不受调整的社会关系得到有效的疏导和整合，使之处于一定的秩序状态；（2）法律将一些重要的社会关系加以确认，作为保护对象，在这些对象遭到破坏时，法律将采取制裁等保护措施，施加于一定的人或机构，而使原来的社会关系得以恢复，重新回到其所应有的连续性和稳定性状态；（3）法律通过直接调整一定的社会关系，使这些关系本身具有法律的性质和意义，由此而形成有条不紊的状态，也就是法律秩序。在现代社会中，离开法律对社会关系的调整，要保证社会秩序的稳定性，是根本难以实现的。

法律对社会秩序的维护表现在诸多方面，其中主要有：（1）建立和维护国家的政治统治秩序。政治统治秩序是一个国家存在的标志，法律的职能之一就是调整各种不同类型的阶级政治关系，使国家政权处于一个相对有序的状态。（2）建立和维护社会公共秩序。社会公共秩序是一个较为宽泛的概念，它包括社会公共生活秩序、生产和交换秩序、工作秩序等。社会公共秩序的稳定是一个国家政治秩序稳定的基础。所以，任何国家的法律都必须调整旨在维护公共秩序的社会关系，以使社会的生产、生活和工作等具有常规性和连续性。（3）建立和维护社会结构组织秩序。社会是一个巨大的结构组织体系，如何合理有效地组织社会、管理社会，分配社会的利益和负担，利用社会的资源，建立社会权利运行机制，也是法律在实现秩序价值时所要完成的具体任务。

（三）法与正义

自古以来人类社会尽管对正义有无数不同的解释，但普遍认为这是一个崇高的价值、理想和目标。法与正义的关系问题始终是古今中外法学中一个永不消失的主题。

什么是正义？通常我们指公平、公正、正直、合理等。这些词可以说含义相当，但意义强弱、范围大小可能有所差别，所以在不同的场合下应选择较为适合的词来表达正义的含义。例如我们通常说：战争是正义的，判决是公平、合理的，这个人是正直的，等等。总的来说，仅从字面上看，正义一词泛指具有公正性、合理性的行为和制度。

在法学历史上，正义也是一个最为混乱的概念之一。可以说，不同时代、不同社会制度、不同国家、不同文化传统甚至可以说不同的人，对正义一词的内容都会有不同的理解。正如美国著名法理学家博登海默所说，“正义有着一张普洛透斯似的脸，变幻无常，随时可呈不同形状，并具有极不相同的面貌”，博登海默这句话表明：没有永恒的正义，正义是随着时代变化而变化的，并且不同的人所追求的正义也很不同。当然，这并不是说社会上每一个成年人都有自己的有关正义的较系统的观点。事实上，每个人都是属于特定的群体的。一般来说，同一群体的人往往有相同的正义观。一个富人和一个穷人，一个宗教信徒和一个无神论者，一个个人自由主义者和一个社会主义者，往往有截然不同的正义观。从这个意义上讲，正义只能是一个历史的相对的概念。当然，正义的概念的历史性、相对性以及阶级性是就正义概念的整体来说的，无论在历史上还是当代世界各国，都存在人类社会普遍接受的某些正义的观念。

延伸阅读

法律信仰的守护者——苏格拉底

公元前399年的一个春日，雅典阿瑞斯山天然半圆形剧场里正上演着一场扣人心弦的审判。被告是年届古稀的哲学家苏格拉底，他从容不迫、掷地有声的辩论把控诉者驳得哑口无言。这位古希腊最著名的智者为什么会被推上被告席呢？苏格拉底一生致力于对哲学真理的追求，他对哲学的热情使人不得不惊叹。虽然生活清贫，但他教人哲学从不收一分钱，他还经常在雅典城的路上及市场中拦截他人并与之探讨生命的意义。他总是热衷于运用自己独特的“助产术”来揭穿那些自命不凡的人，使他们当众出丑。所以，虽然他的周围聚集了一大批崇敬和仰慕他的人，但嫉恨他的人——这其中尤其包括政客和学者——也为数不少。对于反对者们来说，最无法容忍的，就是苏格拉底对雅典的民主政体也毫不客气地大加指摘。雅典素以民主政治而闻名，在大多数雅典人的眼中，民主政体是最优秀的政体，是完美无缺的政治设计。而苏格拉底偏要对着干，他认为在一个社会里，真正的智者是极少数，而绝大部分人都是庸俗的，品行生来就具有缺陷。由大多数人来决定社会的走向，只会降低整个社会的品位，将整个城邦引入黑暗的深渊。因此他公然攻击、嘲笑雅典传统的最高权力机关——人民大会以及抽签选举官吏等民主制度，主张应该由神的使者——智者来管理国家和人民。不过苏格拉底对民主的诘难只是表现在思想和言语上，并没有付诸行动，在一个崇尚自由和民主的社会里，这应该是可以容忍的。不幸的是，在视民主自由为最高价值的雅典（也许正是因为过于珍视的缘故），有那么一小撮人对苏格拉底愤怒到了极点，欲除之而后快。①

第三节　法的创制

经典案例

一个案件引出一部法规——孙志刚案件

2003年3月17日晚上，任职于广州某公司的湖北青年孙志刚在前往网吧的路上，因不能提供暂住证，被警察送至广州市“三无”人员（即无身份证、无暂居证、无用工证明的外来人员）收容遣送中转站收容。次日，孙志刚被收容站送往一家收容人员救治站。在这里，孙志刚受到工作人员以及其他收容人员的野蛮殴打，于3月20日死于这家收容人员救治站。

事发后，孙志刚的亲人在广州奔走了30多天，找了几十个部门，但没有人告诉他们，孙志刚为何而死，谁又该为此负责。5月中旬，三位法学博士向全国人大常委会递交了关于审查《城市流浪乞讨人员收容遣送办法》的建议书，并引起法学界的热烈讨论。5月下旬，又有五位法学家上书全国人大常委会，就孙志刚案提请特别调查程序。6月初，故意伤害孙志刚的12

---

① 资料来源：蒋来用、高莉编著：《法学的故事》，65页，北京，中国和平出版社，2006。

名救治站护工和救治人员，玩忽职守的6名公安、卫生部门的公职人员受到刑事追究。同时，公安、卫生、民政系统的20名相关责任人受到党纪、政纪处分。6月20日，温家宝总理签署国务院第381号令，公布《城市生活无着的流浪乞讨人员救助管理办法》，同时废止1982年5月国务院发布的《城市流浪乞讨人员收容遣送办法》。6月25日，国务院法制办又下发通知，要求各地在当年8月1日前，完成有关收容遣送的规章和规范性文件的清理，凡其内容与救助管理办法相抵触或不一致的，一律进行修改和废止。

知识讲解

一、法的创制的概念

法的创制，又称法的创立。法的创制，最通常的称为立法。

法的创制是指有法的创制权的国家机关或经授权的国家机关在法律规定的职权范围内，依照法定程序，创制、补充、修改和废止法律和其他规范性法律文件以及认可法律的一项专门活动。

认识“法的创制”这一概念，我们需要明确以下四个方面的特征：

1. 法的创制是国家的一项专有活动。

现代社会国家职能从法律权力结构上分析，有立法职能、行政职能和司法职能，而立法职能的履行和实现主要通过法的创制活动；并且，法的创制为其他两项国家职能的履行和实现提供了标准和依据。

2. 法的创制是国家或国家机关依照法定程序进行的活动。

立法程序是规范立法活动的法定规则。这些法定规则是享有立法权的国家机关在立法的过程中必须遵守的，否则，将对立法活动的有效性产生影响，这也是立法这项专门活动区别于其他国家活动的重要标志。

3. 法的创制是国家或国家机关创制、修改、废止法律规范的活动。

首先，立法是创制法律、法规的活动。我们这里讲的创制是指国家机关直接创制新的、成文的法律、法规。我国目前绝大多数法律、法规就是通过这种方式创制的。

其次，立法也是补充、修改或废止法律、法规的活动。补充既可以是在已公布的法律、法规之外另行做补充规定，也可以是在原来的法律中增加一些新的内容，使之更加完善；修改是将法律中部分不适宜的内容加以改变后继续适用；废止则是指某些法律已完成本身的使命或已经不适合现在社会的需要，必须通过法律程序完全取消。因为这种取消是一定阶级意志的表达，所以，废止法律、法规也是立法的活动。

4. 法的创制是法的形成的结尾阶段。

二、法的创制的基本形式

法的创制就其活动内容来说，包括制定、认可、修改和废止法律规范，但法的创制的目的是为社会提供法律规范，因此，以法律规范得以形成为标准，法的创制的基本形式可以分为两类，即制定法律规范和认可法律规范。

制定法律规范，指国家机关根据社会需要，运用立法技术，为人们的社会活动创造出行为规范。这种被创造出来的规范，一般都表现在国家创制的规范性法律文件之中。

认可法律规范，指国家机关根据社会需要，将社会中已存在的一些行为规范认可为法律规范。这里又有两种情况：一是事实上赋予某种规范以法律上的效力，即在法律适用活动中或国家的其他活动中，遵循社会中已存在的某种习惯和惯例，使这些习惯和惯例在事实上进入法律规范体系；二是在国家的法律文件中明确认可某些规范具有法律上的效力。

三、法的创制的阶段

（一）准备阶段

准备阶段是从提出创制新法律规范的建议开始，包括起草规范性文件草案，形成具体法律条文，按照立法规则做一些相应的修改，同有关的机关、团体和人员协商征求意见，一直到草案提交创制法的机关审议结束。

在起草法律文件时，必须考虑到现行立法，确定什么样的法律文件应该被废止，什么样的文件应该被修改。在社会主义国家，规范性文件草案常常是在吸收国民经济科学技术各方面的专家广泛参与讨论的情况下形成的。有重大意义的文件草案，通常根据中国共产党中央委员会的倡议起草，同时会吸收社会各方面人士参加讨论，有的还要进行全民讨论。[①]

（二）确立阶段

这个阶段通常较为程式化，特别是涉及立法机关的活动，通常要通过宪法或其他法律文件加以规定。比如说，由宪法或组织法加以规定。严格意义上的“法律”的创制，要经过四个阶段：一是立法倡议。有立法提案权的部门和人员提出的立法倡议，必须列入立法程序，而没有这种权利的人和组织可以向有立法提案权的机关提出立法建议，但如果不经过有立法提案权的人或组织提出，不能列入立法议程。二是法律草案的讨论。三是法律草案的通过。四是法律的公布。

法的确立阶段，包括草案的讨论，伴随着草案的补充、修正，在必要的情况下法律文件草案可先在法的创制机关的专门委员会进行审议，然后按照法的创制机关的规定进行投票进而通过草案。至此法律的确立阶段结束。

每一个国家机关的创制法的活动，都有自己的特点，但整体说来是按上述一般程序进行的。

四、我国法的创制的基本原则

（一）实事求是原则

实事求是，一切从实际出发，是维护和保障立法科学性的重要原则。

法的创制必须把现实需要和可能结合起来，必须从我国的国情出发。

法的创制必须处理好立足于我国实际与借鉴、吸收外国法制的有益经验和法学理论的关系。

（二）原则性与灵活性统一

立法工作坚持原则性和灵活性相结合，是保证立法正确、有效和切实可行的重要原则。

---

① 参见张文显主编：《法理学》，278页，北京，高等教育出版社、北京大学出版社，1999。

原则性和灵活性的关系，说到底，其实是事物矛盾的普遍性和特殊性、共性和个性的关系。它们之间相互联系，缺一不可。如果缺少了其中一个方面，另一个方面就不能存在。所以，在立法工作中，要贯彻某项原则，必须有实现该项原则的灵活性的措施、方法和具体规定等。可以说，离开了原则性，立法就失去了方向和目标，立法的性质就无法保障；而立法缺乏灵活性，就不能因地、因时、因事制宜，不能选择适当的法律调整方法或者作出切合实际的法律规定，原则性就无法实现。①

立法的灵活性，绝不意味着法的实施的灵活性。因为社会上的人或者组织是不同的，都有自己的特殊性。如果每个人和组织都强调自己特殊，都可以找出违反法律规定的理由，那么，法律就不能得到实施了。法律实质上就是用一个统一的标准去衡量不同人或组织的行为，如果用不同的标准去衡量不同的人和组织的行为，那么就没有法律平等原则的存在，当然也就没有法治社会了。所以说，立法就是创制一系列统一的、普遍适用的行为标准或者行为规范。

（三）稳定性、连续性和适时废、改、立相结合

维护法的稳定性、连续性和适时立、改、废相结合的原则，是维护社会主义立法权威性的一项重要原则。

所谓法的稳定性，就是指法在颁布生效以后，它的效力要维持一个适当的时期，不能“朝令夕改”，不因领导人的改变而改变，不因领导人看法和注意力的改变而改变。如果法律改动频繁，人们就无所适从，这对于正常的社会秩序的建立和维护，对于人们社会生活的安排和心理的适应会造成极大的不便。当然，法的稳定性是相对的，不是绝对的。可以说，世界上不存在永恒不变的法律。因为社会关系在变化，人们的认识在发展，所以，作为用来调整社会关系的法律当然也要随之变化。

所谓法的连续性，是指同一个政权创制的新法和旧法之间在法的根本精神和基本原则方面应该保持一定的继承关系或者有一定的连贯性。新的法律的创制，一般来说，不是法律根本精神和基本原则的变化，主要是法律所调整的社会关系的变化所导致的，之所以创制新法或者修改旧法，就是要使法律的根本精神和基本原则在已经变化了的社会关系中得以体现。

法的稳定性和法的连续性是法的权威性的保证。如果法律丧失了稳定性和连续性，那么尽管创制法律的机关是合法的和符合程序的，但是它创制的法律却缺乏应有的权威，那么，法律的实施就是困难的。

（四）科学的创见性

立法必须尊重客观实际，根据社会经济、政治和文化发展的客观需要，正确反映客观规律的要求。立法者最根本的是要研究规律，认识规律，尊重规律，并且善于利用规律，而不能将主观愿望和想象作为立法的根据。法律脱离了实际，只能是一纸空文。创制法律，就必须从客观事物的发展中，把握带实质性的、普遍的、全局的问题，从事物的矛盾运动中寻找事物发展的客观规律，从而创造出既反映现实，又具有指导现实发展、促进社会变革的法律。

① 参见徐显明主编：《法理学教程》，192 页，北京，中国政法大学出版社，1999。

第四节 法的实施

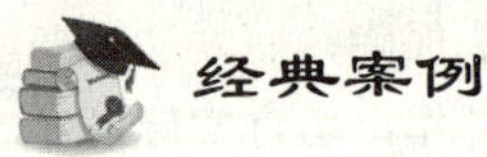

经典案例

赵作海案件

2010年5月9日，“杀害”同村人并在监狱已服刑多年的河南商丘村民赵作海，因“被害人”赵振裳突然回家，被宣告无罪释放，河南省有关方面同时启动责任追究机制。2010年5月9日上午，河南省高级人民法院召开新闻发布会，向社会通报赵作海案件的再审情况，认定赵作海故意杀人案系一起错案。河南省高院于2010年5月8日作出再审判决：撤销省高院复核裁定和商丘中院判决，宣告赵作海无罪；立即派人赶赴监狱，释放赵作海，并安排好其出狱后的生活。2010年5月17日上午，赵作海领到国家赔偿金和困难补助费65万元，并表示对赔偿满意，要开始新生活。

当年审理“赵作海案”的审判长、审判员、代理审判员已停职接受调查。因涉嫌当年对赵作海刑讯逼供，有关民警被刑拘。

2010年最高人民法院、最高人民检察院、公安部、国家安全部和司法部联合发布《关于办理死刑案件审查判断证据若干问题的规定》和《关于办理刑事案件排除非法证据若干问题的规定》，要求各级政法机关严格执行刑法和刑事诉讼法，依法惩治犯罪、保障人权，确保办理的每一起案件经得起历史的检验。

知识讲解

一、法的实施

法的实施，是使法律规范的要求在社会生活中获得实现的活动。法的实施是一个动态的过程，即将法律规范的要求转化为社会主体的行为，将法律规范中的国家意志转化为现实关系，使法律规范的抽象规定具体化、由可能性转化为现实性的过程。

法的实施与法的创制是相互对应的不同过程。法的创制，是将社会的客观需求转变为抽象的、一般的法律规范，将现实的权利、利益通过国家意志确认为法律权利的过程，即一个从物质到精神的过程。通过法的创制形成的法律规范，则是一种对社会主体行为的可能性的设定。而法的实施则与之相反，是一个从抽象到具体、从精神到物质的过程，通过将法律规范的内容转化为社会主体的行为，从而建立符合国家意志的现实社会秩序。法的实施目的是实现，即法律规范在社会主体行为中的具体落实——权利被享用、义务被履行、禁令被遵守。

法的实施的具体形式和方式是多种多样的，可以依据不同的标准或从不同的角度对其进行分类。例如，可以按照法作用于社会关系的具体程度，分为通过具体法律关系和不通过具体法律关系的法的实施；按照法律调整方式的不同，将法的实施的形式分为权利的享用、义务的履行、禁令的遵守。而法的遵守、法的执行、法的适用和法的监督则是法的实施的基本形式。

二、法的执行

（一）法的执行的概念

法的执行，又称为法律执行或执法，专指国家行政机关及其工作人员依法行使管理职权，履行职责，实施法律的活动，强调是国家行政机关的活动。一听到法的执行就要知道是特定机关、国家行政机关的活动。在我国中央一级的行政机关就是国务院，也称中央政府，地方一级的行政机关是各级人民政府。法的执行作为国家行政机关独立的职能，是近代民主政治制度的产物。法的执行是实现政府职能的最主要、最重要的手段。法的执行在分配社会资源、维护社会秩序、保障公民权利、推动社会进步方面起着重要的作用。法律执行在我国法制建设中占有十分重要的地位，对实现现代法治国家、建设法治社会具有重要意义。

（二）法的执行的特点

1. 法的执行具有主动性和单方性

法的执行具有主动性，法的执行非因当事人的请求而发动，必须是国家机关及其工作人员主动履行；另外，法的执行有单方性，无须当事人的合意即可进行。

2. 法的执行具有广泛性

法的执行的涉及面非常广，法的执行的人员数量比较多，机构比较复杂，所以法的执行相对来说最容易出问题，因为法的执行过程中行政机关有比较大的自由裁量权，并且涉及社会民众非常广，比如一般人一辈子和法院不一定能打一次交道，但人跟行政单位不打交道是不可能的，最起码结婚要去登记，上学要和教育部门打交道，等等。所以说法的执行直接关系到公民的权利义务的实现。

3. 法的执行具有国家强制性

行政机关执行法律的过程同时是行使执法权的过程，行政机关根据法律的授权对社会进行管理，一定的行政机关是进行有效管理的前提。行政权是一种国家权力，它既能够改变社会的资源分配，控制城市的人口规模，也能够在很大程度上影响公民生活，如升学、就业、结婚等。

三、法的适用

(一) 法的适用的概念

法的适用也称法律规范的适用，是指一切国家机关和国家授权单位按照法律的规定运用国家权力，将法律规范运用于具体的人或组织，用来解决具体问题的专门活动，它使具体的当事人之间发生（变更或消灭）一定的权利义务关系或对其适用法律制裁。

法的适用按适用法的主体的不同，可分为国家权力机关适用法的活动、国家行政机关适用法的活动、国家司法机关适用法的活动，等等。

司法适用是指国家司法机关依据法定职权和法定程序行使司法权，运用法律处理具体案件的专门活动。其特点是：（1）司法适用的主体是国家的司法机关及其公职人员；（2）司法适用的内容是国家司法机关在其职权范围内，依法行使国家司法权解决法律纠纷，制裁违法犯罪行为的专门活动；（3）司法适用的方式是国家司法机关将法律规范运用到具体案件中，是个别性地运用国家司法权力的活动；（4）司法适用是一种创造性的法律活动；（5）司法适用是司法机关严格按照法定程序所进行的活动。

行政适用又称为行政执法，是指国家行政机关及其公职人员，依照法定的职权和程序，将法的一般规范适用于特定的行政相对人或事，调整具体行政关系的活动。行政适用的特点是：（1）行政适用的主体是国家行政机关；（2）行政适用是行政执法机关将法律、法规适用于具体行政相对人或事的活动；（3）行政适用具有主动性。

(二) 法的适用的基本要求

法的适用的基本要求为正确、合法、及时。

正确，首先要求事实清楚，证据确实充分，这是正确适用法律规范的前提和基础。其次是指适用法律准确。根据案件的事实性质，确定适用哪一部法的法律规范，以及具体适用那些条款；根据违法对社会危害性的大小，违法程度，决定给予什么样的法律制裁，做到违法者对社会的危害与法律对之的惩罚相适应。最后是实事求是，有错必纠。一切冤、假、错案一经发现，必须纠正。

合法，是指在法的适用过程中，坚持社会主义法治原则，坚持依法办事。首先，司法机关处理案件要有法律依据，而不能自立其他标准，或者依据其他非法律标准。其次，法的适用机关在行使职权时按照法律所规定的权限划分，各司其职，分工负责，互相监督，严格按照法定程序办案。比如：在刑事案件中，侦查、拘捕、起诉、审讯、判决、执行等活动，都应依照刑事诉讼法所规定的权限和程序来进行，任何单位和个人都不能任意改变，也不能越权办案。

及时，是指法的适用活动的每个环节要严格符合法律所规定的时间要求，提高办案效率。首先，适用法的机关及其工作人员要不断改进工作，提高办案效率，保证办案质量，及时结案。对于各种违法犯罪行为，追究其法律责任越及时，越能够充分发挥打击违法、伸张正义、维护社会主义法律秩序的作用，从而达到法的适用的最佳社会效果。其次，法的适用中，不仅刑事案件处理要及时，民事、经济、行政案件的处理也应及时，否则就会影响社会政治生活、经济生活以及人民正常的生活秩序。比如，经济案件久拖不决，就会使大量财产处于不确定的状态，影响企业单位的资金周转；婚姻、继承案件久拖不决，就会直接影响当事人的家庭生活，造成社会不安定，甚至刑事案件的发生。再次，法的适用活动，要遵守一定的时效期限。

一般案件应在法定的时效期限内起诉、应诉、审理。

（三）法的适用的基本原则

1. 公民在法律面前一律平等。这强调三点：（1）法律对全体公民，不论民族、种族、性别、职业、社会地位、宗教信仰、财产状况等，在适用上一律平等；（2）公民依照法律享有平等的权利和承担平等的义务，不允许有超越法律的特权；（3）任何公民的合法权益都受法律保护，任何公民的违法行为都要受到法律的追究。

在现实生活中，主要是反对形形色色的特权思想和特权行为，如以权谋私、以权代法、滥用权力干预司法机关依法办案等，这些都是不允许的。

2. 以事实为依据，以法律为准绳。以事实为根据，是指司法机关和司法人员审理一切案件时，必须以案件的客观事实为依据，而不能以主观想象、主观分析和判断作依据，把案件的审理和判决建立在符合客观事实的基础上。这个原则强调的，首先是要以客观事实作为根据，不能主观猜想；其次是要重证据，不轻信口供。大家要注意的是，这个事实是法律上确认的事实，而不是纯粹的客观事实。

以法律为准绳，是指审理案件要以法律为标准和尺度，严格按照法律规定办事。以法律为准绳是说判案不能以党的政策、以领导人的讲话、以权威意见为准，而是要以法律规定为唯一的依据。

3. 司法机关依法独立行使职权。司法机关依法独立行使职权的基本内容为：（1）国家的审判权和检察权只能分别由人民法院和人民检察院依法统一行使，其他机关、团体或个人无权行使这项权力；（2）司法机关依照法律独立行使职权，不受行政机关、社会团体和个人的干涉；（3）司法机关在司法中必须依照法律规定，正确地适用法律。

四、法律监督

（一）法律监督的含义

法律监督，有广义的和狭义的两种理解。狭义的法律监督是指由特定的国家机关依照法定权限和法定程序对立法、执法和司法的合法性所进行的监督。在我国狭义的法律监督包括两类：一类是由人大系统实施的国家权力机关的监督，另一类是由检察院作为国家检察机关实施的监督，检察院是专门的法律监督机关。

我们一般所讨论的是广义的法律监督，即所有国家机关、社会组织和公民对各种法律活动的合法性所进行的监督。

实现法律监督必须具备五个基本因素，即：法律监督的主体、法律监督的客体、法律监督的内容、法律监督的权力和法律监督的程序。

法律监督的主体包括权利主体和义务主体两个方面。法律监督的权利主体指依法有权对其他国家机关、社会组织和公民的各种法律活动的合法性实施法的监督者。法律监督的义务主体指依法必须接受其他国家机关、社会组织和公民的法的监督者。

法律监督关系是法律监督主体相互之间在法律上的权利和义务关系。每一个具体的法律监督关系的参加者都享有一定的权利和承担一定的义务。

法律监督关系的客体是指法律监督主体的权利和义务所指向的对象，即国家机关、社会组织和公民的各种法律活动，包括一定的作为和不作为。

法律监督的权力是指监督主体监察、控制、制约、检查和调整监督客体的权力。

法律监督的程序是指主体监督客体所需遵守的法律程序。

关于法律监督的意义，法律监督的实质，我们注意到法律监督是维护法制的统一和尊严的重要制度；法律监督是制约权力、防止腐败和保护公民合法权益的重要手段；法律监督是建立和完善社会主义市场经济的需要。

（二）当代中国的法律监督体系

当代中国的法律监督体系，是指由国家机关、社会组织和公民依法对各种法律活动进行监督的有机联系的整体，包括两部分，一为国家监督，另一为社会监督。

1. 国家法律监督体系

国家监督是指国家机关的监督，包括国家权力机关、行政机关和司法机关的监督。我国宪法和有关法律明确规定了国家监督的权限和范围。这类监督都是依照一定的法律程序，以国家名义进行的具有国家强制性和法律效力的监督，是我国法律监督体系的核心。

第一，国家权力机关监督。国家权力机关的监督，是指各级人民代表大会所进行的监督。它包括各级人民代表大会及其常务委员会为全面保证国家法律的有效实施，通过法定程序，对由它产生的国家机关实施法律情况的监督。国家权力机关的监督的形式有两种，即法律上的监督和工作监督。

第二，司法机关的监督。司法机关的监督，包括检察机关的监督和审判机关的监督两种。

检察机关的法的监督体现在法纪监督、经济监督、侦查监督、审判监督和监所监督五个方面。

审判机关的监督主要表现在：人民法院系统内的监督；人民法院对检察机关的监督；人民法院对行政机关的监督。

第三，行政机关的监督。行政机关的监督指上级行政机关对下级行政机关、行政机关对企事业单位、公民执行和遵守法律和行政法规的情况所进行的监督。行政机关的监督可以分为两类，即一般行政监督和专门行政监督。专门行政监督是指行政系统内部设立的专门监督机关实施的法的监督，在我国，它包括行政监察和审计监督两种。

2. 社会法律监督体系

社会监督即非国家机关的监督，是指各政党、各社会组织、公民以多种形式、多种手段和多种途径广泛地、积极主动地参与法律实施的一种监督。社会监督主体广泛、方式灵活，没有严格的程序规定。包括：

（1）各政党的监督。各政党的监督主要指执政的中国共产党的监督和参政的各民主党派的监督。

（2）社会组织的监督。社会组织的监督是指人民政协、社会团体对法律实施的监督。

（3）社会舆论的监督。这是一种十分广泛的社会监督，是广大人民群众通过发表自己的意愿和看法，对国家各方面工作以及社会法律生活进行的监督。

（4）人民群众的监督。这是一种直接监督方式，包括对立法、执法、司法活动的监督。

延伸阅读

反思赵作海案不能止于个案

河南省高级人民法院认定赵作海故意杀人案系一起错案，再审判决撤销省法院复核裁定和商丘中院判决，宣告赵作海无罪，立即派人赶赴监狱，释放赵作海，并安排好其出狱后的生活。至此，又一起让法治蒙羞的惊人错案，被续写上了司法错案史。

无论从哪个方面看，河南赵作海案都堪称5年前湖北佘祥林案的翻版，两者具有惊人的相似点：都是因为“被害人”神奇“复活”而使冤案大白于天下，被告人都是在已经服刑11年后被宣告无罪。

就事而论，我倾向于认为并不存在一个拥有主观故意的冤案制造者。从公安局到检察院再到法院，没准大家当时都认为自己是在依法行事，是昭雪了惨死的冤魂、伸张了正义。而越是这样，事情越发可怕，因为“无意制造冤案”要远比“故意制造冤案”几率更高。而这也决定了，我们反思和总结不能总是局限于个案，而必须上升到机制的层面，着眼于整体性的改革。

赵作海案尚有许多焦点问题需要调查，而公众认为唯一不需调查的就是刑讯逼供的存在。因为没有一个人会无故承认自己杀人，更不可能把并不存在的杀人细节交代得符合案情需要。而当地公安局负责人却不认为这个案子存在刑讯逼供，这固然有推卸责任之嫌；但是，也有另一种情况，那就是在公众眼里的刑讯逼供，在一些干警眼里却是从来如是的常态。更何况，一个通行的游戏规则是：在破案、公诉、审判活动中，荣誉和利益皆属个人，固然与办案当事人紧密相关；责任与过失却是集体的，无须任何具体当事人为此担责。佘祥林案件，公众至今仍不甚清楚负责办案的是哪些警察、哪些检察官和哪些法官，赵作海案“枉法不究”的端倪也已显露。

“被害人”复活这种案件，在整个错案史中的比例肯定不高。某种意义上，只要坚持“疑罪从无”的原则，只要不是“为了破案而破案”，在当今如此发达的鉴定技术之下，“被害人”复活的冤案原本不可能发生。然而，如此低概率的错案居然也能时有发生，足见不法与枉法的情形值得警醒。这也警示我们，错案纠错绝对不能止于个案，否则，佘祥林既然不是最后一个，赵作海也不会是。①

知识点思维导图

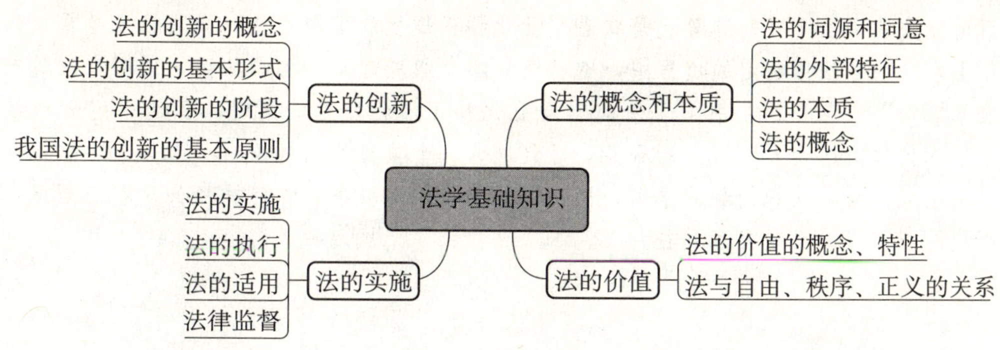

① 资料来源：舒圣祥：《反思赵作海案不能止于个案》，载《广州日报》，2010-05-10，A6版。

实战练习

一、选择题

1. 法区别于其他社会规范的基本特征是：法是由（　　）制定和认可的。

A. 国家　　B. 政党　　C. 社会　　D. 法官

2. 关于法律原则的适用，下列哪些选项是错误的？（　　）

A. 案件审判中，先适用法律原则，后适用法律规则

B. 案件审判中，法律原则都必须无条件地适用

C. 法律原则的适用可以弥补法律规则的漏洞

D. 法律原则的适用采取“全有或全无”的方式

3. 根据我国《立法法》的规定，关于不同的法律渊源之间出现冲突时的法律适用，下列哪些选项是错误的？（　　）

A. 自治条例、单行条例与地方性法规不一致的，适用地方性法规

B. 地方性法规和部门规章之间的效力没有高下之分，发生冲突时由国务院决定如何适用

C. 公安部的部门规章与民政部的部门规章不一致时，按照新法优于旧法的原则处理，直接选择后颁布的部门规章加以适用

D. 某市经授权制定的劳动法规与我国《劳动法》的规定不一致，不能确定如何适用时，由全国人大常委会裁决

4.《民法通则》第7条规定：民事活动应当尊重社会公德。《合同法》第7条规定：当事人订立、履行合同，应当遵守法律、行政法规，尊重社会公德。某县法院的法官在审理一起合同纠纷时认为该合同内容违反了社会公德，因此判定该合同无效。关于本案，下列哪些选项是正确的？（　　）

A. 法律、行政法规、社会公德都是法的渊源

B. 在本案审判中，法官的解释具有一定的价值取向性

C. 判决的可接受性是法官在判案过程中所考量的因素

D. 违反公共道德的民事行为也可能被法院判为无效，这说明在司法审判中，道德规范具有和法律规则同等的法律效力

二、讨论题

目前立法的一个明显的趋势就是向着专业化和正规化的方向发展。立法越来越重视法律专家的作用，在很多法律制定的过程中，都聘请法学家组成起草小组，从而使中国立法越来越带有“法学家法”的色彩。在中国立法向着专业化和正规化发展的同时，普通百姓如何参与立法，立法如何反映广大人民群众的利益，已经成为一个重要的问题。

讨论主题：结合法的创制的原则，探讨在法的创制活动中，如何提高公众参与程度，使得法的创制能够更好地反映公共利益。

第二章 宪 法

学习目标： 通过本章的学习，了解宪法的作用和法律地位。通过对比宪法和普通法律，理解宪法具有最高的法律效力；充分理解宪法是国家的根本大法。并以此为基础，达到树立宪法意识、自觉遵守宪法、维护宪法尊严的目的。本章重点掌握宪法的概念和特征、我国的国家性质、政权组织形式、国家结构形式等。

第一节 宪法概述

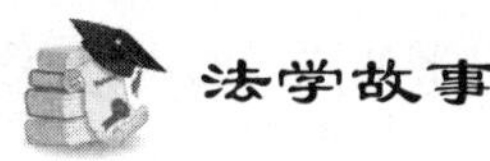
法学故事

马伯里诉麦迪逊案件

此案发生于1801年。起因是当时的美国总统亚当斯在其任期的最后一天午夜，突击任命了42位治安法官，但其中16人的任命状未能及时送达；继任的总统杰斐逊让国务卿麦迪逊将这16份委任状统统扔掉。其中，一位因此而没能当上法官的人叫做马伯里，由此他提起了对麦迪逊的诉讼。审理该案的法官马歇尔，运用高超的法律技巧和智慧审理此案，判决《1789年司法条例》第13条因违宪而无效，从而解决了此案，并从此确立了美国最高法院有权解释宪法、裁定政府行为和国会立法行为是否违宪的制度，对美国的政治制度产生了重大而深远的影响。

知识讲解

一、宪法的概念与历史

“宪法”一词，在我国古代先秦时期就已出现，意为一般的法律、法令和规则。如《尚书》中的“监予先王成宪”，《国语·晋语》中的“赏善罚奸，国之宪法”。在外国，“宪法”一词来源于拉丁语 Costitutio，英语是 Constitution，原意是组织、确立、规定、敕令等。

宪法是近代资产阶级革命的产物，是新兴资产阶级战胜封建阶级的有力武器，也是资产阶级登上历史舞台的显著标志。17、18世纪，英国资产阶级在与封建阶级的斗争和妥协中，逐渐形成了一些宪法性文件和宪法惯例。1787年美国制定的联邦宪法，是世界上第一部成文宪法。1918年制定的苏俄宪法，是第一部社会主义国家的宪法。我国第一部带有“宪法”字样的法律文件，是清朝末年形成的《钦定宪法大纲》。中华人民共和国成立以来，先后于1954年、1975年、1978年和1982年颁布了四部宪法。我国现行宪法是1982年颁布的《中华人民共和国宪法》及其1988年、1993年、1999年和2004年修正案。[①]

宪法在中国特色社会主义法律体系中居核心地位、起统帅作用，是治国安邦的总章程。

二、宪法的特征

宪法与刑法、民法、行政法、诉讼法等都是一个国家的法的组成部分，但它们在一个国家法律体系中的地位是不相同的。宪法是国家的根本法，它与普通法律相比具有以下一些特征：

（一）在规定的内容上

在规定的内容上，宪法不同于普通法律。宪法的内容涉及一个国家的政治、经济、文化、社会、对外交往等各方面的重大原则性问题[②]，涉及国家的根本制度和基本制度问题；而普通法律所规定的内容，只涉及国家生活或者社会生活中某一方面的重要问题。

（二）在法律效力上

在法律效力上，宪法具有最高的法律效力。宪法所规定的内容是国家生活和社会生活中最根本的问题，因此，宪法具有最高的法律效力。宪法是普通法律的立法基础，宪法与普通法律的关系是“母法”与“子法”的关系，普通法律是由宪法派生出来的。普通法律的规定与宪法相抵触的无效。

（三）在制定和修改的程序上

在制定和修改程序上，宪法比普通法律更为严格。宪法草案的制定一般要求成立一个专门机构，宪法草案的通过一般要求最高立法机关的议员或者代表的特定多数，如三分之二、四分之三或者五分之四以上的多数通过，有的国家还要求举行全民公决。而普通法律的通过只要求立法机关的议员或者代表过半数同意即可。在宪法修改方面，只有宪法规定的有限的特定主体才可提出修改宪法的有效议案。如我国宪法的修改必须由全国人大常委会或者五分之一以上的全国人大代表提议。另外，修改宪法的程序比普通法律严格。我国宪法规定，修改宪法由全国人大以全体代表的三分之二以上的多数通过，而普通法律的修改，由全国人大或其常委会以全体代表或委员的过半数通过即可。

三、宪法的基本原则

（一）坚持党的领导原则

中国共产党是中国特色社会主义事业的领导核心，党的领导是人民当家做主的根本保证。要在宪法和法律上保证中国共产党在国家中的执政地位，保证党的主张和人民意志相统一，并通过法定程序使党的主张上升为国家意志。

（二）人民主权原则

主权是指国家的最高权力。人民主权是指国家中绝大多数人拥有国家的最高权力。我国宪

---

① 参见曹晓飞：《政治利益论》，载《复旦大学学报》，2009（23）。

② 参见赵宁：《我国民主党派在公共政策过程中的民主监督研究》，载《山东师范大学学报》，2010（22）。

法规定，国家的一切权力属于人民，就是对人民主权的确认。

（三）保障公民权利原则

以宪法和法律保障公民基本权利的状况，是现代社会民主与法治发展程度的重要标志。宪法确认和保护的公民权利也就是人权保障在国家根本法中的体现。

（四）法治原则

法治是和人治相对的，是对人治的否定。我国宪法明确规定实行依法治国，建设社会主义法治国家。

（五）民主集中制原则

民主集中制，是一种民主与集中相结合的制度，是在民主基础上的集中和在集中指导下的民主的结合。我国宪法规定，中华人民共和国的国家机构实行民主集中制的原则。

四、宪法的性质

宪法是一国政治力量对比关系的全面、集中表现，是统治阶级根本意志和根本利益的集中反映。政治力量对比关系首要的是阶级力量对比关系。宪法反映阶级力量对比关系，表现在以下三方面：

（一）宪法是阶级斗争的产物

宪法是由在阶级斗争中取得胜利并掌握国家政权的阶级制定的，是对阶级斗争的总结。1791年法国宪法是法国资产阶级在1789年大革命中取得胜利的最后总结；1918年苏俄宪法是俄国工人阶级在取得十月革命胜利后制定的；我国1954年宪法是中国革命胜利成果的总结。

（二）宪法规定了社会各阶级在国家中的地位及相互关系

宪法是统治阶级制定的，因而统治阶级在制定宪法时，首要的任务就是把统治关系法律化，即哪个阶级是统治阶级，哪个阶级是被统治阶级，哪个阶级是同盟者，使统治阶级的统治地位合法化。

（三）宪法随着阶级力量对比关系的变化而变化

这种变化主要表现为两种形式：一种形式是当阶级力量对比关系发生根本性的变化，即统治关系发生根本转变时，发生宪法阶级性质的转换，即由资本主义宪法变为社会主义宪法或者由社会主义宪法变为资本主义宪法。另一种形式是在阶级力量对比关系总体框架相同而具体的对比关系存在量的差异时，宪法的具体内容也有相应的变化。如我国1954年与1982年的阶级力量对比关系有所不同，因此两部宪法虽然在性质上是完全相同的，但在具体内容上有所不同。

延伸阅读

马伯里诉麦迪逊案件评析

马歇尔在该案中以退为进的判决其实是“醉翁之意不在酒”，确立司法审查理论才是其真正的用意。他在判决中所阐述的司法审查的理论依据是：宪法是国家的最根本、最高的法律，是立法和行政的依据，议会和政府的行为不得与宪法相抵触；法院是解释法律的机关，也是解释和保障宪法的机关，应该有权宣告违宪的法律和法令无效。

马歇尔在美国宪政上打下了他的心灵印记；他在美国的宪法还具有弹性和可塑性之际，以自己的强烈信念之烈焰锻铸了它。① 1939年至1962年间任美国联邦最高法院大法官的弗兰克福特在1955年也说道："在讲英语的法院里，都认为'马伯里诉麦迪逊案'是成文宪法固有的、不可缺少的特色。"的确，"马伯里诉麦迪逊案"，是美国宪政历程上的一个具有里程碑意义的著名宪法判例，在世界宪政史上具有重要意义。尤其是在宪法原则和宪法制度的确立与完善等方面，更是产生了相当的影响。

美国联邦最高法院

首先，"马伯里诉麦迪逊案"开创了司法审查制度的先河，奠定了法院作为成文宪法的最高阐释者和守护人地位。司法审查制度对世界其他国家的宪政制度也产生了巨大影响，可以说影响了整个世界宪法监督的进程。不少国家仿效美国，采用司法审查违宪立法的制度。特别是拉美国家和英联邦国家采用这种制度的较多。据统计，全世界约有60多个国家采用了这种制度。当然完全照搬美国的也不多，大多数国家还是结合本国国情做了某些适应本国制度的规定。

其次，"马伯里诉麦迪逊案"进一步完善了"宪法至上"的观念。马歇尔在此案中强调：宪法是人民意志的体现，所以它适当地控制着政府的一切权力，包括国会权力的行使。因而宪法高于一切法律，与宪法相抵触的法律是无效的。这就更加明确并完善了"宪法至上"的观念。

最后，"马伯里诉麦迪逊案"所确立的违宪审查制度，进一步完善了"三权分立"的体制，强化了司法权对立法权和行政权的制约，有助于协调国家机关的内部关系，形成比较完整的三权分立的权力结构。美国的宪法和政治是建立在三权分立的基础之上的，三权均衡、三权相互制约是美国宪政所追求的目标。马歇尔提出司法机关有权审查违宪的立法，正好符合这种理论目标。他也是有一定根据的，因为早在1787年美国宪法制定之后、正式通过生效之前，以汉密尔顿为首的联邦党人就曾反复论述三权分立的理论。汉密尔顿认为在立法、行政、司法三大机构中，司法是最弱的一个部门，"司法部门既无军权，又无财权，不能支配社会的力量与财富，不能采取任何主动的行动。故可正确断言：司法部门既无强制，又无意志，而只有判断，而且为实施其判断亦需借助于行政部门的力量"②。汉密尔顿认为，必须使法院处于一种完全独立的地位，并掌握对立法机关进行宪法限制的权力。③

第二节　国家制度

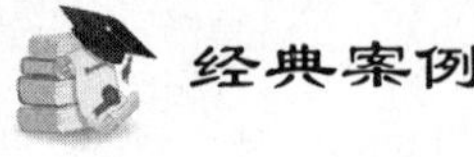
经典案例

唐慧案

2006年10月，永州发生一起"11岁女孩被逼卖淫"案。受害者之母唐慧要求法院判处犯

① 参见［美］卡多佐：《司法过程的性质》，苏力译，107页，北京，商务印书馆，1998。

② ［美］汉密尔顿、杰伊、麦迪逊：《联邦党人文集》，程逢如等译，391页，北京，商务印书馆，1980。

③ 资料来源：屈文生：《马伯里诉麦迪逊案》，载博客网，2007-10-14。

罪嫌疑人死刑，处理渎职民警，获得经济赔偿。2012 年 6 月 5 日，湖南省高级人民法院终审裁定判处两名被告死刑，四名被告无期徒刑，一名被告有期徒刑 15 年。

2012 年 8 月 2 日，永州市劳动教养管理委员会（劳教委）以唐慧闹访、缠访严重扰乱单位秩序和社会秩序为由，决定对其劳动教养 1 年零 6 个月。这一消息受到社会各界的强烈关注，唐慧也被部分网民称为“上访妈妈”。5 天后，唐慧向湖南省劳教委提出书面复议申请。2012 年 8 月 10 日，湖南省劳教委决定撤销永州市劳教委对唐慧的劳教决定。随后，唐慧就被劳教一事要求国家赔偿，但申请被驳回。

2013 年 1 月 22 日，唐慧向永州市中级人民法院提出起诉，要求永州市劳教委就劳教决定向自己赔偿侵犯人身自由的赔偿金、支付精神损害抚慰金共 2 463.85 元，并进行书面赔礼道歉。2013 年 4 月 12 日，永州市中级人民法院一审判决唐慧败诉。2013 年 4 月 30 日，败诉的唐慧向湖南省高级人民法院提出上诉，请求撤销永州市中级人民法院的一审判决，要求永州市劳教委对她道歉并赔偿。2013 年 5 月，湖南省高级人民法院受理了唐慧的上诉，并于 2013 年 7 月 2 日开庭审理，但未当庭宣判。

2013 年 7 月 15 日，备受舆论关注的湖南“上访妈妈”唐慧诉永州市劳教委行政赔偿一案二审在湖南省高级人民法院公开宣判，唐慧胜诉。但法院驳回上诉人提出的书面道歉申请。

知识讲解

一、人民民主专政制度

（一）我国的国家性质

国家性质亦称国体、国家的阶级本质，是指社会各阶级在国家生活中的地位和作用。我国《宪法》第 1 条规定：“中华人民共和国是工人阶级领导的、以工农联盟为基础的人民民主专政的社会主义国家。”这就是我国的国体。

人民民主专政是无产阶级专政在中国具体历史条件下的表现形式，其内容包括：强调工人阶级的领导地位，强调农民始终是工人阶级取得政权和社会主义建设事业成功的最可靠的同盟军，工农联盟体现了人民民主专政国体的充分的民主性和广泛的代表性；强调对人民实行民主和对敌人实行专政的辩证统一，在人民内部实行民主是实现对敌人专政的前提和基础，而对敌人实行专政又是人民民主的有力保障。人民民主专政中的民主与专政是辩证统一的关系，两者紧密相连、相辅相成、缺一不可。

（二）爱国统一战线是人民民主专政的重要保障

建立和完善广泛的统一战线，是建立、巩固和发展人民民主专政制度的重要保障。

新时期的爱国统一战线，是由中国共产党领导的，由各民主党派参加的，包括全体社会主义劳动者、社会主义事业的建设者、拥护社会主义的爱国者和拥护祖国统一的爱国者组成的广泛政治联盟。它具体包括两个范围的联盟：一个是我国大陆范围内，由全体社会主义劳动者、社会主义事业的建设者、拥护社会主义的爱国者所组成的政治联盟；另一个是广泛地团结台湾同胞、港澳同胞和海外侨胞，以拥护祖国统一为基础的政治联盟。

目前我国爱国统一战线的任务是：为社会主义现代化建设服务，为实现祖国统一大业服务，为维护世界和平服务。

二、人民代表大会制度

（一）人民代表大会制度是我国的政权组织形式

政权组织形式，又称政体，是指特定国家的统治阶级采取一定方式组织反对敌人、保护自己、治理社会的政权机关。国体决定政体，政体体现国体。我国的政权组织形式是人民代表大会制度。

人民代表大会制度是指我国各族人民根据民主集中制原则，选举产生全国人民代表大会和地方各级人民代表大会，并以人民代表大会为基础，建立全部国家机构，对人民负责，受人民监督，以实现人民当家做主的制度。人民代表大会制度是我国人民革命政权建设的经验总结，是马克思主义国家学说和中国国情相结合的产物。

（二）人民代表大会制度的优越性

人民代表大会制度不仅是我国国家机构和国家政治生活的基础，是其他政治制度的核心，也是我国人民实现当家做主的基本形式。

人民代表大会制度的优越性主要表现在：

人民代表大会制度适合中国国情，具有很强的生命力。

人民代表大会制度便于人民参加国家管理。

人民代表大会制度保证人民通过各级人民代表大会统一行使国家权力。

（三）西方的三权分立制度不适合中国国情

三权分立制度是适应资本主义经济和政治特征的政治制度。其主要内容是立法权、行政权、司法权分别由三个不同的国家机关行使，并保持一种相互制约、相互平衡的关系。这种制度是通过分权制约的方式来协调资产阶级内部不同利益的冲突，防止某个集团或阶层的专制，维护资产阶级的长久统治。它在本质上是占社会少数的资产阶级所享有的民主形式，广大的人民群众在这种制度内的作用和影响是无足轻重的。三权分立制度使相当一部分权力在相互牵制中抵消，常常是议而不决、决而不行。

三权分立制度不适合我国国情。我国的国家政治制度是人民通过各级人民代表大会统一行使国家权力。尽管我国的立法和行政、司法也有必要的分工，但在三权之中立法权处于首位，行政权、司法权从属于立法权。以民主集中制为基础的人民代表大会制度，不仅最符合中国国情，而且与西方的三权分立制度相比，具有巨大的优越性。历史和现实都表明，人民代表大会制度是符合中国国情、具有中国特色的，能够保证人民群众当家做主、有效管理国家和社会的根本政治制度。

三、中国共产党领导的多党合作和政治协商制度

（一）我国的政党制度

政党制度是国家政治制度的重要组成部分，是关于国家政治生活中各政党之间以及政党与政权之间的关系的制度。中国共产党领导的多党合作和政治协商制度是我国的一项基本政治制度，是中国特色社会主义政党制度。我国是人民民主专政的社会主义国家，同这种国体相适应的政权组织形式是人民代表大会制度，同这种国体相适应的政党制度是中国共产党领导的多党合作和政

治协商制度。[①] 这一政党制度的基本特征是：共产党领导、多党派合作，共产党执政、多党派参政。这一政党制度既能实现广泛的政治参与，集中各民主党派、各人民团体和各界人士的智慧，促进执政党和各级政府决策的科学化、民主化，又能集中统一，统筹兼顾各方面群众的利益要求。

中国人民政治协商会议（简称人民政协）是发展社会主义民主政治的重要政治组织和民主形式。人民政协的政治协商是党和国家实行科学民主决策的重要环节，是党提高执政能力的重要途径。人民政协是中国人民爱国统一战线的组织，是中国共产党领导的多党合作和政治协商的重要机构，是我国政治生活中发扬社会主义民主的重要形式。人民政协是中国共产党把马克思主义统一战线理论、政党理论和民主政治理论同中国具体实践相结合的伟大创造，是中国共产党同各民主党派、各人民团体和各族各界人士风雨同舟、团结奋斗的伟大成果。人民政协的主要职能是政治协商、民主监督、参政议政。

（二）中国不能搞西方的两党制或多党制

有人认为，中国要发展民主政治，就必须推行两党制或多党制。这一观点是错误的。资本主义国家推行的两党制或多党制，有执政党、反对党和在野党，各党派明争暗斗。但不论哪个党派上台执政，都不能真正代表人民的利益，都要极力维护自己及其代表的利益集团的利益。西方议会无论是一院制还是两院制，都是各党派争权夺利的场所。我国是社会主义国家，在以生产资料公有制为主体的经济基础上，各劳动阶级和阶层的根本利益是一致的。这决定了中国不能搞西方那种实质上是维护资产阶级专政的两党制或多党制。中国是一个人口众多、幅员辽阔、各方面发展很不平衡的发展中国家，是一个统一的多民族国家，如果没有中国共产党这样坚强有力的政党进行集中统一领导，必然会是一盘散沙。中国共产党领导的多党合作制度，有利于发扬社会主义民主，有利于维护国家政局的稳定，增进人民的团结，能够保证集中领导与广泛民主、充满活力与富有效率的有机统一。

四、国家结构形式

（一）我国的国家结构形式

国家结构形式是指国家整体与其组成部分之间、中央政权与地方政权之间相互关系的形式。统治阶级为维护自己的政治、经济和文化统治，不仅需要建立与其自身要求相适应的政权组织形式，还要根据本国国情建立适当的国家结构形式。一般说来，现代国家的国家结构形式主要有单一制和联邦制两大类。

我国《宪法》明确规定，中华人民共和国是全国各族人民共同缔造的统一的多民族国家。这一规定表明，我国采取的是单一制的国家结构形式。实行单一制，建立统一的多民族国家，既是我国历史发展的必然结果，也是我国民族状况的必然要求，符合各民族人民的根本利益。我国单一制国家结构形式在建立和运行过程中，表现出两大特点：一是通过建立民族区域自治制度解决单一制下的民族问题；二是通过建立特别行政区制度解决单一制下的历史遗留问题。

（二）我国的民族区域自治制度

民族区域自治制度是我国为解决民族问题，处理民族关系，实现民族平等、团结而建立的

---

① 参见刘雪岩：《政治文明与多党合作》，载《广东省社会主义学院学报》，2006（3）。

基本政治制度。根据《宪法》和《民族区域自治法》的规定，民族区域自治制度主要包括以下内容：各民族自治地方都是中华人民共和国不可分离的部分，各民族自治地方的自治机关都是中央统一领导下的地方政权机关；民族区域自治必须以少数民族聚居区为基础，是民族自治与区域自治的结合；在民族自治地方设立自治机关，民族自治机关除行使宪法规定的地方国家政权机关的职权外，还可以依法行使广泛的自治权。

(三) 我国的特别行政区制度

特别行政区制度是在“一国两制”思想指导下，为了实现祖国和平统一而实行的重要政治制度。我国《宪法》规定：“国家在必要时得设立特别行政区。在特别行政区内实行的制度按照具体情况由全国人民代表大会以法律规定。”特别行政区是指在我国版图内，根据我国宪法和法律规定设立的，具有特殊法律地位，实行特别的政治、经济制度的行政区域。特别行政区相对于一般行政区而言，有其自身的特殊性，主要表现在：特别行政区享有高度自治权，包括行政管理权、立法权、独立的司法权和终审权，自行处理除外交权以外的对外事务的权力；特别行政区保持原有资本主义制度和生活方式50年不变；特别行政区的行政机关和立法机关由各特别行政区的永久性居民依照特别行政区基本法的有关规定组成；特别行政区原有的法律基本不变；等等。

五、经济制度

经济制度是指一国通过宪法和法律调整以生产资料所有制为核心的各种基本经济关系的规则、原则和政策的总和。我国《宪法》规定：“中华人民共和国的社会主义经济制度的基础是生产资料的社会主义公有制，即全民所有制和劳动群众集体所有制。社会主义公有制消灭人剥削人的制度，实行各尽所能、按劳分配的原则。”同时还规定：“国家在社会主义初级阶段，坚持公有制为主体、多种所有制经济共同发展的基本经济制度，坚持按劳分配为主体、多种分配方式并存的分配制度。”

(一) 社会主义公有制是我国经济制度的基础

全民所有制和劳动群众集体所有制是我国社会主义公有制的两种基本形式。全民所有制经济即国有经济，是国民经济中的主导力量，控制着国家的经济命脉，决定着国民经济的社会主义性质。我国《宪法》规定：国家保障国有经济的巩固和发展；集体所有制经济是我国社会主义公有制的重要组成部分，国家保护城乡集体经济组织的合法的权利和利益，鼓励、指导和帮助集体经济的发展。

(二) 非公有制经济是社会主义市场经济的重要组成部分

由于我国尚处于社会主义初级阶段，经济、文化和生产力水平还比较低，因而在坚持以社会主义公有制经济为主体的前提下，必须发挥非公有制经济的积极作用。1999年通过的宪法修正案规定：“在法律规定范围内的个体经济、私营经济等非公有制经济，是社会主义市场经济的重要组成部分。”2004年通过的宪法修正案规定：“国家保护个体经济、私营经济等非公有制经济的合法的权利和利益。国家鼓励、支持和引导非公有制经济的发展，并对非公有制经济依法实行监督和管理。”

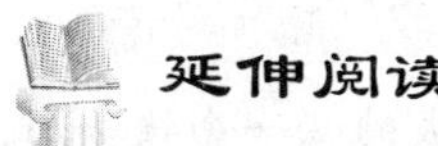

延伸阅读

唐慧案胜诉的标杆意义

唐慧案中，唐慧最终胜诉。法院经审理后认为，对于上诉人提出的书面道歉申请，没有法律条款予以支持。对上诉人提出的精神损害抚慰金 1 000 元和要求永州市劳教委赔偿侵犯人身自由的赔偿金 1 641.15 元予以支持。

历经一波三折，千辛万苦，唐慧诉永州市劳教委一案，终以湖南省高院终审判决唐慧胜诉而告终。“上访妈妈”承受着巨大的压力，公平与正义的阳光最终洒落在这个坚守者身上。这也是法治的胜利。众多理性者认为，从目前来看，个案的胜利也仅仅是属于个人，在劳教制度没有被废除的情况下，唐慧不是第一个受害者，也不会是最后一个。唐慧是不幸者中的幸运者——正是因其不幸和坚持，她才获得了民意的广泛支持。强大的舆论监督，为其获得最后的胜利创造了条件。然而，即便是这样的胜利，也仅是一个打折的胜利。正如有媒体评论的那样，法律是非已定，道歉何以还那么难？永州劳教委似乎还欠唐慧一纸公开的道歉。

中国不是判例法国家，“判例”对于其他类似的案例，并不能发挥法律指导作用。但即使如此，我们也不必求全责备，妄自菲薄。在为个人胜利感到高兴的同时，也应看到这种胜利所传递出的积极意义。唐慧案的胜诉有利于构建全民共识，使大家看到社会监督的巨大作用，以及对法律公平所产生的积极影响。

唐慧案，既是个人的胜利，也对法治中国的建设有标杆意义。当唐慧以一个公民的姿态站立以后，她也还原了一个公民应有的权利。当我们每一个人，都具有这样的权利意识和维权精神之后，才能构建起一个真正的公民社会、法治社会、文明社会。社会功能的发育与成熟，公民意识的增强，将会形成强大的监督和约束力，并成为制约公权力依法行政从而保障公民权利的坚实基础。①

第三节 公民的基本权利和义务

经典案例

《馒头》恶搞《无极》

2006 年，胡戈可谓一夜成名，成名原因就是他恶搞了著名导演陈凯歌耗资巨大制作的电影《无极》。

2006 年，“恶搞”这个不太规范的词语风风火火地跃入了大众视野。打开“百度”，有对“恶搞”的解释，全称即“恶劣的搞笑”，特征是主角的性格会变得有些扭曲，或是故事情节逗

① 资料来源：《我们的宪法权利就在身边》，载《中国青年报》，2007-01-06。

笑，也可以用无厘头这样的词语来解释。

当电影《无极》的成功与否还不太好准确判断时，胡戈恶搞此片制作完成的《一个馒头引发的血案》迅速在网络走红。这部长约20分钟的短片，截取了《无极》的画面，通过重新编排、配音，以戏谑的方式将其编辑成了一个与电影风马牛不相及的新闻纪录片。该片还根据剧情穿插了滑稽的广告，令人忍俊不禁。

《无极》导演陈凯歌得知此事后，颇为气愤，提出“我们一定要起诉而且就这个问题解决到底”，“我觉得人不能无耻到这样的地步”。陈凯歌愤而诉诸法律的“威胁”并没有终止这场网络的恶搞风，反而使其愈演愈烈，出现了各种版本的恶搞作品。

这场纠纷以陈凯歌的放弃而结束，但由此却带来了相关法律问题的争论。

知识讲解

一、我国公民基本权利和义务的特点

（一）基本权利的概念与基本特征

1. 基本权利的概念：是指宪法赋予的、表明权利主体在权利体系中重要地位的权利。包括政治、经济与社会地位三个方面的权利。基本权利，亦称宪法权利。

2. 基本权利的基本特征：表明公民的宪法地位；是一国权利体系的基础；是稳定的权利体系；在一般情况下具有不可转让性；具有综合性。

总之，基本权利是宪法赋予公民的最基本、最重要的权利，表明了公民的宪法地位，反映了国家权力与公民权利的相互关系，是政治制度运行的基础。

（二）我国公民基本权利和义务的特点

1. 公民权利和自由的广泛性。我国公民享有权利和自由的广泛性主要表现在以下两个方面：（1）享有权利的主体非常广泛。（2）宪法确认并保障的公民权利和自由的范围也十分广泛。

2. 公民权利和义务的平等性。公民在享有权利和适用法律上都一律平等，也就是：（1）公民不分民族、种族、性别、职业、家庭出身、宗教信仰、教育程度、财产状况和职位高低，都一律平等享有宪法和法律规定的权利，也一律平等地履行宪法和法律规定的义务。（2）国家机关在适用法律时对公民一律平等，对任何公民的正当权利和合法利益，都平等地予以保护。（3）国家不允许任何组织或个人享有宪法和法律之上的特权。人人都必须在宪法和法律范围之内活动。任何公民都平等地享有权利和履行义务，不可以只享有权利而不履行义务，也不可以只履行义务而不享有权利。

3. 公民权利和义务的现实性。（1）宪法在确认公民的基本权利和自由时，总是从我国的实际情况出发，充分考虑现阶段政治、经济、文化发展的实际水平，来确认权利自由的范围、内容以及物质保障问题。（2）宪法规定的公民的基本权利和义务具有法律保障和物质上的保障。法律保障包括立法上的、司法上的、执法上的各种保障。物质保障主要是指国家和社会将提供物质帮助。

4. 公民权利和义务的一致性。权利和义务的一致性是指二者互相依存、互相促进、互为条件的辩证统一关系。具体表现在：（1）权利主体和义务主体一致。（2）公民的某些权利和义务相互结合。(3) 权利和义务相互促进、相辅相成。

二、我国公民的基本权利

(一) 政治权利自由

1. 选举权和被选举权。(1) 选举权是指选民依法选举代议机关代表和特定国家机关公职人员的权利，被选举权是指选民依法被选举为代议机关代表和特定国家机关公职人员的权利。(2) 选举权与被选举权的基本特征：享有选举权与被选举权必须具备法定资格，即国家宪法和法律赋予公民选举权与被选举权；选举权与被选举权的行使对象包括两个方面，一是代议机关代表，二是特定国家机关公职人员，包括立法机关、司法机关及特定范围内的行政机关工作人员；选举权与被选举权的行使方式是法定的，通常采取投票和表决方式。具体行使方式由《选举法》规定。

2. 政治自由，包括言论、出版、游行、示威、结社 (登记) 自由。(1) 言论自由。言论自由是指公民有权通过各种语言形式宣传自己的思想和观点的自由。广义的言论自由包括新闻、出版、著作自由，狭义的不包括出版自由。(2) 出版自由。出版自由是指公民可以通过公开发行的出版物，包括报纸、期刊、图书、音像制品、电子出版物等，自由地表达对国家事务、经济和文化事业、社会事务的见解和看法。(3) 结社自由。它是指公民为了一定的宗旨而依法律规定的程序组织某种社会团体的自由。(4) 游行、示威自由。游行是指在公共道路、露天公共场所列队进行，表达共同愿望的活动。示威是指在露天公共场所或者公共道路上以游行、静坐等方式，表达要求、抗议或者支持、声援等共同意愿的活动。

(二) 宗教信仰自由

1. 含义：是指公民根据内心的信念自愿地信仰宗教的自由。

2. 宗教信仰自由的保障：法律保障；物质保障；组织保障。

3. 宗教信仰自由与宗教事务的管理：宗教活动场所登记范围及登记程序；依法登记的宗教场所，其合法权益受法律保障；宗教场所的一切活动必须符合国家的法律、法规；外国人在中国境内进行宗教活动的限制。

(三) 人身自由

1. 意义：人身自由是体现公民宪法地位的重要标志；是人类自身生存所必需的权利；是实现精神自由与经济自由的前提。人身自由的保障直接关系到社会的稳定与发展。

2. 人身自由的内容。包括四项：(1) 人身自由不受侵犯，是指公民享有不受非法搜查、拘禁、逮捕、剥夺、限制的权利。(2) 人格尊严，是指与人身有密切联系的名誉、姓名、肖像等不容侵犯的权利。(3) 住宅不受侵犯，是指公民居住、生活的场所不受非法侵入和搜查。(4) 通信自由和通信秘密受法律保护。

(四) 社会经济、文化教育权利

社会经济权利是指公民根据宪法规定享有的具有物质经济利益的权利，是公民实现基本权利的物质上的保障。

文化教育权利则是公民根据宪法规定，在教育和文化领域享有的权利和自由。

除财产权和继承权外，公民的社会经济、文化教育权利都属于公民的积极受益权，即公民可以积极主动地向国家提出请求、国家也应积极予以保障的权利，包括：财产权、劳动权、获得物质帮助的权利，受教育的权利和义务，进行科学研究、文学艺术创作和其他文化活动的自由，科学研究自由。

（五）特定主体的权利

特定主体的权利包括：妇女的权利；母亲、儿童和老人的权利；华侨、归侨、侨眷的权利；外国人和无国籍人的权利。

三、我国公民的基本义务

（一）义务的概念与特征

1. 从狭义上讲，义务仅指法律义务，即法律规定的义务人作出一定行为或不作一定行为，以满足权利人要求的法律手段。法律关系主体履行的义务就是法律义务。

2. 法律义务的基本特点：(1) 法律义务的法定性。法律义务的设定权在于国家权力。(2) 法律义务的实质在于自我行为约束。(3) 法律义务的现实性。(4) 法律义务具有国家强制性。

（二）基本义务的概念与特征

基本义务是指宪法规定的公民必须履行的法律义务。

基本义务的特征包括：基本义务表明公民的宪法地位；基本义务具有制度保障或法律保留的性质；基本义务与基本权利是一体的。

（三）公民的基本义务体系

1. 维护国家的统一和全国各民族的团结；

2. 遵守宪法和法律，保守国家秘密，爱护公共财产，遵守劳动纪律，遵守公共秩序，尊重社会公德；

3. 维护国家的安全、荣誉和利益；

4. 保卫祖国，抵抗侵略，依照法律服兵役和参加民兵组织；

5. 依照法律纳税；

6. 其他义务。

案例评析

本节前述"经典案例"，如果此案进入司法程序，首先是著作权案件；但从宪法角度看，胡戈对影片《无极》的嘲讽实则是他的艺术自由，而这却与陈凯歌的人格尊严、艺术自由之间产生了冲突。以宪法的眼光看，"馒头案"是个典型的"基本权利冲突"的案件。

有学者认为，"馒头案"关系到胡戈的言论自由。在传统媒体时代，受物质条件限制，即便电影盛名难副，观众也仅能抱怨"上当"，除此之外，再无其他途径表达自己的观点。而胡戈这种"恶搞"其实是一种艺术批评的方式。进入互联网时代，普通大众不仅仅是听众、观众，他们可以借互联网表达自己的看法，"这是这个时代的幸运"，根据宪法的规定，"中华人民共和国公民有进行科学研究、文学艺术创作和其他文化活动的自由。国家对于从事教育、科学、技术、文学、艺术和其他文化事业的公民的有益于人民的创造性工作，给以鼓励和帮助"。

当然，公民的表达自由权"不得损害国家的、社会的、集体的利益和其他公民的合法的自由和权利"。至于胡戈的这种行为是否侵犯了陈凯歌的创作自由，需要依据法律而定，因为对表达自由的限制是法律的权力。如果侵权，要根据《著作权法》、《民法通则》、《侵权责任法》、

《刑法》的规定承担法定责任。

"普通法律权利都是宪法上基本权利的具体化"，中国人民大学法学院教师张翔说，按照这一逻辑，"保护作品完整权"应当是宪法上的"人格尊严"和"艺术自由"在著作权领域的映射。①

第四节 国家机构

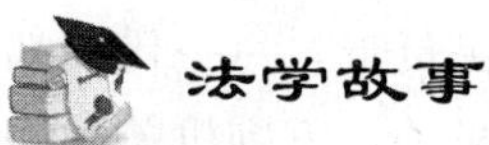

法学故事

总统的紧急状态权力与国会的制约

第二次世界大战以后，东、西方国家陷入了"冷战"状态，为了维持足够的军事实力与社会主义集团相对抗，美国加大了军工生产。1951年下半年，美国钢铁公司和其雇员在新一轮的集体谈判中就协议条款的内容和措辞发生严重分歧，引发了双方对抗。1952年4月4日，工会发出通知，将于4月9日举行全国总罢工。在罢工开始的数小时前，美国总统杜鲁门发布行政命令，下令占领劳资双方不能达成集体协议的钢铁公司。但钢铁公司的拥有者以总统的行政命令缺乏法律基础为由，上诉至联邦法院。地区法院驳回了代表总统的司法部副部长关于总统具有广泛"紧急状态权力"的论点，立即禁止政府实行占领。联邦政府不服，上诉到联邦最高法院。这就是所谓的"钢铁公司占领案"。

知识讲解

一、国家机构的概念

国家机构是国家机关的总和，是统治阶级为了实现国家职能而建立的具有强制力的组织。

其特点包括：(1) 国家机构具有阶级性；(2) 国家机构是国家组织，同国家的暴力手段相联系，具有特殊的强制能力；(3) 国家机构由社会的少数成员，即统治阶级中最活跃、最忠诚的分子组成；(4) 国家机构是严密而精细的组织体系；(5) 国家机构是历史的范畴，同阶级、国家、法律等社会现象相联系而存在。

二、我国国家机构遵循的原则

(一) 民主集中制原则

民主集中制是民主基础上的集中和集中指导下的民主相结合的制度。其中，集中不是专制主义，必须以民主为基础，才能充分反映人民的利益和意志；民主不是无政府主义，必须以集中为保障，才能集中统一人民意志，代表人民统一行使国家权力。可见，在这项原则中，民主与集中的关系是辩证统一的，两者是相辅相成、缺一不可的。民主是集中的前提和基础，集中是实现民主的必要条件。

(二) 法治原则，依法办事

有法可依、有法必依、执法必严、违法必究是社会主义法治原则的基本要求。国家机构贯

① 资料来源：《我们的宪法权利就在身边》，载《中国青年报》，2007-01-06。

彻社会主义法治原则，就是指国家机构在组织和活动中必须依法办事，不以个别领导人的个人意志为转移，也不能以政策代替法律。

(三) 责任制原则

我国现行《宪法》第27条明确规定了国家机关实行工作责任制的原则；要求国家机关及其工作人员无论是行使职权，还是履行职务，都必须对其产生的后果负责。在我国，权力和责任紧密相连且相互统一，因此既不存在没有权力的责任，也不存在没有责任的权力。根据宪法规定，我国国家机构贯彻责任制原则表现在，各级人民代表大会都要向人民负责，每一代表都要受原选举单位的监督，它们可以随时罢免自己所选出的代表；国家行政机关、审判机关和检察机关等则向同级人民代表大会及其常务委员会负责。

(四) 精简与效率原则

我国现行《宪法》第27条第1款规定："一切国家机关实行精简的原则……实行工作人员的培训和考核制度，不断提高工作质量和工作效率，反对官僚主义。"

国家机构是否精简，直接影响着工作效率。因此，搞好机构改革，克服官僚主义，做到廉政、勤政，提高工作质量和效率是精简和效率原则的基本要求。

三、我国国家机构的组织系统

(一) 全国人民代表大会及其常委会

1. 全国人民代表大会

全国人民代表大会是最高国家权力机关，是全国人民行使国家权力的机关，是全国人民的代表机关，是国家立法机关。全国人大每届任期5年。

组成：全国人大由省、自治区、直辖市、特别行政区和军队的代表组成。

职权：(1) 修改宪法、监督宪法的实施。宪法是国家的根本大法，具有最高的法律效力，只有全国人民代表大会才有修改宪法的权力，无论是对宪法的全面修改，还是个别条文的修订，都必须经过全国人民代表大会全体代表的三分之二以上的多数通过，其他任何国家机关和政党、组织都没有这项权力。(2) 制定和修改国家的基本法律。宪法规定，全国人民代表大会制定和修改刑事、民事、国家机构和其他的基本法律。(3) 选举、决定、罢免国家机构组成人员。根据宪法和法律规定，全国人大选举和罢免全国人大常委会委员长、副委员长、秘书长和委员；选举和罢免国家主席、副主席；根据国家主席提名，决定国务院总理人选；根据国务院总理提名，决定国务院副总理、国务委员、各部部长、各委员会主任、审计长和秘书长人选，并有权罢免上述人员；选举中央军事委员会主席；根据中央军事委员会主席的提名，决定中央军事委员会其他组成人员，并有权罢免上述人员；选举和罢免最高人民法院院长、最高人民检察院检察长；通过全国人大各专门委员会的主任委员、副主任委员和委员人选，并有权撤销上述人员的职务。(4) 决定国家的重大事项。包括审查和批准国民经济和社会发展计划及计划执行情况的报告，审查和批准国家的预算和预算执行情况的报告，批准省、自治区和直辖市的建置，决定特别行政区的设立及其制度，决定战争和和平问题，作出各种授权决定等。(5) 监督国家机关。全国人大行使的监督权是国家最高形式的监督权。宪法规定，全国人大常委会对全国人大负责并报告工作，国家的行政机关、审判机关、检察机关都由人民代表大会产生，对它负责，受它监督，中央军事委员会主席对全国人大负责，中央军事委员会受全国人大监督。

2. 全国人大常委会

全国人大常委会是全国人大的常设机关，是立法机关，是人民经常行使国家权力的最高国家权力机关。

组成：委员长、副委员长、秘书长、委员。全国人大常委会委员由每届全国人大举行第一次会议时，从全国人大代表中选出；常委会向全国人大负责并报告工作。常委会的任期与全国人大相同，行使职权到下一届全国人大选出新的常委会为止。全国人大常委会的组成人员不得担任国家行政机关、审判机关和检察机关的职务。如果担任上述职务，必须向常委会辞去委员的职务。委员长、副委员长连续任职不得超过两届。

职权：(1) 立法权和解释宪法、监督宪法的实施；(2) 监督国家机关的工作；(3) 在全国人大闭会期间，决定、任免最高国家机关领导人员；(4) 决定国家生活中的某些重大问题；(5) 全国人大授予的其他职权。

(二) 中华人民共和国主席

中华人民共和国主席、副主席由全国人民代表大会选举。

当选主席、副主席的条件是：(1) 必须是中华人民共和国公民；(2) 必须是有选举权和被选举权的公民，不具备选民资格或者被剥夺政治权利的人均无权当选；(3) 年满45周岁。

中华人民共和国主席、副主席每届任期与全国人民代表大会每届任期相同，连续任职不得超过两届。

职权：(1) 根据全国人民代表大会的决定和全国人民代表大会常务委员会的决定，公布法律；(2) 任免国务院总理、副总理、国务委员、各部部长、各委员会主任、审计长、秘书长；(3) 授予国家的勋章和荣誉称号；(4) 发布特赦令；(5) 宣布进入紧急状态，宣布战争状态；(6) 发布动员令；(7) 代表中华人民共和国，进行国事活动，接受外国使节；(8) 根据全国人民代表大会常务委员会的决定，派遣和召回驻外全权代表，批准和废除同外国缔结的条约和重要协定。

(三) 国务院

1. 国务院的性质、地位：国务院，即中央人民政府，是最高国家权力机关的执行机关，是最高国家行政机关。

2. 国务院的组成和任期：国务院由总理、副总理若干人、国务委员若干人、各部部长、各委员会主任、审计长、秘书长组成。

国务院每届任期与全国人民代表大会每届任期相同。总理、副总理、国务委员连续任职不得超过两届。

3. 国务院的领导体制：国务院实行总理负责制。各部、各委员会实行部长、主任负责制。

4. 国务院的职权：(1) 行政立法权；(2) 行政管理权；(3) 监督权；(4) 提出议案权。

5. 审计署：国务院设立审计机关，对国务院各部门和地方各级政府的财政收支，对国家的财政金融机构和企业事业组织的财务收支，进行审计监督。

审计机关在国务院总理领导下，依照法律规定独立行使审计监督权，不受其他行政机关、社会团体和个人的干涉。

(四) 中央军事委员会

它是武装力量的最高领导机关，实行主席负责制。

（五）地方各级人民代表大会和地方各级人民政府

1. 地方各级人民代表大会

一般规定：（1）省、直辖市、县、市、市辖区、乡、民族乡、镇设立人民代表大会；县级以上的地方各级人大设立常务委员会。（2）本级的地方国家行政机关、审判机关、检察机关都由地方人大选举产生。（3）全国人民代表大会与地方各级人民代表大会之间以及各地方人民代表大会之间没有隶属关系，但上级人民代表大会有权监督下级人民代表大会。

地方各级人民代表大会的职权：（1）选举权和罢免权；（2）省、直辖市的人大及其常委会，在不同宪法、法律、行政法规相抵触的前提下，可以制定地方性法规，报全国人大常委会备案；（3）监督权；（4）重大事务决定权；（5）其他职权。

县级以上地方各级人大常委会的职权：（1）监督本级政府、法院和检察院的工作。（2）撤销本级人民政府的不适当的决定和命令；撤销下一级人大的不适当的决议。（3）依照法律规定的权限决定国家机关工作人员的任免；在本级人民代表大会闭会期间，罢免和补选上一级人民代表大会的个别代表。

2. 地方各级人民政府

地方人民政府实行省长、市长、县长、区长、乡长、镇长负责制，即首长负责制。其职权：（1）执行决议、发布决定和命令。（2）领导和监督下级人民政府的工作。地方各级人民政府向本级人大和常委会（县级以上）负责，同时也向上一级国家行政机关负责，并同时都接受国务院的领导。其派出机构有行政公署、区公所、街道办事处等。

（六）民族自治地方的自治机关

1. 自治机关

民族自治地方的自治机关是自治区、自治州、自治县的人民代表大会和人民政府。

2. 人员任职

（1）自治区、自治州、自治县的人大常委会应当有实行区域自治的民族的公民担任主任或副主任。（2）自治区主席、自治州州长、自治县县长由实行区域自治的民族的公民担任。（3）政府的其他组成人员以及自治机关所属工作部门的干部，也要尽量配备实行区域自治的民族和其他少数民族的人员。

3. 民族自治地方的自治权

（1）制定自治条例和单行条例。自治区制定的自治条例、单行条例需报全国人大常委会批准，自治州、自治县制定的自治条例和单行条例先报省或自治区人大常委会批准，再报全国人大常委会备案。（2）自治区人大及其常委会还有权制定地方性法规。（3）根据当地民族的实际情况，贯彻执行国家的法律和政策。（4）自主地管理地方财政，自主地管理地方性经济建设。（5）自主地管理教育、科学、文化、卫生、体育事业。（6）经国务院批准，组织维护社会治安的公安部队。（7）使用本民族的语言文字。

（七）人民法院和人民检察院

1. 人民法院

人民法院是国家的审判机关。设立最高人民法院、地方各级人民法院和军事法院等专门人民法院。

最高人民法院院长每届任期与全国人民代表大会每届任期相同，连续任职不得超过两届。

2. 人民检察院

人民检察院是国家的法律监督机关。设立最高人民检察院、地方各级人民检察院和军事检察院等专门人民检察院。

最高人民检察院检察长每届任期与全国人民代表大会每届任期相同，连续任职不得超过两届。

延伸阅读

总统的紧急状态权力与国会的制约的参考结论

联邦最高法院经过审查，以6∶3的比例维持了地区法院的判决。联邦最高法院在判决书中强调，国会掌管国家的立法权，“不论是在和平还是危机时期，这个民族的缔造者把立法权力仅委托于国会……在这项权力的背后，乃是对权力的顾虑和对自由的向往”。总统的权力必须来自于宪法或国会法律的授权。但没有立法授权总统去占据财产，也不存在哪项法律隐含有这类权力。相反，国会曾专门反对把接管当做防止罢工的手段。所以，总统要行使这项权力，就必须寻找宪法依据。

联邦政府的根据在于宪法第2条的有关规定：行政权力应被授予总统，他应留意法律得到如实执行，总统应作为合众国的陆海军总司令。但最高法院认为，总统作为武装力量总司令而运用的军事权力，并不能合适地支持本案中总统行为的指令。总统作为行政首脑，即使认为“战争权力”是一个可被扩展的概念，也不能认为在现存的宪政体制框架内，武装部队总司令有最终权力去占据私有财产以避免劳工争议。正如对法院判决持赞同意见的法官杰克逊指出的：“有迹象表明，宪法并没有把陆海军总司令的称号设想为国家、工业和全体居民的总司令。”

知识点思维导图

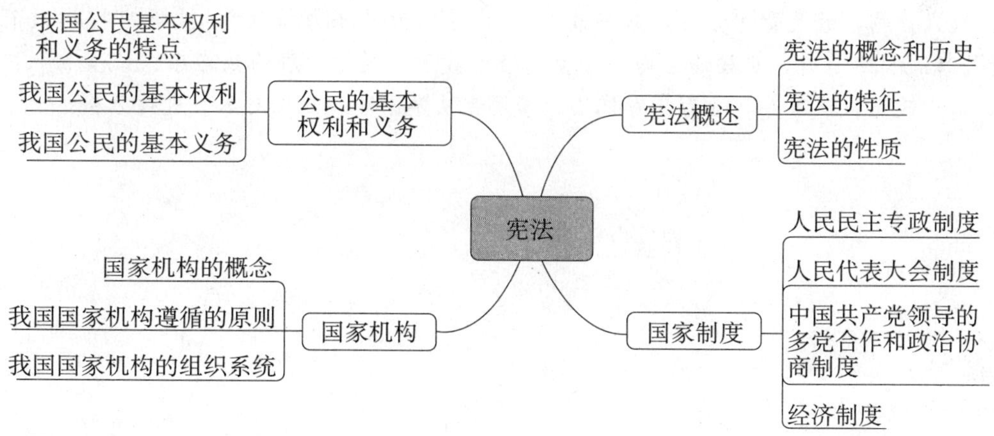

实战练习

一、选择题

1. 根据我国宪法关于公民基本权利的规定，下列哪一说法是正确的？（　　）

A. 我国公民在年老、疾病或者遭受自然灾害时有获得物质帮助的权利

B. 我国公民被剥夺政治权利的，其出版自由也被剥夺

C. 我国公民有信仰宗教与公开传教的自由

D. 我国公民有任意休息的权利

2. 关于宪法在立法中的作用，下列哪一说法是不正确的？（　　）

A. 宪法确立了法律体系的基本目标

B. 宪法确立了立法的统一基础

C. 宪法规定了完善的立法体制与具体规划

D. 宪法规定了解决法律体系内部冲突的基本机制

3. 关于我国宪法的修改，下列哪一说法是错误的？（　　）

A.《宪法》没有专章规定修改程序

B.《宪法》规定的修宪机关是全国人民代表大会

C.《立法法》规定，宪法修正案由国家主席令公布

D.《全国人大议事规则》规定，宪法修改以投票方式表决

4. 根据现行《宪法》规定，关于公民权利和自由，下列哪一选项是正确的？（　　）

A. 劳动、受教育和依法服兵役既是公民的基本权利又是公民的基本义务

B. 休息权的主体是全体公民

C. 公民在年老、疾病或者未丧失劳动能力的情况下，有从国家和社会获得物质帮助的权利

D. 2004年《宪法修正案》规定，国家尊重和保障人权

二、案例分析

2009年11月13日早晨，在成都市金牛区天回镇金华村发生一起恶性“拆迁”事件，曾经幸福的唐福珍以死相争未能阻止政府组织的破拆队伍，最后“自焚”于楼顶天台，被烧得面目全非。数人被拘，数人受伤住院，政府部门将其定性为“暴力抗法”，被拆户控诉政府暴力“拆迁”。11月29日晚，唐福珍因伤势过重，经抢救无效死亡。唐的数名亲人或受伤入院或被刑拘，地方政府将该事件定性为暴力抗法。请用宪法学原理和知识对本案进行分析。

第三章 刑 法

学习目标：通过本章学习使学生掌握我国刑法所规定的犯罪、刑事责任和刑罚的各种原理、原则，以及《中华人民共和国刑法》总则所规定的具体内容，并能运用相关知识分析个案，能够正确判断罪与非罪、此罪与彼罪的界限，准确认定各种罪态，准确适用刑罚。并在此基础上，提高学生的刑事法律意识，增强刑事人权保障观念。

第一节 刑法概述

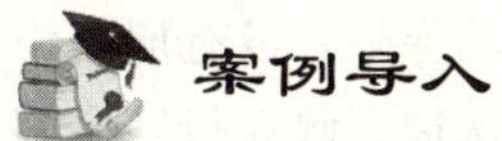

案例导入

许霆案

2006 年 4 月 21 日，广州青年许霆与朋友郭某利用 ATM 机故障漏洞取款，许取出 17.5 万元，郭取出 1.8 万元。事发后，郭主动自首被判处有期徒刑 1 年，而许霆潜逃 1 年后落网。2007 年 12 月一审，许霆被广州中院判处无期徒刑。2008 年 2 月 22 日，案件发回广州中院重审，改判 5 年有期徒刑。

2006 年 4 月 21 日晚 10 时，被告人许霆来到天河区黄埔大道某银行的 ATM 取款机取款，结果取出 1 000元。后，他惊讶地发现银行卡账户里只被扣了 1 元，狂喜之下，许霆连续取款 5.4 万元。当晚，许霆回到住处，将此事告诉了同伴郭某。两人随即再次前往提款，反复操作多次。后经警方查实，许霆先后取款 171 笔，合计 17.5 万元；郭某则取款 1.8 万元。事后，二人各携赃款潜逃。

案发后，许霆认为并不是自己到银行去偷钱，而是自动取款机把钱主动送给他，许霆的辩护律师也认为这是一个不当得利的问题，属于民法调整的行为，不构成刑法中的犯罪。

问题：本案到底是民法中的不当得利还是刑法中的犯罪呢？

知识讲解

一、刑法的概念

刑法是规定犯罪、刑事责任和刑罚的法律，是掌握政权的统治阶级为了维护本阶级政治上的统治和经济上的利益，根据自己的意志，规定哪些行为是犯罪并应当负何种刑事责任，给予犯罪人何种刑事处罚的法律。

刑法有广义与狭义之分。广义刑法是一切刑事法律规范的总称，狭义刑法仅指刑法典，在我国即《中华人民共和国刑法》。与广义刑法、狭义刑法相联系的，刑法还可区分为普通刑法与特别刑法。普通刑法指具有普遍适用效力的刑法，实际上即指刑法典。特别刑法指仅适用于特定的人、时、地、事（犯罪）的刑法。在我国，也就是指单行刑法和附属刑法。

二、刑法的特征

1. 调整对象的广泛性

刑法作为后盾法的特点决定了刑法所保护的社会关系的范围广泛。民法、行政法等部门法所保护和调整的只能是某种特定的社会关系，由于这些部门法所保护和调整的社会关系，也都同时借助刑法的保护和调整，因而刑法所保护的社会关系相对比较广泛。

2. 刑法的保障性

刑法的制裁方法最为严厉，这就使得刑法实际上成为其他法律、政策的保障，没有刑法作后盾、作保证，其他部门法往往难以得到彻底贯彻实施。刑法是国家其他法律、政策得以实施的保障力量。

3. 强制力的严厉性

其他法律所规定的强制和惩罚手段，都不及刑法对犯罪分子适用刑罚严厉。因为刑罚不仅可以剥夺犯罪分子的财产，剥夺犯罪分子的政治权利，限制或剥夺犯罪分子的人身自由，而且在最严重的情况下还可以剥夺犯罪分子的生命。像这样严厉的强制性，是任何其他法律所没有的。

三、刑法的基本原则

刑法基本原则，是指贯穿全部刑法规范、体现我国刑事法制的基本性质与基本精神、具有指导和制约全部刑事立法和刑事司法意义的准则。

（一）罪刑法定原则

“法无明文规定不为罪”、“法无明文规定不处罚”，这一来自拉丁文中的法律格言，是对罪刑法定原则含义的高度概括。罪刑法定原则的基本要求是：（1）法定化，即犯罪和刑罚必须事先由法律作出明文规定，不允许法官自由擅断。（2）实定化，即对于什么行为是犯罪和犯罪所产生的具体法律后果，都必须作出实体性的规定。（3）明确化，即刑法条文必须文字清晰，意思确切，不得含糊其辞或模棱两可。

（二）刑法面前人人平等原则

法律面前人人平等是我国宪法确立的社会主义法治的一般原则。这一原则要真正取得效

果，有必要在各个部门法律中得到贯彻执行。我国的基本法律，如刑事诉讼法、民事诉讼法等均规定公民在适用法律上一律平等。刑法作为惩治犯罪、保护人民的基本法律，更应当贯彻这一原则。鉴于我国司法实践中适用刑法不平等的现象在现阶段还比较严重，我国《刑法》第 4 条明确规定："对任何人犯罪，在适用法律上一律平等。不允许任何人有超越法律的特权。"这就是适用刑法人人平等原则。显而易见，它是我国宪法所确认的法律面前人人平等这一社会主义法制的一般原则在刑法中的贯彻。

这一原则，是指刑法立法上的平等，还是刑法适用即司法上的平等？主要应当是指司法上的平等。因为刑法立法上的平等与合理问题，属于立法创制中要解决的问题。而法律一旦制定出来，要求的就是依法办事，即在适用法律定罪量刑上的平等与公正。

明确规定适用刑法人人平等原则对促进司法公正、增强司法效果，加快实现依法治国、建设社会主义法治国家的目标，具有十分重大的意义。当然，我们也应当清醒地认识到，适用刑法人人平等原则，绝非仅凭法律规定即可变为现实。这一原则的真正实现，需要一个相当的时期和过程，需要法律工作者乃至全体人民为之付出艰巨的、不懈的努力。

（三）罪责刑相适应原则

罪责刑相适应，亦可称为罪刑相适应、罪刑相当、罪刑相称、罪刑均衡。罪责刑相适应原则的基本含义是：犯多大的罪，就应承担多大的刑事责任，法院亦应判处其相应轻重的刑罚，做到重罪重罚，轻罪轻罚，罚当其罪，罪刑相称；罪轻罪重，应当考虑行为人的犯罪行为本身和其他各种影响刑事责任大小的因素。

四、刑法的效力范围

刑法的效力范围即刑法的适用范围，是指刑法在什么地方、对什么人和在什么时间内具有效力。我国《刑法》第 6 条至第 12 条对此作了明确的规定。

（一）刑法的空间效力范围

刑法的空间效力，是指刑法对地和对人的效力，也就是要解决刑事管辖权的范围问题。目前，世界各国确定刑法的空间效力范围包括以下四项原则：

（1）属地原则。即以地域为标准，凡是在本国领域内犯罪，无论是本国人还是外国人，都适用本国刑法；反之，在本国领域外犯罪的，都不适用本国刑法。

（2）属人原则。即以人的国籍为标准，凡是本国人犯罪，不论是在本国领域内还是在本国领域外，都适用本国刑法。

（3）保护原则。即以保护本国利益为标准，凡侵害本国国家或者公民利益的，不论犯罪人是本国人还是外国人，也不论犯罪地在本国领域内还是在本国领域外，都适用本国刑法。

（4）普遍管辖原则。即以保护国际社会的共同利益为标准，凡发生国际条约所规定的侵害国际社会共同利益的犯罪，不论犯罪人是本国人还是外国人，也不论犯罪地在本国领域内还是在本国领域外，都适用本国刑法。

世界大多数国家的刑法，都是以采用属地原则为基础，兼采其他原则。

1. 我国刑法的属地管辖权

我国《刑法》第6条第1款规定："凡在中华人民共和国领域内犯罪的，除法律有特别规定以外，都适用本法。"

我国《刑法》第6条第2款规定："凡在中华人民共和国船舶或者航空器内犯罪的，也适用本法。"

我国《刑法》第6条第3款规定："犯罪的行为或者结果有一项发生在中华人民共和国领域内的，就认为是在中华人民共和国领域内犯罪。"

2. 我国刑法的属人管辖权

凡是中华人民共和国的公民，即使身在国外，也仍然受我国法律的保护。

《刑法》第7条第1款规定：中华人民共和国公民在中华人民共和国领域外犯本法规定之罪的，适用本法，但是按本法规定的最高刑为3年以下有期徒刑的，可以不予追究。第7条第2款规定：中华人民共和国国家工作人员和军人在中华人民共和国领域外犯本法规定之罪的，适用本法。

我国公民在我国领域外犯我国刑法规定之罪的，不论按照当地法律是否认为是犯罪，也不论其所犯罪行侵犯的是何国或何国公民的利益，原则上都适用我国刑法。只是按照我国刑法的规定，该中国公民所犯之罪的法定最高刑为3年以下有期徒刑的，可以不予追究。

3. 我国刑法的保护管辖权

《刑法》第8条规定：外国人在中华人民共和国领域外对中华人民共和国国家或者公民犯罪的，而按本法规定的最低刑为3年以上有期徒刑的，可以适用本法，但是按照犯罪地的法律不受处罚的除外。

"湄公河惨案"主犯糯康等人在我国受审①

① 图片来源：http：//news. 163. com/photoview/00AN0001/27624. html。

4. 我国刑法的普遍管辖权

《刑法》第9条规定：对于中华人民共和国缔结或者参加的国际条约所规定的罪行，中华人民共和国在所承担条约义务的范围内行使刑事管辖权的，适用本法。

(二) 刑法的时间效力

刑法的时间效力，是指刑法的生效时间、失效时间以及对刑法生效前所发生的行为是否具有溯及力的问题。

刑法的生效时间包括两种方式：一是自公布之日起生效。这通常是一些单行刑法法律的做法。二是公布之后经过一段时间再施行。

刑法的失效时间基本上也有两种方式：一是由国家立法机关明确宣布某些法律失效。二是自然失效，即新法施行后代替了具有同类内容的旧法，或者由于原来特殊的立法条件已经消失，旧法自行废止。

刑法的溯及力，是指刑法生效后，对于其生效以前未经审判或者判决尚未确定的行为是否适用的问题。

对此问题的规定一般有四个原则：

(1) 从旧原则。即按照行为时的旧法处理，新法没有溯及力。

(2) 从新原则。即按照新法处理，新法有溯及力。

(3) 从新兼从轻原则。即新法原则上有溯及力，但旧法不认为犯罪或者处刑较轻的，则要按照旧法处理。

(4) 从旧兼从轻原则。即新法原则上没有溯及力，但新法不认为犯罪或者处刑较轻的，则要按照新法处理。我国刑法即采用从旧兼从轻原则。

我国《刑法》第12条第1款规定：中华人民共和国成立以后本法施行以前的行为，如果当时的法律不认为是犯罪的，适用当时的法律；如果当时的法律认为是犯罪的，依照本法总则第四章第八节的规定应当追诉的，按照当时的法律追究刑事责任，但是如果本法不认为是犯罪或者处刑较轻的，适用本法。

刑法的时间效力问题，归根结底是解决新、旧刑法如何选择适用的问题，这个问题的核心是对行为人有利还是不利。从旧兼从轻原则的价值取向是有利于行为人，这与罪刑法定原则的保障人权精神是一致的。

案例评析

案件结果：2006年11月7日，郭某向公安机关投案自首，并全额退还赃款1.8万元。经天河区法院审理后，法院认定其构成盗窃罪，但考虑到其自首并主动退赃，故对其判处有期徒刑1年，并处罚金1 000元。而潜逃一年的许霆，17.5万元赃款因投资失败而被挥霍一空，2007年5月在陕西宝鸡火车站被警方抓获。广州市中院审理后认为，被告许霆以非法侵占为目的，伙同同案人采用秘密手段，盗窃金融机构，数额特别巨大，行为已构成盗窃罪，遂判处无期徒刑，剥夺政治权利终身，并处没收个人全部财产。许霆随后提出上诉。2008年3月，广州中院认定许霆犯盗窃罪，判处有期徒刑5年。

法理分析：许霆第一次获得1 000元人民币，是由操作失误所致，具有不当得利性质，但后来他明知自动取款机发生故障，还多次取款，这是利用自动取款机的故障进行盗窃的行为，数额较大，其行为已经构成盗窃罪。由此可见，许霆的行为已经触犯刑律，应当追究刑事责任。

延伸阅读

新中国刑法发展历程

1.1979年7月1日第五届全国人民代表大会第二次会议通过；

2.1997年3月14日第八届全国人民代表大会第五次会议修订；

3.1997年3月14日中华人民共和国主席令第83号公布，自1997年10月1日起施行；

4. 根据《中华人民共和国刑法修正案》（1999年12月25日第九届全国人民代表大会常务委员会第十三次会议通过）修正；

5. 根据《中华人民共和国刑法修正案（二）》（2001年8月31日第九届全国人民代表大会常务委员会第二十三次会议通过）修正；

6. 根据《中华人民共和国刑法修正案（三）》（2001年12月29日第九届全国人民代表大会常务委员会第二十五次会议通过）修正；

7. 根据《中华人民共和国刑法修正案（四）》（2002年12月28日第九届全国人民代表大会常务委员会第三十一次会议通过）修正；

8. 根据《中华人民共和国刑法修正案（五）》（2005年2月28日第十届全国人民代表大会常务委员会第十四次会议通过）修正；

9. 根据《中华人民共和国刑法修正案（六）》（2006年6月29日第十届全国人民代表大会常务委员会第二十二次会议通过）修正；

10. 根据《中华人民共和国刑法修正案（七）》（2009年2月28日第十一届全国人民代表大会常务委员会第七次会议通过）修正；

11. 根据《中华人民共和国刑法修正案（八）》（2011年2月25日第十一届全国人民代表大会常务委员会第十九次会议通过）修正。

第二节　犯罪

案例导入

被告人胡某，男，28岁，农民。被告人胡某之妻唐某系四川人，多次与其好友张某（女，22岁，未婚）通信，说河南生活条件好，她仅利用农闲帮人加工衣服，每月可挣500元等。于是，张某也想到河南来，写信告诉唐某帮她找一合适人家，并要胡某到四川接她。胡某在临去四川之前找到邻村青年周某说要为他从四川介绍一个媳妇，并要求周某提供5 000元作路费，周某满口答应，给胡某5 000元。胡某到四川后，听张某说，她表妹陈某（21岁，未婚）也想到河南结婚，问胡某是否可以带她一起去，胡某随即应允。回到河南后，胡某将张某介绍给周某为妻，又将陈某介绍给其一个远房亲戚梁某为妻，并以分担路费的名义，向梁某索要现金5 000元，梁某因胡某为其介绍对象而非常感激，要多给胡某2 000元，但胡某只收了5 000元。张某、陈某二女均对婚后生活很满意。

问题：胡某的行为是否构成犯罪？

知识讲解

一、犯罪的概念和特征

根据《刑法》第 13 条的规定，一切危害国家主权、领土完整和安全，分裂国家、颠覆人民民主专政的政权和推翻社会主义制度，破坏社会秩序和经济秩序，侵犯国有财产或者劳动群众集体所有的财产，侵犯公民私人所有的财产，侵犯公民的人身权利、民主权利和其他权利，以及其他危害社会的行为，依照法律应当受刑罚处罚的，都是犯罪，但是情节显著轻微危害不大的，不认为是犯罪。

根据这个定义，可以得出我国刑法上的犯罪具有以下三个基本特征：

（1）犯罪是危害社会的行为，具有社会危害性。行为具有社会危害性，是犯罪的基本特征。犯罪的社会危害性是指犯罪对国家和人民利益所造成的危害。犯罪的本质特征在于它对国家和人民利益所造成的危害。如果某种行为根本不可能对社会造成危害，刑法就没有必要把它规定为犯罪；某种行为虽然具有一定的社会危害性，但是情节显著轻微危害不大的，也不认为是犯罪。

（2）犯罪是违反刑律的行为，具有刑事违法性。刑事违法性是指触犯刑律，即某一个人的行为符合刑法分则所规定的犯罪构成要件。刑事违法性是犯罪的法律特征，是对犯罪行为的否定的法律评价。在罪刑法定原则下，没有刑事违法性，也就没有犯罪。因此，刑事违法性是犯罪的基本特征。

（3）犯罪是依法应受刑罚处罚的行为，具有应受惩罚性。应受惩罚性是犯罪的重要特征，它表明国家对于具有刑事违法性和法益侵害性的行为的刑罚惩罚。犯罪是适用刑罚的前提，刑罚是犯罪的法律后果。如果一个行为不应受刑罚惩罚，也就意味着它不是犯罪。应受惩罚性并不是刑事违法性和法益侵害性的消极的法律后果，它对于犯罪的立法规定与司法认定具有重要意义。

二、犯罪构成要件

犯罪构成要件是指刑法所规定的，符合犯罪概念的基本特征，构成犯罪所必需的客观要件和主观要件的总和，即犯罪构成是我国刑法所规定的，决定某一具体行为的社会危害性及其程度而为该行为构成犯罪所必需的一切客观和主观要件的总和。犯罪构成要件包括以下四个方面：

（一）犯罪客体

犯罪客体，就是犯罪活动侵害的、为刑法所保护的社会关系。社会关系是极为广泛的，如领土的完整、财产的所有权、公民的人身权利等。并非所有的社会关系都是犯罪客体。只有当这种社会关系既被刑法所保护又被犯罪所侵害时，才是犯罪客体。比如盗窃罪、诈骗罪、抢夺罪的客体是财产权利，杀人罪的客体是生命权，寻衅滋事罪的客体是公共秩序，放火罪的客体是公共安全，等等。

（二）犯罪客观方面

犯罪客观方面，是指犯罪活动的客观外在表现，表明犯罪活动的客观外在表现的事实特征有：危害行为，危害结果，犯罪的时间、地点、方法等，因而犯罪的客观方面主要是指危害行为、危害结果和因果关系。

1. 危害行为

危害行为，是指在人的意志或者意识的支配下实施的危害社会的身体动静。

根据上述定义，危害行为具有以下三个基本特征：

(1) 危害行为在客观上是人的身体动静。这是危害行为的外在特征，亦称危害行为的有体性特征。

(2) 危害行为在主观上是基于行为人的意志或者意识支配下的身体动静。支配身体动静的意志或活动，是危害行为的内在特征，危害行为必须是受人的意志和意识支配的。因此，睡梦中的动作、梦游的动作、受到绝对强制的动作以及精神病人的举动，都不能叫危害行为，它们没有刑法意义，因为它们不是在人的意志或意识的支配下产生的。

(3) 危害行为在法律上是对社会有危害的身体动静。身体动静的社会危害性，是对危害行为价值评价的特征，也称为危害行为的社会特征。

刑法中的危害行为表现形式多种多样，刑法理论将繁多的危害行为概括为两种基本形式，即作为与不作为。

作为，是指行为人以身体活动实施的违反禁止性规范的危害行为。作为违反的是禁止性规范，即刑法禁止做而去做，是不当为而为。作为的外在表现是人的身体的积极动作，凡是只能由作为形式实施的犯罪，消极行为就不能构成犯罪。

不作为，就是指行为人负有实施某种行为的特定法律义务，能够履行而不履行的危害行为。不作为违反的是刑法的命令性规范，是当为而不为。行为人负有实施某种行为的特定义务是不作为犯罪成立的前提条件。在不作为犯罪中，作为义务反映了不作为犯罪的基本犯罪事实和构成要素的本质特征。特定义务的来源包括以下几个方面：1) 法律明文规定的义务，指国家制定或认可的并由国家强制力保证实施的一切行为规范的总和。2) 职务或业务上要求的义务。3) 法律行为引起的义务。4) 先行行为引起的义务。

不作为成立犯罪除了要求存在特定的义务以外，还须具备下列两个条件：

其一，行为人有履行特定义务的实际可能而未履行。

其二，行为人的不作为具有严重的社会危害性。

2. 危害结果

我们认为，根据我国刑法的规定和有关的刑法原理，刑法意义上的危害结果有广义和狭义之分。

广义的危害结果，是指行为人的危害行为所引起的一切对社会的损害事实，包括危害行为的直接结果和间接结果。

狭义的危害结果，是指作为犯罪构成要件的结果，通常也就是对直接客体所造成的损害事实，狭义的危害结果是定罪的主要根据之一。

3. 因果关系

刑法上的因果关系是指危害行为（实行行为）与危害结果（构成要件意义上的实害结果）之间的一种引起与被引起的关系。

因果关系在刑法理论和实践中的意义：

(1) 影响罪数认定。危害行为与危害结果存在因果关系，表明该危害行为与危害结果属于同一个案件，成立一罪；否则，该行为与危害结果可能属于两个案件。

(2) 影响故意犯罪未完成形态的判定。在故意犯罪中，如果危害行为与危害结果存在因果关系，则成立既遂；否则成立未遂。

(3) 影响过失犯罪是否成立的判定。在我国刑法中，所有过失行为要成立犯罪，必须导致特定实害结果，即要求过失行为与特定实害结果之间存在因果关系。如果二者之间不存在因果关系，过失行为就不能成立犯罪。

(4) 影响结果加重犯的认定。基本犯罪行为与加重结果之间必须存在因果关系，才能认定结果加重犯。

(三) 犯罪主体

犯罪主体是指实施犯罪行为，并且依法应当负刑事责任的人。犯罪主体包括自然人犯罪主体和单位犯罪主体。

1. 自然人犯罪主体

自然人犯罪主体是指达到法定刑事责任年龄、具有刑事责任能力、实施了危害社会的行为的自然人。

刑事责任能力是指行为人辨认和控制自己行为的能力。辨认能力是指一个人对自己行为的性质、意义和后果的认识能力。控制能力是指一个人按照自己的意志支配自己行为的能力。

一般说来，影响和决定人的刑事责任能力程度的，有两个方面的因素：一是人的知识和智力成熟程度，二是精神，即人的大脑功能正常与否的状况。前者主要受到人从幼年向成年成长的年龄因素的制约，后者则受到人是否患精神疾病及精神疾病的种类、程度和特点的影响。此外，重要器官生理功能的丧失对刑事责任能力的程度也会有一定的影响。根据人的年龄、精神状况、生理功能状况等因素，我国刑法中的刑事责任能力程度包括以下几种情况：

(1) 完全刑事责任能力

凡年满 18 周岁、精神和生理功能健全且智力发展正常的人，都是完全刑事责任能力人。间歇性的精神病人在精神正常时实施刑法禁止的危害行为，其辨认和控制能力完全具备，应负刑事责任。完全刑事责任能力人实施了犯罪行为的，应当依法负全部的刑事责任。

(2) 完全无刑事责任能力

简称完全无责任能力或无责任能力，指行为人没有刑法意义上的辨认和控制自己行为的能力。完全无刑事责任能力人包括两类：一类是不满 14 周岁的人；另一类是行为时因精神病而不能辨认或者不能控制自己行为的人。

(3) 相对无刑事责任能力

也称相对有刑事责任能力，指行为人仅限于对刑法所明文规定的某些严重犯罪具有刑事责任能力，而对未明确限定的其他危害行为无刑事责任能力的情况。

按照我国《刑法》第 17 条第 2 款的规定，已满 14 周岁不满 16 周岁，是相对负刑事责任年龄阶段，也称相对无刑事责任阶段。达到这个年龄阶段的人，已经具备了一定的辨别大是大非和控制自己重大行为的能力，即对某些严重危害社会的行为具备一定的辨认和控制能力。因此，法律要求他们对自己实施的严重危害社会的行为，即“故意杀人、故意伤害致人重伤或者死亡、强奸、抢劫、贩卖毒品、放火、爆炸、投毒罪”，负刑事责任。

(4) 减轻刑事责任能力

减轻刑事责任能力又称限制刑事责任能力、限定刑事责任能力、部分刑事责任能力，其是完全刑事责任能力与完全无刑事责任能力的中间状态，指因年龄、精神状况、生理功能缺陷等原因，而使行为人实施刑法所禁止的危害行为时，虽然具有责任能力，但其辨认或控制自己行为的能力较完全责任能力人有一定程度的减弱或降低的情况。

我国刑法明文规定的限制刑事责任能力人有四种：1）已满14周岁不满18周岁的未成年人；2）尚未完全丧失辨认或者控制自己行为能力的精神病人；3）又聋又哑的人；4）盲人。

根据刑法的规定，对于已满14周岁不满18周岁的人犯罪，应当从轻或者减轻处罚；对于尚未完全丧失辨认或者控制自己行为能力的精神病人犯罪的，可以从轻或者减轻处罚；对于又聋又哑的人或者盲人犯罪，可以从轻、减轻或者免除处罚。

2. 单位犯罪主体

单位犯罪是指公司、企业、事业单位、机关、团体实施的危害社会行为，法律规定为单位犯罪的，单位应当负刑事责任。

（1）单位犯罪的特征

单位犯罪的特征包括：1）单位犯罪的主体包括公司、企业、事业单位、机关、团体；2）单位犯罪必须是在单位主体的意志支配下实施的；3）单位犯罪必须由刑法分则或分则性条文明确规定。

（2）单位犯罪的处罚原则

单位犯罪一般采取“双罚制”。单位犯罪的，对单位判处罚金，并对其直接负责的主管人员和其他直接责任人员判处刑罚。即对单位犯罪一般实行“两罚”原则。刑法分则有特别规定只实行“单罚”的，依照规定。从刑法现有的规定看，在单罚的场合一般只处罚单位犯罪的责任人，如妨害清算罪、私分国有资产罪、私分罚没财物罪。

(四) 犯罪的主观方面

犯罪的主观方面是指犯罪主体对自己危害社会的行为及危害社会的结果所抱的心理态度。犯罪的主观方面包括罪过（犯罪的故意或者过失）、犯罪目的、犯罪动机等因素。罪过是一切犯罪构成都必须具备的主观要件。犯罪的目的只是某些犯罪构成所必备的主观要件，也称为选择性主观要件。犯罪动机不是犯罪构成必备的主观要件，它一般不影响定罪，只影响量刑。

犯罪故意，是指行为人明知自己的行为会发生危害社会的结果，并且希望或者放任这种结果发生的一种主观心理态度。

犯罪过失，是指行为人应当预见自己的行为可能发生危害社会的结果，因疏忽大意而没有预见，或者已经预见而轻信能够避免的一种心理态度。

三、犯罪的种类

刑法分则将犯罪分为十大类，分别是：危害国家安全罪；危害公共安全罪；破坏社会主义市场经济秩序罪；侵犯公民人身权利、民主权利罪；侵犯财产罪；妨害社会管理秩序罪；危害国防利益罪；贪污贿赂罪；渎职罪；军人违反职责罪。

四、犯罪的停止形态

1. 犯罪的预备

为了犯罪准备工具、制造条件，是犯罪预备。犯罪预备行为分为两类：一类是为了犯罪准备工具；另一类是为了犯罪制造条件。无论是准备工具还是制造条件，都是为实施犯罪做准备，一旦准备就绪，就要着手实施犯罪。故犯罪预备包含着严重的社会危害性，刑法规定要予以必要的处罚。

但从犯罪预备到犯罪既遂之间还有一个过程，犯罪预备毕竟尚未造成犯罪客体的实际损害，因此刑法规定对预备犯可以比照既遂犯从轻、减轻处罚或者免除处罚。

2. 犯罪既遂与犯罪未遂

犯罪既遂是指行为人故意实施的行为已经具备了某种犯罪构成的全部要件。判定犯罪是否既遂，应当以行为人所实施的行为是否具备了《刑法》分则所规定的某一犯罪的全部构成要件为标准。完全具备的，是既遂；未能完全具备的，则不是既遂。

对于构成既遂的犯罪，可以直接按照《刑法》分则相对应的条文定罪量刑。

犯罪未遂是指已经着手犯罪，由于犯罪分子意志以外的原因而未得逞的。犯罪未遂具有以下特征：

（1）已经着手实行犯罪。这一特征把它与犯罪预备区分开来。

（2）犯罪没有得逞，即没有具备构成某个具体犯罪的全部要件。这一特征把它与犯罪既遂区分开来。

（3）犯罪没有得逞是由于犯罪分子意志以外的原因。这一特征把它和犯罪中止区分开来。

《刑法》规定，对于未遂犯，可以比照既遂犯从轻或者减轻处罚。

3. 犯罪中止

在犯罪过程中，自动放弃犯罪或者自动有效地防止犯罪结果发生的，是犯罪中止。犯罪中止有两种情况：

（1）自动放弃犯罪行为，从而避免了犯罪结果的发生。

（2）虽然已经实施完了某种犯罪行为，但在犯罪结果发生之前，行为人主动有效地防止了犯罪结果的发生。

对于中止犯，没有造成损害的，应当免除处罚；造成损害的，应当减轻处罚。

五、共同犯罪

共同犯罪是指两人以上共同故意犯罪。构成共同犯罪应当具备以下条件：

（1）犯罪主体必须是两个或两个以上的达到刑事责任年龄、具有刑事责任能力的人。

（2）各个共同犯罪人必须具有共同的犯罪行为。

（3）各个共同犯罪人必须具有共同的犯罪故意。

我国《刑法》根据共同犯罪人在共同犯罪中所起的作用，将共同犯罪人分为主犯、从犯、胁从犯、教唆犯四种，并且各自负有不同的刑事责任。

六、正当防卫和紧急避险

（一）正当防卫

1. 正当防卫的概念

正当防卫是指为了使国家、公共利益、本人或者他人的人身、财产和其他权利免受正在进行的不法侵害，而采取的制止不法侵害的行为。实施正当防卫，对不法侵害人造成损害的，不负刑事责任；正当防卫明显超过必要限度造成重大损害的，应当负刑事责任，但是应当减轻或者免除处罚。对正在进行的行凶、杀人、抢劫、强奸、绑架以及其他严重危及人身安全的暴力犯罪，采取防卫行为，造成不法侵害人伤亡的，不属于防卫过当，不负刑事责任。

2. 正当防卫的构成要件

法律赋予了每个公民正当防卫的权利，但这并不意味着可以任意实施正当防卫，而不受任何条件的约束。由于正当防卫是采取给不法侵害者造成损害的方法实施的，所以法律严禁滥用防卫权。只有符合条件的合法的防卫行为，才是正当的，不负刑事责任。

(1) 起因条件——不法侵害行为的存在

正当防卫只能针对不法侵害行为来实施，这是正当防卫的本质所在。所谓不法侵害行为，是指对法律所保护的国家、公共利益、本人或他人的合法权益造成损害的行为。不法侵害行为有两个特征：一是不法侵害行为必须是危害社会的行为，即具有社会危害性；二是不法侵害行为必须具有侵害的紧迫性。

(2) 时间条件——不法侵害行为正在进行

正当防卫的起因条件是不法侵害行为的存在，但并不是有了不法侵害行为，任何时候都可以实行正当防卫。正当防卫有时间的限制，即只有在不法侵害行为正在进行的过程中才能实行正当防卫。所谓正在进行，是指不法侵害行为已经开始且尚未结束。

(3) 主观条件——防卫意图的存在

刑法明确规定，正当防卫成立的主观条件是防卫人为了使国家、公共利益、本人或他人的人身、财产和其他权利免受正在进行的不法侵害，即防卫人具有防卫的意图，只有具备了正当防卫的意图，才能保证防卫行为是对社会有益的行为，并排除了防卫行为的社会危害性。防卫意图也是认识因素和意志因素的统一，它要求防卫人在主观上认识到不法侵害行为的存在，并希望通过自己所实施的防卫行为来保护合法权益免受侵害。

(4) 对象条件——只能对不法侵害人实施

由于正当防卫的目的在于制止不法侵害行为，以保护合法权益免受侵害，所以正当防卫行为只能针对不法侵害者本人实施。如果明知对方没有实施不法侵害行为，而故意加以侵害，不是正当防卫；构成犯罪的，应按故意犯罪承担刑事责任。

(5) 限度条件——不能明显超过必要限度造成重大损害

我国刑法明确规定，“正当防卫明显超过必要限度造成重大损害的，应当负刑事责任”，所以正当防卫只有在一定限度内实施，才可能是合法的。

(二) 紧急避险

1. 紧急避险的概念

紧急避险是指为了使国家、公共利益、本人或者他人的人身、财产和其他权利免受正在发生的危险，不得已采取的行为；造成损害的，紧急避险行为人不负刑事责任。紧急避险超过必要限度造成不应有的损害的，应当负刑事责任，但是应当减轻或者免除处罚。

2. 紧急避险的构成要件

由于紧急避险是采用损害一种合法权益的方法以保全另一种合法权益，所以，只有在一定条件下，它才是合法的，才能排除犯罪性，才能真正成为对社会有利的行为。

（1）起因条件——一定危险的存在

只有当合法权益受到一定危险的威胁时，才会产生实行紧急避险的需要。危险的来源主要有：1）自然的力量，如地震、水灾、台风等；2）动物的侵袭；3）来源于疾病、饥饿等生理机能造成的危险；4）人的违法犯罪行为。无论是哪种危险，都必须是真实存在的，如果事实上并不存在危险，但行为人误认为有危险发生，因而对第三者合法权益造成损害的，由于不存在避险的起因条件，所以不是紧急避险，而是假想的避险。对假想的避险，应按处理事实认识错误的原则来处理。

（2）时间条件——危险正在发生

危险正在发生，是指危险不仅已经发生，而且迫在眉睫，对合法权益已造成紧迫的、直接的威胁，而不是尚未开始或者已经结束。对于因避险不适时造成重大损害的，应当负刑事责任。

（3）主观条件——避险意图的存在

行为人实施紧急避险的目的，是保护合法权益免遭正在发生的危险的损害，这也是紧急避险成立的主观条件。合法权益，根据法律的规定，包括国家利益、公共利益、本人或者他人的利益。行为人如果是出于保护非法利益的目的，则不成立紧急避险。如一艘走私的货船为避免触礁的危险，保护自己的走私货物而将附近一艘渔船撞沉，就不能认为属紧急避险。

（4）可行性条件——不得已

由于紧急避险是通过损害一个合法权益而保全另一合法权益，所以只有在不得已，没有其他方法可以避险时，才允许实行紧急避险。如果并非出于迫不得已，还有其他方法可以避险时，就不能实行紧急避险。

（5）对象条件——第三者的合法权益

由于紧急避险是通过损害一个较小的合法权益来保全另一个较大的合法权益，所以它只能针对第三者的合法权益来实施。所谓第三者，是指与损害危险的发生毫无关系的人，这是紧急避险的对象。损害第三者的合法权益，主要指财产权益、住宅不可侵犯权等，一般情况下，不允许用损害他人生命或健康的方法来保护另一合法权益。

（6）限度条件——不能超过必要限度造成不应有的损害

紧急避险的必要限度就是要求避险行为所引起的损害应小于所避免的损害，二者不能相同，更不允许前者大于后者。因为，紧急避险所要保护的权益与所损害的权益都是合法的权益，在两个合法权益发生冲突的情况下，只能是“两利相权取其重，两害相权取其轻”，只有牺牲较小的权益来保护较大的权益，才符合紧急避险的目的。

案例评析

法院判决认为，被告人胡某虽然将张某、陈某两位妇女介绍给他人为妻，又收取了他人的财物，但由于被告人胡某不具有出卖妇女的目的，又未对妇女实行拐骗贩卖的行为，因而不构成《刑法》第240条规定的拐卖妇女罪，胡某的行为只属于一般的违法行为。法院最终依照《刑法》第13条规定，宣告胡某无罪。

犯罪构成的主观方面是指刑法规定成立犯罪必须具备的犯罪主体对其实施的危害行为及其

结果所持的心理态度。犯罪的主观方面是成立犯罪所必须具备的要件。因此，客观上实施了危害行为，主观上同时具备犯罪主观方面要件时，才可能构成犯罪；如果行为在客观上造成了损害结果，但行为人主观上并不具备犯罪的主观方面要件，则不可能构成犯罪。是否具备主观方面的要件，是区分罪与非罪的标准之一。它包括犯罪的故意或过失、犯罪的目的和动机。

关于此案，检察机关和法院对于定性存在分歧，主要是由于对被告人胡某的行为是否符合拐卖妇女罪的构成要件存在不同认识。我们认为，法院的判决是正确的，被告人胡某的行为不符合拐卖妇女罪的构成要件，不应作为犯罪处理。因为拐卖妇女罪要求行为人必须具有出卖妇女牟利的目的，而胡某不具有这一非法目的，根本未对妇女实行拐骗贩卖的行为，同样，案件事实也表明，被告人胡某的行为目的是为他人介绍婚姻。尽管胡某在介绍婚姻时向他人索取了财物，其行为具有一定的社会危害性，而且形式也与拐卖妇女有某些相似之处，但从总体上考察，胡某确属为他人介绍婚姻，而且索取的他人财物数量较小，其行为根本不具备《刑法》第240条拐卖妇女罪规定的必须具有的出卖妇女牟利的目的，亦即不符合拐卖妇女罪的构成要件，不应以犯罪论处。

第三节　刑罚

案例导入

被告人：万某，男，40岁。1983年因犯罪被判处有期徒刑12年，1995年刑满释放。

被告人：周某，男，52岁。1983年因抢劫罪被判处有期徒刑3年，1992年因贩卖毒品罪被判处有期徒刑3年，1995年刑满释放。

被告人：朱某，男，27岁，农民。1995年因犯强制猥亵妇女罪被免予起诉，1997年因犯盗窃罪被判处有期徒刑1年零6个月，1998年刑满释放。

被告人：卢某，男，63岁，农民。1983年因盗窃罪被判处有期徒刑7年，1990年刑满释放。

万某于1998年4月下旬，从元汇农场王某家中将2.6千克鸦片带到甲市周某家中。后万某、周某分别将1.6千克、1.4千克鸦片交给甲市卢某贩卖。同年5月20日下午4时许，卢某在甲市新颖旅社410房间贩卖鸦片时被公安机关人赃俱获，缴获鸦片2 642.4克。同年8月17日，据卢某供述，在其家中查获鸦片3 505克。

1998年年初，周某流窜到乙县邀约朱某贩卖鸦片。朱某越境到老挝购鸦片1.2千克，同周某将鸦片带到甲市周某家中。此后朱某又从乙县越境到老挝购回鸦片1千克偷运到甲市贩卖给周某。

1997年年底，自某（另案处理）、吴某（在逃）窜至丙地邀约万某贩卖鸦片。吴某出资，自某、万某从乙县越境到老挝购回鸦片5千克，在丁县交给吴某，万某与吴某将鸦片偷运到雄镇贩卖。1998年1月下旬，自某、万某集资从乙县越境到老挝购回鸦片12千克，在丁县交给吴某贩卖。此时吴某又出资，由白某、万某从乙县越境到老挝购回鸦片6千克，与吴某偷运到戊地进行贩卖。

1997年8月10日，中级人民法院以贩毒罪判处卢某死刑，剥夺政治权利终身。宣判后，卢某积极交代和检举揭发了万某、周某的贩毒罪行。公安机关根据这一线索，抓获了万某、周某和另一毒贩朱某，使全案真相大白。高级人民法院认为，卢某具有立功表现，将卢某贩毒案于 1998 年 9 月 29 日发回，与本案合并审理。

问题：本案四个被告人应如何处罚？

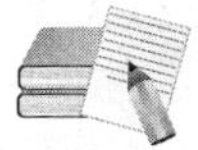

知识讲解

一、刑罚的概念和种类

（一）刑罚的概念

刑罚是国家创制的，对犯罪分子适用的特殊制裁方法，是对犯罪分子某种利益的剥夺，并且表现出国家对犯罪分子及其行为的否定评价。

刑罚具有以下特征：

1. 强制程度的严厉性

刑罚的属性在于对犯罪人权益的限制或剥夺，这表明它是一种最严厉的法律制裁措施。因为刑罚中的自由刑可以限制或剥夺犯罪人的人身自由，生命刑还可以剥夺犯罪人的生命，资格刑、财产刑可以剥夺犯罪人的政治权利和财产权利。这种严厉性正是刑罚区别于其他法律制裁方法的本质特征。

2. 适用主体的特定性

刑罚适用的主体只能是代表国家行使审判权的人民法院。任何其他国家机关、企业、事业单位、人民团体和个人，都无权对犯罪人适用刑罚。

3. 法律程序的专门性

按照罪刑法定原则的要求，不仅犯罪需由成文刑法事先作出明文规定，而且刑罚也必须由刑法明文载于法条。这就意味着，刑法总则要对刑罚的种类作出明文规定。对刑法没有明文规定的制裁方法，不能以刑罚之名适用于犯罪分子。

（二）主刑

主刑是对犯罪分子独立适用的主要刑罚方法。主刑只能独立适用，不能附加适用，一个罪行只能适用一个主刑。主刑有五种：管制、拘役、有期徒刑、无期徒刑、死刑。

1. 管制

（1）管制的概念

管制是对犯罪分子不实行关押而交由公安机关管束和人民群众监督，限制其一定自由的刑罚方法。

（2）管制的特征

1）对犯罪分子不予关押；2）须在公安机关管束和群众监督下进行劳动改造；3）被判处管制的罪犯可以自谋生计，在劳动中与普通公民同工同酬。

（3）管制的期限

管制的期限为 3 个月以上 2 年以下，数罪并罚时最高不能超过 3 年。

（4）管制的执行

被判处管制的犯罪分子由公安机关执行。在执行期间应当遵守相关规定。

2. 拘役

(1) 拘役的概念

拘役是剥夺犯罪分子短期人身自由，就近实行强制劳动改造的刑罚方法。

(2) 拘役的特征

1) 拘役是一种短期自由刑；2) 拘役适用于罪行较轻的犯罪分子；3) 拘役由公安机关就近执行。

(3) 拘役的期限

拘役的期限为1个月以上6个月以下。数罪并罚时最高不得超过1年。

(4) 拘役的执行

拘役由公安机关就近执行。在执行期间罪犯享有两项待遇：1) 探亲。2) 参加劳动的可以酌量发给报酬。

3. 有期徒刑

(1) 有期徒刑的概念

有期徒刑是剥夺犯罪分子一定期限的人身自由，实行强制劳动改造的刑罚方法。

(2) 有期徒刑的特征

1) 在一定期限内对罪犯实行关押，剥夺其人身自由；2) 刑期幅度大，具有广泛的适用性；3) 强制接受教育和劳动改造。

(3) 有期徒刑的期限

有期徒刑的刑期为6个月以上15年以下。在数罪并罚及死缓期间确有重大立功表现的情况下可以为15年以上25年以下。

(4) 有期徒刑的执行

有期徒刑在监狱或者其他执行场所执行。凡有劳动能力的，应当参加劳动，接受教育和改造。

4. 无期徒刑

(1) 无期徒刑的概念

无期徒刑是剥夺犯罪分子终身自由，并强制劳动改造的刑罚方法。

(2) 无期徒刑的特征

1) 对犯罪分子进行关押；2) 剥夺犯罪分子的终身自由；3) 对犯罪分子进行强制劳动改造。

(3) 无期徒刑的期限

无期徒刑是剥夺犯罪分子终身自由。但在我国刑法中，被判处无期徒刑的犯罪分子往往可以通过减刑、假释而出狱，但最少必须服刑13年以上。

(4) 无期徒刑的执行

无期徒刑在监狱或其他执行场所执行。凡有劳动能力的，应当参加劳动，接受教育和改造。

5. 死刑

(1) 死刑的概念

死刑是剥夺犯罪分子生命的刑罚方法。

(2) 死刑的刑事政策

我国的死刑政策是不可不杀，坚持少杀，防止错杀。

(3) 死刑的适用

1) 死刑只适用于罪行极其严重的犯罪分子。

2) 犯罪时不满 18 周岁的人不适用死刑。

3) 审判时怀孕的妇女不适用死刑。

4) 死刑除依法由最高人民法院判决的以外，都应当报请最高人民法院核准；判处死缓的案件，可以由高级人民法院判决或者核准。从 1980 年起，部分死刑案件的核准权下放，由高级人民法院行使。目前已经将死刑核准权统一收归最高人民法院行使，这有利于限制死刑。

(4) 死缓制度

1) 死缓的概念

死缓是指对于应当判处死刑的犯罪分子，如果不是必须立即执行的，可以判处死刑同时宣告缓期 2 年执行。死缓不是一个刑种，而是一种运用死刑的刑罚制度。

2) 死缓的适用条件

第一，罪该处死。这是适用死缓的前提条件。第二，不是必须立即执行。这是区分死刑缓期执行与死刑立即执行的原则界限。

二、量刑的概念和一般原则

1. 量刑的概念

量刑是指人民法院对犯罪分子依法裁量决定刑罚的一种审判活动。

量刑包括以下内容：(1) 决定是否判处刑罚；(2) 决定判处何种刑罚；(3) 决定判处多重的刑罚。

2. 量刑的一般原则

根据《刑法》第 61 条规定，量刑的一般原则可以概括为：以犯罪事实为根据，以刑事法律为准绳。

犯罪事实包括以下四项内容：(1) 犯罪的事实，即狭义的犯罪事实，是指犯罪构成要件的各项基本事实情况；(2) 犯罪的性质，指行为人的行为构成什么罪，应定什么罪名；(3) 犯罪情节，包括定罪情节与量刑情节两种；(4) 对于社会的危害程度，指犯罪行为对社会造成或可能造成损害的程度。

量刑以刑法为准绳，主要是指遵行以下刑法有关规定：(1) 刑法总则中关于刑罚原则、制度、方法及其适用条件的一般规定；(2) 刑法分则中有关各种具体犯罪的法定刑及量刑幅度的具体规定。

3. 量刑情节

量刑情节，是指由刑事法律规定或认可的定罪事实以外的，体现犯罪行为社会危害性程度和犯罪人的人身危险性大小，据以决定对犯罪人是否处刑以及处刑轻重所应当或可以考虑的各种具体事实情况。

量刑情节，可分为以下几种类型：(1) 法定情节，是指法律明文规定其具体内容、能够影响量刑轻重的事实情况。包括从重处罚情节、从轻处罚情节、减轻处罚情节、免除处罚情节。

(2) 酌定情节，是指刑法没有明文规定，根据立法精神从审判实践经验中总结出来的，反映犯罪行为的社会危害性程度和犯罪人的人身危险性程度，在量刑时酌情适用的情节。包括犯罪动机，犯罪手段，犯罪的时间、地点等当时的环境和条件，犯罪侵害的对象，犯罪人的个人情况和一贯表现，犯罪人犯罪后的态度。

三、累犯

(一) 累犯的概念

累犯是指因犯罪而受过一定的刑罚处罚，在刑罚执行完毕或者赦免以后，在法定期限内又犯应当判处一定刑罚之罪的罪犯。累犯分普通累犯与危害国家安全罪的特别累犯两种。

我们在这里主要讲普通累犯。根据我国《刑法》第65条的规定，普通累犯是指因故意犯罪被判处有期徒刑以上刑罚的犯罪分子，在刑罚执行完毕或者赦免以后，在5年内再犯应当判处有期徒刑以上刑罚的故意犯罪的犯罪分子。

(二) 累犯的条件

累犯的构成条件是：(1) 前罪与后罪都是故意犯罪；(2) 前罪被判处有期徒刑以上刑罚，后罪应当被判处有期徒刑以上刑罚；(3) 后罪发生在前罪的刑罚执行完毕或者赦免以后5年之内。

危害国家安全罪的特别累犯的构成条件是：前后两罪都是危害国家安全罪，不管前后两罪判处的是什么刑罚，也不管前后两罪间隔多长时间，就构成危害国家安全罪的特别累犯。

(三) 累犯的处理

根据我国刑法规定，对于累犯，应当从重处罚。

四、自首

(一) 自首的概念

自首是指犯罪以后自动投案，如实供述自己的罪行的行为，或者被采取强制措施的犯罪嫌疑人、被告人和正在服刑的罪犯，如实供述司法机关还未掌握的本人的其他罪行的行为。自首分一般自首和特殊自首两种。

(二) 一般自首

一般自首是指犯罪分子犯罪以后自动投案，如实供述自己罪行的行为。它的成立条件是：(1) 自动投案。即犯罪分子于犯罪之后、被动归案之前，自行投于有关机关或个人，承认自己实施了犯罪，并自愿被置于所投机关或个人的控制之下，等候交代犯罪事实的行为。(2) 如实供述自己的罪行。包括：1) 投案人所供述的必须是犯罪的事实。2) 供述的必须是主要的犯罪事实，而非全部事实细节。3) 必须是自己实施或支配他人实施的并应由自己承担刑事责任的罪行。

(三) 特殊自首

特殊自首亦称准自首，是指被采取强制措施的犯罪嫌疑人、被告人和正在服刑的罪犯，如实供述司法机关还未掌握的本人其他罪行的行为。它的成立条件是：(1) 主体只能是被采取强制措施的犯罪嫌疑人、被告人和正在服刑的罪犯。(2) 必须如实供述司法机关还未掌握的本人其他罪行。这里所谓司法机关还未掌握的本人其他罪行，根据最高人民法院司法解释的规定，是指与司法机关已掌握的或者判决确定的罪行属不同种的罪行。如果是同种罪行，则不构成特殊自首，但可以酌情从轻处罚。

(四) 自首的处理

对于自首的犯罪分子，可以从轻或者减轻处罚。其中，犯罪较轻的，可以免除处罚。

五、立功

(一) 立功的概念

立功是指犯罪分子揭发他人犯罪行为，经查证属实的，或者提供重要线索，从而得以侦破其他案件的情形。

(二) 立功的表现

根据我国《刑法》第68条第1款的规定，立功表现为以下两种情形：(1) 揭发他人的犯罪行为经查证属实的。犯罪人之间往往互相了解各自的犯罪行为，犯罪人在归案后，揭发检举他人的犯罪行为的，是一种立功表现。(2) 提供重要线索，从而得以侦破其他案件的，指犯罪人提供未被司法机关掌握的各种犯罪线索，例如证明犯罪行为的重要事实或有关证人等。

除上述刑法列举的两种立功表现以外，下述情形也应视为立功：(1) 协助司法机关缉捕其他罪犯。犯罪人协助司法机关缉捕在逃的罪犯，可以节省司法成本，因此，这种行为应视为立功表现。应当指出，犯罪人协助司法机关缉捕的其他罪犯，既可以是与其无关的，也可以是其他同案犯。只要确实协助司法机关捕获罪犯，就应视为立功表现。(2) 犯罪人在羁押期间，遇有其他在押人员自杀、脱逃或者实施其他严重破坏监管秩序的行为，及时向看守人员报告的，也应视为立功表现。(3) 遇有自然灾害、意外事故奋不顾身加以排除，也应视为立功表现。

(三) 立功的处理

对于有立功表现的犯罪分子应按以下不同情形分别予以从宽处罚：(1) 犯罪分子有一般立功表现的，可以从轻或者减轻处罚；(2) 犯罪分子有重大立功表现的，可以减轻或者免除处罚；(3) 犯罪分子犯罪后自首又有重大立功表现的，应当减轻或者免除处罚。

案例评析

万某、周某、朱某和原审被告人卢某为牟取非法暴利，目无国法，多次贩卖鸦片，其行为构成《刑法》第347条规定的贩卖毒品罪。万某参与他人贩卖鸦片达14 800克，周某勾结他人贩卖鸦片达7 265.8克，朱某参与他人贩卖鸦片达2 200克，卢某参与他人贩卖鸦片达2 997.9克，贩毒数额巨大，情节特别严重，均应依法严惩。万某刑满释放后不满5年又犯罪，系累犯；周某，曾因贩卖毒品被判刑，仍不思悔改，又继续贩卖毒品，亦构成累犯；朱某亦是在刑满释放后不满5年又犯罪，也构成累犯。对于累犯，应当从重处罚。卢某在案发后，积极检举揭发其他毒品犯罪分子，有悔罪立功表现，所以可减轻处罚。

知识点思维导图

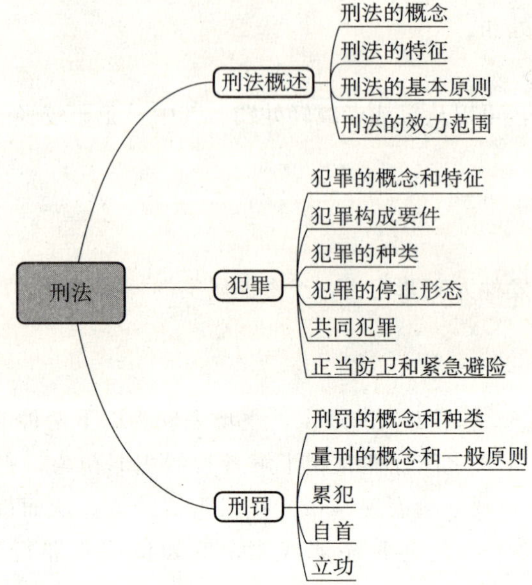

实战练习

一、选择题

1. 看守所值班武警甲擅离职守，导致在押的犯罪嫌疑人乙趁机逃走，但乙刚跑到监狱外的树林即被抓回。关于本案，下列哪一选项是正确的？（　　）

A. 甲主观上是过失，乙是故意

B. 甲、乙是事前无通谋的共犯

C. 甲构成私放在押人员罪

D. 乙不构成脱逃罪

2. 关于刑法上的因果关系，下列哪一判断是正确的？（　　）

A. 甲开枪射击乙，乙迅速躲闪，子弹击中乙身后的丙。甲的行为与丙的死亡之间不具有因果关系

B. 甲追赶小偷乙，乙慌忙中撞上疾驶汽车身亡。甲的行为与乙的死亡之间具有因果关系

C. 甲、乙没有意思联络，碰巧同时向丙开枪，且均打中了丙的心脏。甲、乙的行为与丙的死亡之间不具有因果关系

D. 甲以杀人故意向乙的食物中投放了足以致死的毒药，但在该毒药起作用前，丙开枪杀死了乙。甲的行为与乙的死亡之间不具有因果关系

3. 甲（15周岁）的下列哪一行为成立犯罪？（　　）

A. 春节期间放鞭炮，导致邻居失火，造成十多万元财产损失

B. 骗取他人数额巨大的财物，为抗拒抓捕，当场使用暴力将他人打成重伤

C. 受意图骗取保险金的张某指使，将张某的汽车推到悬崖下毁坏

D. 因偷拿苹果遭摊主喝骂，遂掏出水果刀将其刺成轻伤

4. 甲与一女子有染，其妻乙生怨。某日，乙将毒药拌入菜中意图杀甲。因久等甲未归且惧怕法律制裁，乙遂打消杀人恶念，将菜倒掉。关于乙的行为，下列哪一选项是正确的？（　　）

A. 犯罪预备

B. 犯罪预备阶段的犯罪中止

C. 犯罪未遂

D. 犯罪实行阶段的犯罪中止

5. 甲、乙两家有仇。某晚，两拨人在歌厅发生斗殴，甲、乙恰巧在场并各属一方。打斗中乙持刀砍伤甲小臂，甲用木棒击中乙头部，致乙死亡。关于甲的行为，下列哪一选项是正确的？（　　）

A. 属于正当防卫　　B. 属于紧急避险

C. 属于防卫过当　　D. 属于故意杀人

二、案例分析

被告人：乔甲，男，18岁，待业青年。

被告人乔甲因家中人多房少不能住，于2013年6月到其叔乔乙家借宿。同年9月28日乔甲在叔乔乙家午睡后闲着无事想找本杂志翻阅，就随手拉开乔乙忘了上锁的书桌抽屉，发现内有一叠崭新的10元面值人民币。乔甲顿起贪念，趁家中无人偷偷从中抽走50元。乔乙大意，没有发现其抽屉内短少的现金。乔甲第一次窃取得逞后胆子越来越大，又分别于同年10月、2014年3月两次趁乔乙不在共窃取其人民币600余元。当乔甲于2014年6月10日趁乔乙家无人之机打开抽屉欲寻找现金时，被躲在家里逃学的乔乙之子乔丙发现，遂案发，随后乔甲家属代其偿还了乔乙的损失。乔乙曾到公安机关要求不要处理乔甲。

问题：乔甲的行为是否构成犯罪？

第四章 民 法

学习目标： 通过本章的学习，使学生系统地掌握民法的基本原理和基本制度，培养民法理念、权利意识以及运用所学理论分析和解决民事问题的能力。

第一节 民法概述

案例一

2003年7月，王某将位于某市解放路5号的店面房一间出租给郑某，租期3年，租金为每月1 800元，双方还在租房合同中约定了违约金条款。房屋出租后，郑某与其弟合住。2003年8月，郑某在该出租房内故意杀害了一名同乡，成了被司法机关立案侦查并逮捕的犯罪嫌疑人。此后王某一直觉得邻居们对自己指指点点。想到租金并不高，而且承租人郑某本人没怎么住过，一直都是郑某的弟弟住着，遂产生了解除合同收回房子的想法，并与郑某的弟弟之间产生了争执。

问题：王某能否以房屋承租人郑某是犯罪嫌疑人而解除与其的房屋租赁合同？

案例二

刘某喜欢通过互联网订购商品。某日，某商场将一台价值近万元的健身器材送到刘某家中，但刘某声明自己并未上网订购这种商品。后来才知是刘某不在家时，其8岁的儿子在网上订购的。因平时刘某通过互联网订购商品时其子时常在旁观看，所以知道刘某的密码，了解一些网上购物的知识。刘某认为自己从未有购买健身器材的意向，并且没有进行过在网上购买该物品的操作，拒绝向商场付款和接受这台健身器材，而商场却认为自己是照单发货，刘某有义务接货付款。双方为此争执不下。

问题：刘某是否应接货付款？

一、民法的概念和调整对象

（一）民法的概念

民法是调整平等主体的自然人、法人、其他组织之间的财产关系和人身关系的法律规范的总和。

1. 实质意义的民法，指作为部门法的民法。有广义和狭义之分，广义指调整平等主体之间财产关系与人身关系的法律规范的总称，也就是私法的全部；狭义指在民商分立的国家商法以外的私法。

2. 形式意义上的民法，指以一定体例编纂的并以民法命名的成文法典。我国目前尚无形式意义的民法。

（二）民法的调整对象

《民法通则》第 2 条明确规定了民法的调整对象，该条规定："中华人民共和国民法调整平等主体的公民之间、法人之间、公民与法人之间的财产关系和人身关系。"

民法的调整对象主要包括以下两类：

1. 平等主体之间的财产关系

在这里需要注意两个关键词：平等主体和财产关系。

平等主体指的是在法律上无相互隶属关系，有平等的地位的法律主体。平等不同于"等同"，主要是指法律地位的平等。民法对平等主体的制度保障是通过赋予民事主体"民事权利能力"来实现的。

财产关系指人们在产品的生产、分配、交换和消费过程中形成的具有经济内容的关系。

财产关系与人身关系相对应。

依财产关系中主体的地位是否等同，可把财产关系划分为纵向财产关系和横向财产关系。前者如国家与国民之间的税收关系，后者如公司之间的交易关系。前者主体间地位不平等，存在命令与服从的关系；后者双方地位平等，不存在命令与服从的关系。民法所调整的财产关系，其特点在于主体间地位平等和当事人的意思自由。

2. 平等主体之间的人身关系

所谓人身关系，是指与人身不可分离，以人身利益为内容，不直接体现财产利益的社会关系。人身关系基于人格和身份而产生，故又包括人格关系和身份关系。

人格关系，是指因民事主体的人格利益而发生的社会关系。人格利益是指人的生命健康、姓名、名称、肖像、名誉等方面的利益。人格关系在民法上表现为人格权关系。人格权是民事主体依法固有的，以人格利益为客体的，为维护主体的独立人格所必备的权利。

身份关系，是指基于一定的身份而产生的社会关系，如配偶关系、亲属关系、监护关系等。这些关系在民法上体现为身份权关系。

二、民法的基本原则

（一）平等原则

民法中的平等，是指主体的身份平等。身份平等是特权的对立物，是指不论其自然条件和社会处境如何，其法律资格亦即权利能力一律平等。《民法通则》第 3 条规定：当事人在民事活动中的地位平等。任何自然人、法人在民事法律关系中平等地享有权利，其权利平等地受到保护。

（二）自愿原则

自愿是指在民事活动中应体现当事人的意志，排除他人强迫、欺诈及其他不当影响和压力。这一原则也是由市民关系的平等性决定的。我国民法的自愿原则主要表现为合同自由、婚姻自由、遗嘱自由。

（三）公平原则

公平原则的基本要求是：民事主体本着公平的观念进行民事活动，正当地行使民事权利和履行民事义务；兼顾他人利益和社会公平利益。司法机关在审理民事案件时应依法进行，同时做到公平合理，即在民事活动中以利益均衡作为价值判断标准，在民事主体之间发生利益关系冲突时，以权利和义务是否均衡来平衡双方的利益。因此，公平原则是一条法律适用的原则，即当民法规范缺乏规定时，可以根据公平原则来改变当事人之间的权利义务；公平原则又是一条司法原则，即法官的司法判决要做到公平合理，当法律缺乏规定时，应根据公平原则作出合理的判决。

（四）公序良俗原则

公序良俗是指民事主体的行为应当遵守公共秩序，符合善良风俗，不得违反国家的公共秩序和社会的一般道德。公序良俗是公共秩序与善良风俗的简称。《民法通则》第7条规定：民事活动应当尊重社会公德，不得损害社会公共利益，扰乱社会经济秩序。

（五）诚实信用原则

诚实信用原则是指按照诚实不欺、信守诺言的道德准则平衡当事人之间及当事人与社会之间的利益的原则。[①]

（六）禁止权利滥用原则

禁止权利滥用原则，是指民事主体在进行民事活动中必须正确行使民事权利，如果行使权利损害同样受到保护的他人利益和社会公共利益时，即构成权利滥用。

（七）等价有偿原则

等价有偿原则是公平原则在财产性质的民事活动中的体现，是指民事主体在实施转移财产等民事活动中要实行等价交换，取得一项权利时应当向对方履行相应的义务，不得无偿占有、剥夺他方的财产，不得非法侵害他方的利益；在造成他方损害的时候，应当等价赔偿。

三、民事主体

民事主体，即民事法律关系的主体，依照我国法律，包括公民、法人及其他组织，以及个别情况下的国家。

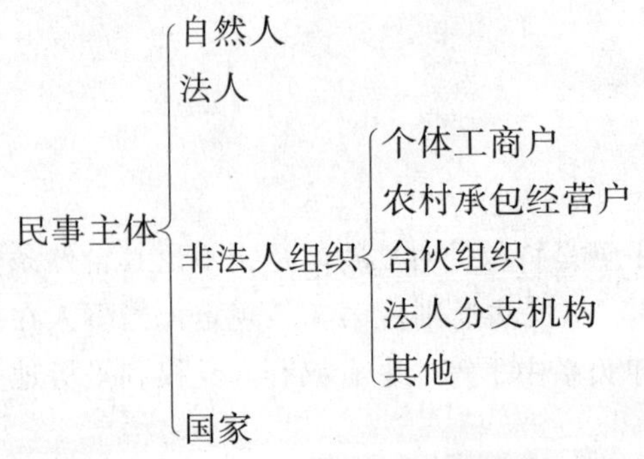

① 参见梁慧星主编：《诚实信用原则与漏洞补充》，70页，北京，法律出版社，1994。

(一) 自然人

1. 自然人的概念

自然人是指依自然出生而取得民事主体资格的人。

在概念上，应与公民相区别。公民是宪法上的概念，是指具有一国国籍并按该国宪法和法律享受权利和承担义务的自然人。不具有公民资格不能成为宪法主体，但不妨碍成为私法主体。政治生活和民事生活的不同特点，决定了公民与自然人应予以区别的必要性。

2. 民事权利能力

民事权利能力是指自然人享有民事权利、承担民事义务的资格。民事权利能力是法律上的人格或主体资格。公民的民事权利能力一律平等。其特征是平等性和不可转让性。民事权利能力与自然人不可分离，故不得转让和抛弃民事权利能力。

自然人的民事权利能力的取得始于出生。出生的时间以户籍证明为准，没有户籍证明的，以医院的出生证明为准，没有医院证明的，参照其他有关证明认定。自然人的民事权利终于死亡。死亡包括自然死亡和宣告死亡两种。①

在我国自然人的民事主体资格始于出生，胎儿未出生，故不是民事主体，不是民事主体就不享有民事权利，继承权是民事权利的一种，因此胎儿不享有继承权。但考虑到胎儿的利益保护，《继承法》第 28 条规定，在遗产分割时保留胎儿的继承份额。

自然人的民事权利能力终于死亡，此时民事主体资格消灭。民法上的自然人死亡分为生理死亡与宣告死亡。

3. 民事行为能力

民事行为能力是民事主体独立实施民事法律行为的资格。依《民法通则》规定，根据自然人的年龄和精神健康状态，自然人的民事行为能力分为三种情况，即完全民事行为能力、限制民事行为能力和无民事行为能力。

18 周岁以上的公民是成年人，具有完全民事行为能力，可以独立进行民事活动，是完全民事行为能力人。16 周岁以上不满 18 周岁的公民，以自己的劳动收入为主要生活来源的，视为完全民事行为能力人。

10 周岁以上不满 18 周岁的未成年人是限制民事行为能力人，可以进行与他的年龄、智力相适应的民事活动；其他民事活动由他的法定代理人代理，或者征得他的法定代理人的同意。

不能完全辨认自己行为的精神病人是限制民事行为能力人，可以进行与他的精神健康状况相适应的民事活动，其他民事活动由他的法定代理人代理，或者征得他的法定代理人的同意。

限制行为能力人订立纯获利益的合同或者与其年龄、智力、精神健康状况相适应的合同，不须法定代理人代理，属于其民事行为能力范围。无民事行为能力人、限制民事行为能力人接受奖励、赠与、报酬，他人不得以行为人无民事行为能力、限制民事行为能力为由，主张以上行为无效。

不满 10 周岁的未成年人是无民事行为能力人，由他的法定代理人代理民事活动。不能辨认自己行为的精神病人是无民事行为能力人，由他的法定代理人代理民事活动。

4. 自然人的住所

住所是指民事主体进行民事活动的主要基地和中心场所。自然人的住所，则是指自然人生

① 参见张俊浩主编：《民法学原理》，106 页，北京，中国政法大学出版社，1991。

活和进行民事活动的主要基地和中心场所。

《民法通则》第15条规定："公民以他的户籍所在地的居住地为住所，经常居住地与住所不一致的，经常居住地视为住所。"可见，我国自然人的住所属于法定住所。所谓经常居住地，是指公民离开住所地后连续居住1年以上的地方，但住院治病的除外；公民由其户籍所在地迁出后至迁入另一地之前，无经常居住地的，仍以其原户籍所在地为住所。

（二）法人

1. 法人的概念

法人是相对于自然人而言。法人是在法律上人格化了的、依法具有民事权利能力和民事行为能力并独立享有民事权利、承担民事义务的社会组织。

法人具有以下特征：

（1）法人是一种社会组织，是一种集合体，是由法律赋予法律人格的组织集合体。

这是法人与自然人的根本区别。它可以是个人的集合体，也可以是财产的集合体。不以组织集合体名义出现的民事主体，不能成为法人。

（2）具有民事权利能力和民事行为能力。

它可以以自己的名义，通过自己的行为享有和行使民事权利，设定和承担民事义务。

（3）依法独立享受民事权利和承担民事义务。

它有自己独立的权益，可以以自己的名义独立享受权利和承担义务。

（4）独立承担民事责任。

可否独立承担民事责任，是区别法人组织和其他组织的重要标志。法人有自己能独立支配的财产，它可以以自己的名义，用自己的财产独立承担民事责任。对于自己所负担的债务，它可以以自己能独立支配的财产负有限清偿责任。

2. 法人的民事权利能力

法人的民事权利能力从法人成立时产生。企业法人从核准登记手续办理完毕，并依法领取营业执照之日起享有民事权利能力。事业单位和社会团体法人不需要办理法人登记的，从成立之日起具有民事权利能力；依法需要办理法人登记的，从核准登记手续办理完毕之日起取得民事权利能力。

法人的民事权利能力从法人终止时消灭。但法人终止以后，在依法进行清算的阶段，限于清算的必要范围内，法人仍享有一定的民事权利能力。至法人清算完结之日起，其权利最终消灭。

3. 法人的分类

《民法通则》将法人分为企业法人与非企业法人。非企业法人分为机关法人、事业单位法人和社会团体法人。

（1）企业法人。指以营利为目的，独立从事商品生产和经营活动的法人。企业法人一定是私法人、社团法人、营利法人。

（2）机关法人。指依法享有国家赋予的公权力，并因行使职权的需要而享有相应的民事权利能力和民事行为能力的国家机关。

机关法人具有以下特点：1）机关法人因行使职权的需要而参与民事活动时，才属于以公法人的身份进行活动，并与相对应的民事主体处于平等地位。2）机关法人因属于公法人，故不能进行社团法人与财团法人的划分。

（3）事业单位法人。事业单位法人，指从事非营利性的社会公益事业的法人，包括从事文化、教育、卫生、体育、新闻等公益事业的法人。

事业单位法人的属性各不相同：1）有的属于公法人，如证监会、银监会。2）绝大多数属于私法人、社团法人、公益法人，如北京大学、同仁医院、中央电视台。

（4）社会团体法人。指由自然人或法人自愿组建，经批准从事社会公益、文学艺术、学术研究、宗教等活动的各类法人，如工会、妇女联合会、工商业联合会、宋庆龄基金会。

社会团体法人的属性各不相同：1）有的属于公法人，如共青团中央、妇联。2）有的属于社团法人，如中国法学会。3）有的属于财团法人，如宋庆龄基金会。

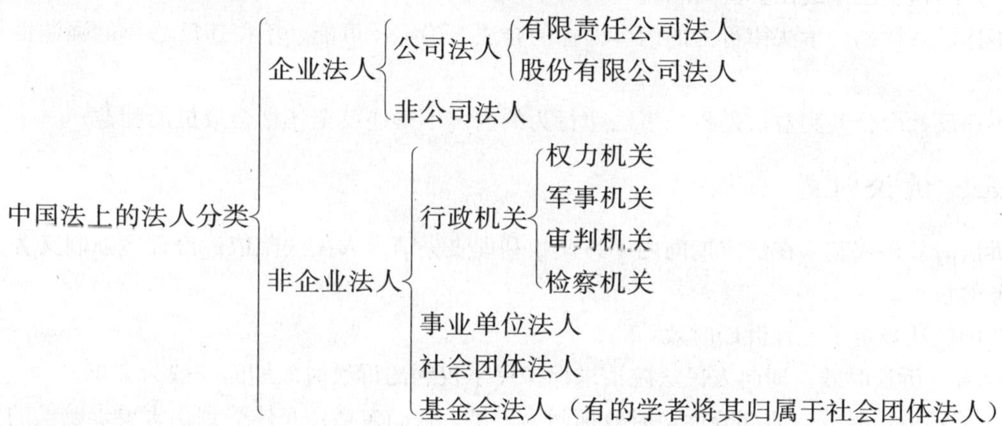

四、民事法律行为

（一）民事法律行为的概念

民事行为，指民事主体实施的以发生民事法律后果为目的的、以意思表示为要素的行为，其外延包括民事法律行为、无效民事行为及可变更、可撤销民事行为、效力未定民事行为、附条件和附期限民事行为。

我国《民法通则》第 54 条将民事法律行为界定为："民事法律行为是公民或者法人设立、变更、终止民事权利和民事义务的合法行为。"

（二）民事法律行为的成立和生效

1. 民事法律行为成立的要件

民事法律行为的成立，指民事法律行为具备其构成要素的存在或产生。

民事法律行为的成立要件：

（1）行为人，即实施特定民事法律行为的民事主体。任何民事法律行为都是行为人为了设立、变更、终止民事权利和民事义务的行为，因此，任何民事法律行为都是由人实施的行为。行为人由此而成为民事法律行为的构成要素之一。

（2）标的，即行为人实施的民事法律行为的内容。

（3）意思表示，即行为人将希望发生某种民事法律效果的内心想法通过一定方式表现于外部的行为。

2. 民事法律行为有效的要件

民事法律行为有效的要件，是指任何民事法律行为发生法律效力应具备的必不可少的条件。根据我国《民法通则》第55条规定，民事法律行为的一般有效要件包括：

（1）行为人具有相应的民事行为能力

行为人具有相应的民事行为能力，针对自然人和法人而言，分别具有不同的要求。对自然人而言，是指行为人具有相应的民事行为能力。对法人而言，行为人具有相应的民事行为能力，原则上要求法人应在法律规定或章程规定的宗旨、目的、经营范围内实施民事法律行为。

（2）意思表示真实

意思表示真实，是指行为人表示出来的发生民事法律效果的内容与其内心真实意思相一致。应包括意思自由与表示一致两个方面。

（3）不违反法律或社会公共利益

不违反法律指民事法律行为的内容即标的合法、确定、可能，不得违反法律的强制性规定和禁止性规定。

不违反社会公共利益，是指民事法律行为的内容不得违反全体社会成员的利益。

五、诉讼时效

诉讼时效指权利人在法定期间内不行使权利即丧失请求人民法院依诉讼程序强制义务人履行义务的权利。

我国民法规定了三种诉讼时效：

1. 普通诉讼时效。即向人民法院请求保护民事权利的诉讼时效期间一般为2年。

2. 特别诉讼时效。即部分诉讼时效期间为1年。它们包括：身体受到伤害要求赔偿的；出售质量不合格的商品未声明的；延付或者拒付租金的；寄存财物被丢失或者损毁的。

3. 最长诉讼时效。即从权利被侵害之日起超过20年的，人民法院不予保护。

根据《民法通则》第137条之规定，诉讼时效期间从知道或者应当知道权利被侵害时起计算。

案例评析

案例一

本案主要涉及民法的调整对象问题。

根据我国《民法通则》第2条的规定，民法是以平等主体的公民之间、法人之间、公民与法人之间的财产关系与人身关系为调整对象的。王某与郑某之间的房屋租赁合同关系正是平等主体之间的财产关系，受民法的调整。王某想解除这种民事法律关系，必须基于一定的民事法律事实。所谓民事法律事实，是指符合法律规定的，能够引起民事法律关系产生、变更或消灭的客观现象。

那么，郑某故意杀人是否是这样一种客观现象呢？郑某的故意杀人行为已触犯了刑律，依法受到了司法机关的追究，属于受刑法调整的范围。显然，郑某的故意杀人行为所引起的刑事法律关系与房屋租赁合同关系这种民事法律关系属于不同的部门法调整的社会关系。同时，这一行为侵犯了他人的生命权，也是一种能够引起某种民事法律关系产生、变更或者消灭的客观现象，但其并不当然地引起该房屋租赁合同关系的消灭。纵然房屋承租人成了犯罪嫌疑人，这也并非出租人解除租赁合同的法定理由。出租人欲解除房屋租赁合同应依法而行，也就是说，要找到能引起这种民事法律关系消灭的确切的民事法律事实。

案例二

本案的焦点在于该买卖合同是否有效。根据《民法通则》第55条的规定，有效的民事法律行为，其行为人必须具有相应的民事行为能力。买卖合同是一种双方法律行为，需要双方当事人都具有相应的民事行为能力。根据《民法通则》第12条第2款的规定，刘某8岁的儿子属于无行为能力人，显然不具备购买健身器材的民事行为能力，应由他的法定代理人即其父母代理其进行民事活动。根据《民法通则》第58条的规定，行为人不具有相应的民事行为能力的，该民事行为是无效民事行为，因此该买卖合同无效。

本案还涉及未成年人的监护责任问题。虽然该买卖合同无效，刘某可以拒绝向商场付款和接受这台健身器材，但根据最高人民法院《关于贯彻执行〈中华人民共和国民法通则〉若干问题的意见（试行）》第10条的规定，作为监护人的刘某对其8岁的孩子负有管理和教育的监护职责，商场由于其子的行为所蒙受的损失归根结底是由于刘某对其子疏于管理和教育，没有完全履行监护职责所造成的，因而刘某应承担对这些损失的赔偿责任。

第二节 物权法

法学故事

破磨坊主状告国王

19世纪的德国（当时的普鲁士大公国）国王威廉一世攻城略地，声名显赫。为了“犒劳”这位战功卓著的国王，皇家在柏林西郊的波茨坦为他建造了那座“无忧宫”——桑苏西宫。

波茨坦磨坊一直保存至今

1866年10月13日，凯旋的威廉一世在文臣武将的簇拥下登上了这座风光无限的行宫。然而，当他对这世外桃源般的行宫深感沉醉时，却发现对面的小山坡上竟然有一座破旧的大风车磨坊！

“拆掉它！”威廉一世指着那大煞风景的破磨坊命令道。可是，令国王“大跌眼镜”的是，领命而去的人不久就回来了，而且哭丧着脸报告：那是一家私人磨坊，老磨坊主声称这是他家祖传财产，也是他养家糊口的收入来源，并且倔老头儿不识抬举，说出多少钱他也不卖！

“真是岂有此理，强行拆除！”随着威廉一世的再次下令，老磨坊顷刻间被夷为平地。

可这倔老头儿也不是好惹的。他到处哭诉国王仗势欺人，侵犯了他“神圣不可侵犯”的私有财产。很快，整个波茨坦都被蛮横的国王激怒了，人们群情激愤，并鼓励老磨坊主起诉滥用权力不可一世的国王。随即，老磨坊主将一纸诉状递到了普鲁士最高法院，被告就是国王威廉一世！

开庭当天，骄横的国王并未应诉，但这并不妨碍法院作出缺席判决：判令国王威廉一世重建一座同样的磨坊，并赔偿由此给原告造成的一切损失！

判决作出，国王这才意识到真的把事情“玩大了”！想起那句法谚，一番权衡利弊之后，威廉一世不得不乖乖地履行了最高法院的判决。

波茨坦磨坊的故事被视为西方司法独立、民主法治的经典案例，但就判决本身而言，其实质也就八个字“恢复原状，赔偿损失”。用今天的话来说，这是一个物权法上的问题：对国王侵犯磨坊主所有权的一种法律救济。

知识讲解

一、物权的概念

（一）物的概念和分类

1. 物的概念

物是民事法律关系最主要、最普遍的客体，涉及一切财产关系。在民事法律关系中，物权关系的客体只能是物，债权关系的客体大多数是物（如买卖、租赁、借贷、借用等），继承权关系的客体（遗产）也主要是物。

2. 物的分类

（1）动产与不动产

这是以物能否移动和移动后是否会损害物的价值为标准划分的。动产与不动产，是民法上对物的最重要的分类之一，物权法就是按照动产和不动产来规定不同的权利变动制度的。

动产是能够移动并且不因移动损害价值的物，如家具、金银等；不动产是不能够移动或虽可移动但却会因移动损害价值的物，如土地、房屋等。物就数量而言，大多数属于动产。为了简约法律用语，法律一般以列举的方法界定不动产，而不动产以外的物，则解释为动产。概括地说，属于不动产的，主要就是土地和房屋，此外的，皆为动产。在我国因为实行土地公有制，以土地作为权利标的的，主要是土地的各种用益权以及在用益权上设定的担保物权。

（2）定着物与附着物

这是依动产或不动产依附于不动产的程度，对依附物所作的区分。

定着物是固定于土地并不能移动的有独立实用价值的物，如房屋、地下管道、树木、沟渠等。定着物虽与土地联结，但不是土地的组成部分，故属独立之物。附着物是依附于不动产且分离后不能发挥效用的物，如霓虹灯、空调、浮雕、挂橱等。附着物虽能独立存在，但却需依附不动产才能使用或发挥效用。

（3）流通物、限制流通物与禁止流通物

这是以物能否流通，以及流通的范围是否受限制为标准，对物作的划分。

流通物亦称融通物，是指法律允许在自然人或法人之间自由让与的物；限制流通物，是法律对流通的范围有所限制的物；禁止流通物亦称不流通物，是法律禁止流通的物。

（4）特定物与种类物

这是以物是否有独有的特征或是否被特定化而对物所作的区分。

特定物是独具特征或被特定化并且无从替代的物。特定物既包括独一无二的物，如鲁迅某书手稿、刘海粟的画等，也包括经当事人指定后被特定化的种类物，如经挑选的家具等。特定物因其不可替代性，故也称不可替代物。种类物是以品种、规格、质量或度量衡确认的一类具有共同特征的物，如1吨煤、20公斤大米等。种类物在交易时，具有可替代性，故也称可替代物。种类物如经当事人指定后，也可成为特定物。

（5）可分物与不可分物

这是依物能否被分割为标准而对物作的区分。

可分物是指可以分割并且不因分割而损害其价值或性能的物，如一袋米可分为若干份，并不改变效用与性质。不可分物是分割后会改变性能或价值的物。不可分物有两种：一是自然性质上不可分，如一辆汽车、一架钢琴等；二是依权利人的意思不可分，如在一定时间内不许分割的共有物。

（二）物权的概念和特征

物权一词，起源于罗马法。罗马法曾经确认了所有权、役权、永佃权、抵押权、质权等物权形式，并创设了对物之诉的程序，以对物权进行保护。但罗马法并没有明确的物权概念，物权一词是由中世纪的注释法学家在解释罗马法时所提出的，然而当时也没有明确提出物权的法律概念。

对物权概念的界定是：物权，是指民事主体在法律规定的范围内直接支配一定的物，享受利益并排除他人干涉的权利，是人与人之间对于物的归属和利用关系在法律上的体现。我国《物权法》第2条第3款规定："本法所称物权，是指权利人依法对特定的物享有直接支配和排他的权利，包括所有权、用益物权和担保物权。"

物权具有下列法律特征：

1. 物权是绝对权（对世权）。物权的权利主体只有一个，权利人是特定的，义务人是不特定的第三人，且义务内容是不作为，即只要不侵犯物权人行使权利就是履行了义务，所以物权是一种绝对权。

2. 物权是财产权。物权是一种具有物质内容的、直接体现为财产利益的权利，财产利益包括对物的利用、物的归属和就物的价值设立的担保，与人身权相对。

3. 物权的客体是物。物权的客体是物，且主要是有体物。

4. 物权具有排他性。首先，物权的权利人可以对抗一切不特定的人，所以物权是一种对世权；其次，同一物上不许有内容不相容的物权并存，最典型的就是一个物上不可以有两个所有权，但可以同时有一个所有权和几个抵押权并存，即"一物一权"。

二、物权的种类

（一）所有权

1. 所有权的内容

所有权是所有人依法按照自己的意志通过对其所有物进行占有、使用、收益和处分等方式，独占性支配其所有物，并排斥他人非法干涉的永久性物权，在物权体系中占据核心地位。所有权具有占有、使用、收益、处分四项权能。

2. 业主的建筑物区分所有权

业主的建筑物区分所有权是城市住宅及办公楼的主要权属形式，关系到城市居民的生活福利。建筑物区分所有权，是指区分所有建筑物的业主对其专有部分享有专有权，对共同使用部分享有共有权，以及相互之间对建筑物的整体享有管理权，而构成的建筑物所有权的复合共有。建筑物区分所有权的权利内容包括专有权、共有权和管理权。业主行使权利的团体组织形式是业主大会和业主委员会，物业管理机构是业主共同委聘的管理机构，按照业主团体的意志进行管理活动。

3. 共有

共有权是指两个或两个以上的民事主体对同一项财产所共同享有的所有权，是所有权的一种特殊形式，在所有权体系中占有重要地位。共有权分为按份共有、共同共有和准共有。共有权的主要特点在于：对外是一个完整的所有权关系；对内按照不同的共有类型，共有人之间享有不同的权利，承担不同的义务。

4. 相邻关系

相邻关系，也叫做相邻权，是指不动产的相邻各方在行使所有权或其他物权时，因相互间应当给予方便或接受限制而发生的权利义务关系。相邻关系的实质，是对不动产所有人、用益物权人以及占有人行使所有权、用益物权或占有的合理延伸和必要限制，而不是一种独立的物权。相邻关系的基本类型是：相邻用水、排水关系，相邻土地通行、使用关系，相邻地界关系，建筑物通风、采光、通道关系，相邻环保关系，相邻防险关系。处理相邻关系的基本规则是有利生产、方便生活、团结互助、公平合理。

(二) 担保物权

1. 担保物权的概念

担保物权，是指债权人所享有的为确保债权实现，在债务人或者第三人所有的物或者权利之上所设定的，就债务人的债务不履行时优先受偿的他物权。我国《物权法》规定的担保物权有抵押权、质权和留置权。

2. 抵押权

抵押权，是指债权人对于债务人或者第三人不转移占有而为债权提供担保的抵押财产，于债务人不履行债务时，依法享有的就该物变价并优先受偿的担保物权。抵押权具有从属性、不可分性和物上代位性，其价值功能在于被担保债权的优先受偿性。除了一般抵押权之外，还应当重点掌握特殊抵押权中的共同抵押权、浮动抵押权和最高额抵押权。

3. 质权

质权，是指债务人或第三人将特定的财产交由债权人占有，作为债权的担保，在债务人不履行债务时，债权人有权以该财产折价或以拍卖、变卖所得价款优先受偿的权利。质权以担保债权的实现为目的，只能在债务人或者第三人提供的特定财产或者权利上设定，以债权人占有债务人或第三人提供的动产为必要条件。质权分为动产质权和权利质权。

4. 留置权

留置权，是指在法律规定可以留置的债权，债权人依债权占有属于债务人的动产，债务人不按照约定的期限履行债务时，债权人有权依法留置该财产，以该财产折价或者以拍卖、变卖该财产的价款优先受偿的担保物权。留置权是二次发生效力的担保物权，第一次效力是有权留置债务人的财产，第二次效力是债务人超过规定的宽限期仍不履行其义务时，得依法以留置财产变价优先受偿。留置权是法定担保物权，具有与其他担保物权不同的效力。

(三) 用益物权

1. 用益物权的概念

用益物权，是指非所有权人对他人所有之物所享有的占有、使用和收益的他物权。其外延包括土地承包经营权、建设用地使用权、宅基地使用权、地役权等。《物权法》第117条规定："用益物权人对他人所有的不动产或者动产，依法享有占有、使用和收益的权利。"用益物权的基本内容，按照《物权法》第116条规定，是对用益物权的标的物享有占有、使用和收益的权利。该条文规定的用益物权标的物为不动产或者动产，以及自然资源。其实只有不动产和自然资源才能够设立用益物权，动产并不能设定用益物权。

2. 土地承包经营权

土地承包经营权，是指农村集体经济组织成员对集体所有，或国家所有由集体经济组织长期使用的农业土地，采取家庭承包、招标、拍卖、公开协商等方式承包，依法对所承包的土地进行占有、使用、收益的权利。土地承包经营权是我国农村经济体制改革的产物，对于促进我国农村经济的发展起到了重大推动作用。土地承包经营权在性质上为用益物权。[①] 土地承包经营权的取得有两种方式：依法律行为取得；基于法律行为以外的原因取得。其消灭原因，主要有提前收回、提前交回、征收、土地灭失、期限届满等。

3. 建设用地使用权

地上权，是指在他人的土地上营造建筑、隧道、沟渠等工作物而使用该他人土地的权利。我国地上权的特点是，《物权法》不规定地上权的概念，而是对不同种类的地上权分别作出规定，不同的地上权具有不同的内容。其体系是：在国有土地上设立的地上权，包括建设用地使用权和分层地上权；在集体土地上设立的地上权，包括宅基地使用权和乡村建设用地使用权。不同的地上权适用不同的法律规则。

4. 宅基地使用权

宅基地使用权，是指农村居民对集体所有的土地占有和使用，自主利用该土地建造住房及其附属设施，以供居住的地上权。宅基地使用权人依法享有对集体所有的土地占有和使用的权利，有权自主利用该土地建造住房及其附属设施。《物权法》第152条规定："宅基地使用权人依法对集体所有的土地享有占有和使用的权利，有权依法利用该土地建造住宅及其附属设施。"

5. 地役权

地役权是土地所有权人及用益物权人为使用自己土地的便利而使用他人土地的权利。设定地役权的目的是使自己对土地即需役地的使用便利，因此，地役权的功能是为自己土地的使用提供便利，以增加自己土地的效用。地役权与相邻关系相似，但地役权是独立的用益物权，而相邻关系不是一个独立的物权。

三、物权的效力

物权的效力，是指物权基于其对物的支配权和排他性而产生的特殊法律效力。

（一）物权的排他效力

物权的排他效力是指同一物上不得成立两个所有权或成立两个在内容上相互矛盾的物权，即一物不容二主。物权的排他效力主要表现为：（1）同一标的物上，已有所有权存在的，不能另有其他所有权成立。（2）同一标的物上，已有以占有为内容的用益物权存在的，不得另有同样性质的用益物权的成立。当然物权的排他效力并不否认在同一物之上并存数个内容并不矛盾

---

① 参见郭明瑞：《关于我国物权立法的三点思考》，载《中国法学》，1998（24）。

的物权，如所有权可以与其他任何一种他物权在同一物上并存；所有权人也可以在一物之上设定数个担保物权。

(二) 物权的优先效力

物权的优先效力，又称物权的优先权。其基本含义是指权利效力的强弱，即同一标的物上有数个利益相互矛盾、相互冲突的权利并存时，具有较强效力的权利排斥或先于具有较弱效力的权利的实现。物权的这种优先效力仍源于物权的对物支配权和排他性，法律赋予物权以优先效力，有利于维护既存的财产占有关系，以充分发挥物质财富的效用。物权的优先效力主要表现在以下几个方面：

1. 物权相互间的优先效力。根据物权的排他性原理，一物之上不得设立两个或两个以上的所有权，但在某些情况下，当事人可以在同一物上设立性质并不矛盾的物权。在多个物权并存的情况下，先设定的物权优先于后设定的物权。这种优先效力又可分为以下两种形态：(1) 优先享受其权利。如在同一不动产上设定一个抵押权后，再设定抵押权的，其优先效力以抵押权登记的先后确定，登记在先的抵押权优先受清偿。(2) 先成立的物权优先于后成立的物权。后成立的物权若对先成立的物权有影响，后成立的物权将在先成立的物权实现时被排斥或消灭。

2. 物权优先于债权的效力。在同一标的物上有物权与债权并存时，物权有优先于债权的效力，其主要情形有：(1) 物已为债权的标的，如就该物再成立物权，则物权有优先的效力。如一物数卖。甲与乙约定将某项动产出卖给乙，乙则取得了请求甲交付该动产的债权，以后甲又将该标的物出卖给丙，并已交付给丙。丙虽为后买受人，但丙已取得这一财产的所有权，所有权优先于债权，因而乙只能要求甲承担债务不履行的责任。(2) 当担保物权与债权并存时，担保物权具有优先于债权的效力。如在债权人依破产程序或强制执行程序行使其债权时，债务人财产上成立的担保物权具有优先的效力。

(三) 物权的追及效力

所谓追及效力，是指物权的标的物不管辗转流通到什么人手中，所有人都可以依法向物的占有人索取，请求其返还原物。当然物权的追及效力并不是绝对的，因为在法律上确立善意取得制度之后，物权应当受到善意取得适用的限制。

(四) 物上请求权效力

物权的权利人在其权利的实现上遇有某种妨害时，有权对造成妨害其权利事由发生的人请求除去妨害，这称为物上请求权。法律为保障物权人对物所享有的充分的支配权，赋予物权人以请求他人返还原物、排除妨害、恢复原状的权利。物权人在其标的物受到损害时，有请求侵害人赔偿损失的权利，这是一种债权请求权。行使物上请求权的目的在于恢复权利人对物的支配权，而主张损害赔偿的目的在于使权利人所受的损失得到及时补偿，两种方法都可以用来保护物权，但相对于损害赔偿的方法而言，物上请求权的方法更有利于保护物权人的利益。

四、物权变动

(一) 物权变动的概念

物权的变动是指物权关系的产生、变更与消灭的总称。

物权的产生是指某一主体取得对某物的物权，又称为物权的取得。物权的取得可分为原始取得与继受取得两种。物权的原始取得是指不是基于他人的权利而是基于法律规定直接取得物权，如因取得时效而取得一物的所有权。继受取得是指基于他人的权利而取得物权，如因买受而取得一物的所有权。

物权的变更。广义的物权变更包括物权的主体、客体和内容的变更。狭义的物权变更仅指物权的客体与内容的变更。物权法上的物权变更，一般是指狭义上的物权变更。

物权的消灭是指物权与特定主体相分离。它分为绝对消灭与相对消灭。物权的绝对消灭是指不仅原权利人的物权消灭，并且其他人也不能取得该物权。物权的相对消灭是指物权虽与原权利主体分离，但又与一新的主体结合。

（二）物权变动的原因

物权变动的原因主要有物权法律行为，如双方行为与单方行为；物权行为以外的法律事实，如生产、天然孳息、拾得遗失物等；某些公法行为，如法院强制执行、征收、没收等。

（三）物权变动的原则

物权变动的原则主要有两个：物权的公示原则和公信原则。

1. 物权的公示原则

物权的绝对性和排他性，使得物权人可以追及标的物而对抗任何人。这对保护财产关系的静态安全无疑十分重要，但影响了财产关系的动态安全，造成交易上的不便。为了求得物权人与善意第三人某种利益上的平衡，兼顾财产安全，物权公示制度应运而生。物权公示制度要求将物权用某种便于以外观表征进行判断的方式对外界加以公示，从而使物权人负有公示其物权的义务；只有履行公示义务，才能有效地保全其物权，否则，将不能得到公认和法律的充分保护。

不动产物权的公示。不动产物权公示方法为登记。

动产物权的公示。动产物权，除法律另有规定外，以占有与交付为其公示方法。

2. 物权的公信原则

物权的公信原则是指对登记或占有（交付）等公示方法仅依其外观表征即赋予法律上的公信力，即使该外观表征与真实的权利状况不符，法律对善意第三人也应该加以保护。也就是说，善意受让人基于对公示的信赖，即使在标的物出让人事实上无处分权时，仍能取得物权。

延伸阅读

《中华人民共和国物权法》立法历程

1993 年，八届全国人大常委会首次将物权法列入立法计划，但因经济体制改革正在深入进行及理论研究不足，故当时立法条件并不成熟。

1998 年 3 月，受全国人大常委会法工委委托，江平、王家福等 9 位法学专家成立民法起草工作小组，包括物权法在内的民法典，开始正式被提上议事日程。

1999 年 10 月，梁慧星教授领衔的中国社会科学院法学研究所完成了物权法草案建议稿。2000 年 12 月，中国人民大学王利明教授领导的课题组，亦完成了一份物权法草案建议稿。

2001年年底，在“社科院草案”与“人民大学草案”的基础上，全国人大常委会法工委拟定了物权法草案征求意见稿，并下发有关方面征求意见。

2002年12月，由物权法等九编内容组成的民法草案提请九届全国人大常委会一审，此次审议被视为物权法草案的初审。此后，民法典草案由“捆绑式审议”改为“分别审议”，物权法草案排在最优先的位置。

2004年10月，物权法草案提请十届全国人大常委会二审，私产保护受到高度重视，丰富了公众关注的建筑物区分所有权等内容。

2005年6月，物权法草案三审，重点解决物权法急需规范的现实问题，对不动产登记制度、征收制度等作出了重大改进，并对草案进行了一些通俗化改造。

2005年7月10日至8月20日，物权法草案公开征求意见，全国人大常委会法工委随后归纳出意见比较集中的10个问题。

2005年9月，物权法草案四审，对征收征用、担保物权等一系列问题作出进一步修改。

2006年8月，物权法草案五审，进一步明确国家经济制度、强调平等保护的原则，并加大对国有资产的保护力度，物权法制定自此进入攻坚阶段。

2006年10月，物权法草案六审，对城市住宅用地续期，小区车位、车库的归属等关涉百姓切身利益的热点问题作了进一步完善。

2006年12月，物权法草案七审，除进一步完善城镇集体财产归属、农村土地承包期等涉及国计民生的规定外，还对农村宅基地能否转让等争议焦点作出了最后安排，并决定提请全国人民代表大会审议。

2007年3月16日，十届全国人大五次会议审议并通过物权法。

第三节　债权法

案例导入

王某承包村里的鱼塘，经过精心饲养经营，收成看好。就在鱼要大量出塘上市之际，王某不幸溺水而死，而其两个儿子都在外地工作，无力照管鱼塘。王某的同村好友李某便主动担负起照管鱼塘的任务，并组织人员将鱼打捞上市出卖，获得收益4万元，其中，应向村里上缴1万元，李某组织人员打捞、出卖鱼所花费劳务费及其他必要费用共计2 000元。现李某要求王某的继承人支付2 000元费用，并要求平分所剩2.8万元款项。

问题：公民李某的行为属于什么性质？李某的要求是否合法？

知识讲解

一、债权法概述

（一）债的概念和特征

所谓“债”，是指特定的当事人之间，依照合同的约定或法律的规定，所发生的特定的权利和义务关系，是特定的当事人之间可以请求为特定给付的财产性的民事法律关系。

简言之，债就是特定的当事人之间的特定的权利义务关系。在债的法律关系中，享有权利的人是债权人，负有义务的人是债务人。债权人有权请求债务人为特定的行为；债务人负有满足债权人的请求而为特定行为的义务。债权人享有的权利即叫“债权”，债务人负有的义务即为“债务”。

债的特征，包括以下两个方面：

1. 债为特定当事人之间的民事法律关系

债的当事人为债权人和债务人，他们都是特定的人。

在物权关系、人身权关系和知识产权关系中，其权利人虽然特定，但其义务人却是不特定的一切他人。

当然，债的当事人特定化不是指债权人和债务人的僵死化，其仅具有债权人和债务人之间形成相对关系的意义。债权人的更换、债务人的替代，并不与债的当事人特定化相矛盾。

2. 债为当事人实现其特定利益的法律手段

债法的基本功能仍然是为当事人实现其特定利益提供法律途径。法律之所以要维护债的关系正常地发生与消灭，固然有其促进财产流通、充分利用资源、保护公民不受非法侵害、维持良好的社会秩序和道德风尚等社会政策的考虑，但法律保护债的关系的根本目的，始终在于使当事人的利益得到满足，或者使当事人受到的利益损害得到补偿。

（二）债的要素

债的要素，即债的构成所必须具备的要件，包括债的主体、债的内容和债的客体。

1. 债的主体

债的主体也称债的当事人，是指参与债的关系的双方当事人，即债权人和债务人。其中，享有权利的一方当事人称为债权人，负有义务的一方当事人称为债务人。

债权人和债务人是相互对立、相互依存的，缺少任何一方，债的关系便不能成立和存续。

在债的关系中，每一方主体，都可以为一人或数人。在某些债中，债的一方当事人仅享有权利而不负担义务，即仅充任债权人；而在多数情况下，债的当事人双方都既享有权利，又负担义务，既是债权人，又是债务人。

2. 债的内容

债的内容，是指债的主体所享有的权利和负担的义务，即债权和债务。

（1）债权

债权是债权人享有的请求债务人为特定行为（给付）的权利。

债权具有以下特征：

1）债权为请求权。债权是典型的请求权。债权人取得其利益，只能通过请求债务人给付来完成。债权人既不能直接支配债务人应给付的特定物，也不能直接支配债务人的人身。但债权与请求权并不相等。一方面，民法上的请求权不仅表现为债权的请求权，还包括物权请求权、知识产权请求权、人身权请求权等；另一方面，债权的内容除请求权外，尚有受领、选择、解除等内容。

2）债权为相对权。债是特定主体之间的法律关系，债权人只能向特定的债务人主张权利，即请求特定债务人为给付，对于债务人以外的第三人，债权人不得主张权利。因此，债权为相对权，或称为对人权。此点区别于物权、知识产权、人身权等以不特定人为义务人的民事权利

(称为绝对权或对世权)。

3）债权具有相容性和平等性。债权的相容性和平等性，是指同一标的物上可以成立内容相同的数个债权，并且其相互间是平等的，在效力上不存在排他性和优先性。因此，在债务人破产时，债务人的各个普通债权人不论其债权发生先后，均可按比例参加破产财产的分配。与此相反，物权具有排他性和优先性，即在同一物上不能成立内容不相容的数个物权（尤指所有权），同一物上有数个物权（尤指担保物权关系）时，其效力有先后之分。

4）债权为有期限权利。一方面，债权多具有请求期限，在请求期限到来之前，债权人不能随时请求债务人履行债务，债务人也不负履行债务的义务。另一方面，债权有一定的存续期限，期限届满，债权即归于消灭。而所有权和人格权则不同，所有权为永久性权利，人格权也不得附有期限。

债权包含以下三项权能：

1）给付请求权。债的关系有效成立后，债权人享有请求债务人依照债权的内容实行给付的权利。如前所述，债权人利益的实现，并非基于其直接支配债务人的人身或财产，而需借助于债务人自主实施的给付行为。债权人欲实现其利益，必先向债务人请求给付。因此，给付请求权是债权的第一权能，从债权效力的角度而言，为债权的请求力。

2）给付受领权。债务人履行债务时，债权人有权予以接受，并永久保持因债务人的履行所得的利益。接受债务人的履行并永久保持因债务人的履行所得利益，是债权的本质所在，也是债权人所追求的最终结果。此项权能体现在债的效力上，为债权的保持力。

3）保护请求权。债务人不履行其债务时，债权人可请求有关国家机关予以保护，强制债务人履行债务。此项权能，在债的效力上表现为债权的强制执行力。

在债权的上述三项权能中，给付请求权具有形式上的意义，给付受领权具有最终的实质性意义，保护请求权则是债权人在债务人不履行债务时借助于国家强制力实现债权的法律手段。

(2）债务

债务是指债务人依当事人约定或法律规定应为特定行为的义务。债务的内容可表现为实施特定的行为（作为义务），也可以表现为不实施特定的行为（不作为义务）。

债务包括给付义务和附随义务。给付义务包括主给付义务和从给付义务。主给付义务，是指债所固有的和必备的并用以决定债的类型的基本义务。如买卖合同中，出卖人所负的交付出卖物及转移其所有权的义务，买受人所负的支付价款的义务，均属主给付义务。从给付义务，是指不具有独立意义，仅具有辅助主给付义务的功能，其存在的目的不在于决定债的类型而在于确保债权人利益能够获得最大满足的义务。从给付义务的发生，有的是基于法律的明文规定，有的是基于当事人的约定，有的是基于诚实信用原则。所谓附随义务，是指在债的关系发展过程中，债务人在给付义务之外，基于诚实信用原则，根据债的性质、目的和交易习惯而应履行的义务，如照顾义务、保管义务、协助义务、保密义务、保护义务等。

3. 债的客体

债的客体也称债的标的，是指债务人依当事人约定或法律规定应为或不应为的特定行为，统称为给付。

债的标的不同于标的物。前者是指债的关系的构成要素，即给付本身，属行为范畴；后者则是债务人的行为所作用的对象，即给付的对象。债的标的为一切债的关系所必备，而标的物则仅在交付财物、交付金钱的债中存在。在单纯提供劳务的债中，其本身即足以完成给付，不必另有标的物。

给付的形态，主要包括交付财物、支付金钱、移转权利、提供劳务或服务、提交工作成果、不作为等。

（三）债发生的原因

《民法通则》第 84 条规定，债是按照合同约定或者依照法律规定而产生的民事法律关系。据此，债的发生原因可分为两类：一是合同，二是法律规定。实际上，除合同外，其他的法律行为也可以发生债的关系，例如遗嘱。因此通说认为，债的发生原因依其是否基于当事人的意思而发生，可划分为法律行为和法律规定两大类，前者称为意定之债，后者称为法定之债。在各国民法上，可引起债的产生的法律事实主要包括：合同、单方允诺、无因管理、不当得利、侵权行为及其他行为。

合同和侵权行为，我们会在后面的章节中详细介绍，在这不赘述。本节主要介绍无因管理和不当得利两种债。

二、无因管理

（一）无因管理的概念

无因管理是指无法定或约定的义务，为避免他人遭受损失，而自愿管理他人事务的行为。管理他人事务的人为管理人；受管理人管理事务的人为本人，又称受益人；因事务的管理在管理人和本人之间发生的权利义务关系，为无因管理之债。无因管理的现象在社会生活中非常多见，大到救人性命，小到替人收取果实，比比皆是。凡是为了使他人利益免受损失的管理行为，都可成立无因管理。

（二）无因管理的构成要件

1. 为他人管理事务

管理他人事务，就是为他人进行管理或者服务。无因管理之事务，可以是有关财产的事项，也可以是非财产的事项，但应当是适宜成为债的客体的事务。下列事项不能成为无因管理的对象：违法事项，如代为清偿赌债；不能发生债的关系的纯伦理的事项，如代友接待客人；依照法律规定必须由本人亲自办理或经本人授权才能办理的事项，如结婚登记等。

管理的事务必须是他人的事务。如将自己的事务误认为是他人的事务而管理，即使目的是使他人避免损失，也不能构成无因管理。

2. 有为他人谋利益的意思

为他人谋利益的意思，简称管理意思，是构成无因管理的主观要件。为他人谋利益的意思，其典型形态是专为本人谋利益的意思，但也允许管理人在有为本人谋利益的意思的同时，为自己的利益实施管理或服务行为。

例如甲、乙两人的房屋相邻，乙的房屋着火，为防止乙家的火蔓延到甲家，甲去乙家扑灭大火。在此例中，甲的行为目的虽然是防止火蔓延到甲家，但其去乙家扑灭大火的行为则属于为了乙的利益，因此仍属无因管理。

这里的利益，既包括无因管理行为使本人取得某种权益而直接受益，也包括本人得以避免或减少损失而间接受益。此处为他人谋利益，应根据一般社会常识判断。如果按照一般情况认为属于谋利益之行为，而实际结果并未使得本人获得利益，仍构成无因管理，本人仍得支付管理人为管理事务所支出的费用。

例如甲根据天气预报，知道台风来临，看到邻居乙家的房屋无法抵挡，遂为之支付费用若干予以修理，但台风来后乙家房屋仍然倒塌。甲的行为虽然没有使乙得到利益，但仍构成无因管理。

3. 没有法定或约定义务

无因管理中所谓“无因”，就是指“没有法定或约定义务”。没有法定或约定义务是无因管理成立的重要条件。衡量管理人有无法定或约定义务，应以客观标准确定，不以管理人的主观认识为标准。如果负有义务而管理人认为没有义务，其管理事务不能构成无因管理；如果本无义务而管理人误认为有义务，其管理事务同样可构成无因管理。

（三）无因管理的效力

1. 管理人的义务

（1）适当管理义务。

第一，管理人不应违背本人的管理意思。管理人在进行事务管理时，不得违背本人明示的或可推知的管理意思。但管理人为本人尽公益上的义务或为其履行法定抚养义务时，尽管违反本人明示或可推知的意思，仍为适当管理。

第二，管理人应依有利于本人的方法进行管理。即管理方式、管理结果应有利于本人，而不是损害本人的利益。此以管理事务当时的客观情形确定。

管理人未尽适当管理义务，发生债务不履行的法律后果，应依法承担相应的民事责任。在归责原则上，宜适用过错推定责任。如果给本人造成损害，应承担赔偿责任。

（2）通知义务。

管理人应将管理事务的事实及时通知给本人，这是管理人的从属义务。通知义务以能够通知到为限。

通知后，除有紧迫情况外，应听候本人的指示。

（3）报告、计算义务。

报告、计算义务主要包括以下内容：及时报告管理事务的进行状态，管理关系终止时，明确报告其始末；管理事务所取得的物品、钱款及孳息交付本人。

2. 管理人的权利

在无因管理成立后，管理人不得向本人要求支付报酬，但有权要求本人承担下列费用：

（1）偿还管理人管理事务所支出的必要费用及其利息。主要表现为直接的支出费用。

（2）管理人为本人负担必要的债务时，本人应清偿该债务。

（3）管理人因管理事务而遭受损失时，本人应负责赔偿。如在灭火过程中导致管理人的西服被烧毁。

三、不当得利

（一）不当得利的概念

不当得利是指没有合法的根据而取得利益，使他人遭受损失的事实。发生不当得利的事实时，因为一方取得利益没有合法的根据，另一方利益因此受有损害，法律为平衡当事人之间的利益，规定受损失的一方有权请求不当得利人返还所得的不当利益，不当得利人有义务返还其所得利益，即在当事人之间发生债权债务关系。因不当得利所发生的债称为不当得利之债。

我国《民法通则》第 92 条规定："没有合法根据，取得不当利益，造成他人损失的，应当将取得的不当利益返还受损失的人。"这一规定的实质意义在于，确立了我国不当得利制度的独立地位，使得不当得利成为债的发生根据之一。

（二）不当得利的构成要件

1. 一方取得利益

不当得利成立债的关系，债的关系至少涉及二个或者二个以上的当事人，构成不当得利之债，当事人中至少有一方获得利益。我国民法通则所规定之"取得不当利益"，实质为受益人"不当取得利益"。取得利益，是指因为一定的法律事实而增加了财产或者利益上的积累，但是，不能用金钱价值衡量的利益，不在此限。例如，因为一定法律事实而取得的精神利益，不属于取得利益的范畴。没有取得利益这一事实，则不会产生不当得利的返还问题。取得利益，表现形式有两种：其一为财产利益的积极增加，如买受人购物时营业员多找了余钱；其二为财产利益的消极增加，如营业员误将高价物品以低价卖给买受人。

2. 他方受损失

不当得利制度是在衡平观念的基础上比较和衡量利得和受损的现象之后所作出的法律选择，利得不当，相对于他方的受损事实而言才会有实际意义。一方虽然获得利益，而他方并不因此受到损失，就不能构成不当得利。我国民法通则规定之"造成他人损失的"，实际确认不当得利的构成以造成他方受损为必要。如利用他人丢弃的废旧煤渣取暖、利用他人的废水灌溉等，因他人未受损失而不构成不当得利。

3. 一方受利益与他方受损失之间有因果关系

（1）直接关系说主张取得利益与受损失必须基于同一事实发生（同一个原因使得一方受到损害，而他方获得利益）。反之，即使两个事实间有牵连关系，但由于不是基于同一事实发生，也不认为有因果关系。例如，乙向甲借钱给丙买自行车，乙没能力还钱时，甲不得向丙请求返还不当得利。其因果关系必须是直接的，而且应该以受益的原因事实与受损的原因事实是否为同一作为判断标准。若受益的原因事实与受损的原因事实非为同一事实，即使两者之间在利益变动上具有一定关联也不能认定为不当得利。

（2）非直接因果关系说主张获得利益与受到损失不需要基于同一事实，只要两者之间依据社会观念有牵连关系，则两者之间便有了因果关系。例如甲拾得乙的财物而赠与丙，即可构成不当得利。非直接因果关系弥补了直接因果关系的不足，捍卫了公平，但基于公平理念，依社会上一般观念决定因果关系将使不当得利衡平化，影响法律适用的安定。

（三）不当得利的法律效力

不当得利发生债的效力。不当得利使受益人与受损人之间发生不当得利返还的债权债务关系。

1. 不当得利之债的当事人

在不当得利之债中，债权人为不当得利返还请求权人，是因不当得利而蒙受损失的人；债务人是造成债权人损失而直接受有利益的人。当受损人死亡时，其继承人有权依继承法的规定，继承其请求权；当受益人死亡时，其概括继承人为返还义务人。

不当得利原则上不发生多数人之债。当因共有物的附合而发生不当得利时，共有物的共同所有人为共同受益人，产生多数人之债，各共有人负有返还不当得利的义务，应依照其享有的共有物的部分加以分担，各共有人不承担不当得利返还的连带责任。

2. 不当得利返还的标的

无法律上的原因而受有利益的，应当返还。因此，不当得利返还的标的为受益人取得的利益。受益人取得的利益，或者表现为原物及因原物而取得的利益，或者表现为不能返还原物时代表原物的价额。返还不当得利时应以返还原物为原则，只有在不能返还原物时，才采取价额偿还的方式。

（1）返还原物

原物为受领人所受领的物，既包括实物也包括权利。返还原物还包括返还因原物而取得的其他利益，包括：1）原物所生的利益，如原物所生的孳息，包括法定孳息和自然孳息，再如原物为债权时所获得的清偿；2）原物的代偿物，即当原物被毁损时从第三人处获得的赔偿金等。

（2）价额偿还

如果受益人受领的利益，依性质或其他原因不能返还时，受益人应当偿还该利益的价额。

案例评析

1. 李某的行为属于无因管理。无因管理是没有法定或者约定的义务，为避免他人利益受损失而进行管理或服务的行为。本案中，在王某死后其鱼塘无人照管的情况下，李某为了王某的利益，主动为其管理，应认定为无因管理。

2. 李某提出支付2 000元费用的要求应予支持，其平分2.8万元余款的要求不予支持。《民法通则》第93条规定："没有法定的或者约定的义务，为避免他人利益受损失进行管理或者服务的，有权要求受益人偿付由此而支付的必要费用。"可见，2 000元费用系李某组织人打捞、出卖鱼所支付的必要费用，应得到偿付；而李某要求平分2.8万元余款的要求无法律依据，不予支持。

知识点思维导图

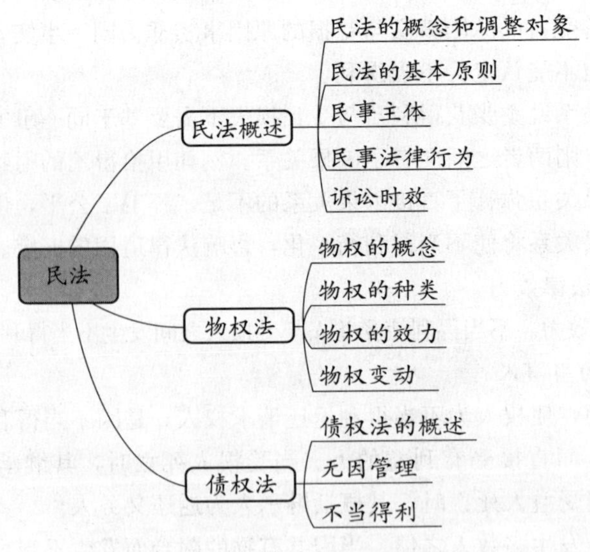

实战练习

一、选择题

1. 在下列哪一情形下，乙的请求依法应得到支持？(　　)

A. 甲应允乙同看演出，但迟到半小时。乙要求甲赔偿损失

B. 甲听说某公司股票可能大涨，便告诉乙，乙信以为真大量购进，事后该只股票大跌。乙要求甲赔偿损

C. 甲与妻乙约定，如因甲出轨导致离婚，甲应补偿乙 50 万元，后二人果然因此离婚。乙要求甲依约赔偿

D. 甲对乙承诺，如乙比赛夺冠，乙出国旅游时甲将陪同，后乙果然夺冠，甲失约。乙要求甲承担赔偿责任

2. 关于民事法律关系，下列哪一选项是正确的？(　　)

A. 民事法律关系只能由当事人自主设立

B. 民事法律关系的主体即自然人和法人

C. 民事法律关系的客体包括不作为

D. 民事法律关系的内容均由法律规定

3. 任某门前公路上有一泥沟。某日，一货车经过泥沟，由于颠簸掉落货物一件，被任某拾得据为己有。任某发现有利可图，遂将泥沟挖深半尺。次日，果然又拾得两袋从车上颠落的货包。关于任某行为的性质，下列哪一选项是正确的？(　　)

A. 无因管理和侵权行为

B. 不当得利

C. 无因管理和不当得利

D. 不当得利和侵权行为

4. 物权人在其权利的实现上遇有某种妨害时，有权请求造成妨害事由发生的人排除此等妨害，称为物权请求权。关于物权请求权，下列哪一表述是错误的？(　　)

A. 是独立于物权的一种行为请求权

B. 可以适用债权的有关规定

C. 不能与物权分离而单独存在

D. 须依诉讼的方式进行

二、案例分析

2010 年 3 月 17 日专业户刘丁在村路边发现一匹马无人看管，他叫了几声没人答应，左右寻找也没发现主人，就把马带回家。刘丁捡到马后，四处打听，没发现有人丢马，就将这匹马和自己的马放在一起饲养。后来马得了病，刘丁花钱将马治好，花费 200 元。过了 6 个月后，母马生下小马。又过了 15 日，晚上下雨马被雷击中，导致母马死亡。过了 1 个月，邻村张玄找到他，说马是自己的，要求刘丁赔偿被雷击中的母马，还要求把小马归还自己。但刘丁认为马死不是自己造成的，不应赔偿张玄，而且母马是在刘丁饲养下才生下小马，小马应属于自己。还要求张玄付给自己治疗母马的费用。但是张玄认为自己的母马生下小马，应当归自己，而且刘丁应赔偿母马死的损失。

问题：

1. 刘丁照料马的行为在法律上属于什么行为？
2. 刘丁要求小马归自己所有的主张是否成立？
3. 刘丁在照料马的过程中，马突然遭雷击而死。张玄向刘丁索要赔偿是否成立？
4. 刘丁在照料马的过程中，马生病的治疗费用，是不是应由张玄偿付？

第五章 行政法

学习目标：通过本章学习，掌握行政法的基本理念、概念、原则和基本制度，从行政许可法和行政处罚法出发具体把握行政法基本内容。最终，要牢固树立法治行政的精神与理念，并学会运用该课程的知识分析行政法律现象，监督行政机关依法行政，依法维护自己的公法权益。

第一节　行政法概述

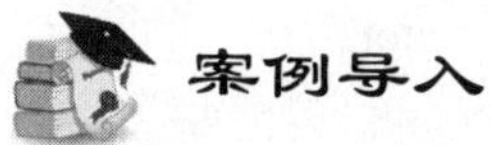

案例一

某市工商局按《陆生野生动物保护实施条例》的规定，以授权书的形式授权市林业局实施对市场销售的国家保护野生动物的查处。某日，某市林业局在某大酒店查获了一只准备被宰杀的穿山甲，重 4.4 千克，遂以该酒店非法收购国家重点保护二级陆生野生动物为由，依据《野生动物保护法》第 35 条第 1 款、《陆生野生动物保护实施条例》第 37 条、《民法通则》第 61 条第 2 款之规定，作出三项处理决定：（1）没收酒店非法收购的重 4.4 千克活穿山甲一只；（2）没收与购买穿山甲等值的价款 2 380 元；（3）罚款 11 900 元。某大酒店以某市林业局无权处罚、给其造成直接经济损失为由向法院提起诉讼。

问题：某市林业局对某大酒店的行政处罚是否合法有效？

案例二

2002 年 4 月 21 日，刘某认为邻居李某家中十分吵闹，影响其休息，于是上门干预。双方在交涉中发生争执并相互殴打，双方均受伤。5 月 11 日，某市公安局某区公安分局以刘某殴打他人为由，作出治安管理处罚裁决书，决定对其拘留 15 天；同时，对李某处以 50 元罚款。刘某不服，诉至某区人民法院。

问题：某市公安局某区公安分局的处罚行为是否符合行政合理性原则的要求？受理法院应如何处理？

一、行政法的概念

我国行政法是调整由于国家行政管理发生的行政关系的法律规范的总和。对于这一定义，可以从行政法的调整对象、调整方式和调整功能几个方面来认识。

行政法的调整对象是行政关系。行政关系是国家行政机关实现其行政职能的社会形式，是国家行政机关在实施国家行政管理过程中发生的社会关系的总称。由于行政职能的广泛性和实现方式的多样性，它所形成的社会关系的性质和种类也是多样的和变化的。除了国防、警察和财政等基础职能比较稳定外，行政机关的经济和社会管理等职能会经常变化；新的法律部门的出现和发展，也会影响行政法的调整范围。因此，对于行政法调整的行政关系的种类和范围，应当根据社会需求和行政职能的变化作出新的概括和表述。

行政法对行政关系的调整方式，就是赋予行政关系以法律权利义务的性质，使行政机关实施行政职能的过程，成为依法设立、变更和消灭行政法权利义务的过程。任何违反行政法义务的主体，无论是国家行政机关还是其他行政法义务主体，都应当承担相应的法律责任。这是行政法调整方式区别于行政政策调整方式的基本标志。

行政法的调整功能，是指行政法调整行政关系的整体作用。行政法具有赋予行政机关管理职权以保证行政效率，监督行政机关以防止和消除行政违法行为两方面的功能。在行政法的发展过程中这两种功能可能会有所侧重，但是总的来说它们是结合起来共同发挥对行政机关的规范作用的，只片面地强调其中一个方面是不可取的。

二、行政法律关系

(一) 行政法律关系的概念

行政法律关系，是指受行政法律规范调控的因行政活动（权利活动和非权利活动）而形成或产生（引发）的各种权利义务关系。

(二) 行政法律关系的特征

1. 主体的恒定性与不可转化性。行政法律关系中必有一方主体是行政主体，不以行政主体为一方当事人的法律关系不是行政法律关系。而且在我国，原告只能是行政相对人，被告则只能是行政主体，他（它）们之间不能互为原、被告（与民事诉讼不同之处）。

2. 主体资格的受限制性。在我国，只有行政机关和法律、法规授权的组织才能成为行政主体。

3. 主体地位“平等下的不平等性”。(1) 主体双方各自权利义务的性质不完全相同。(2) 主体双方权利义务的数量不能相等，且一方所具有的权利义务是另一方所不具有的。

三、行政法律关系的构成要素

(一) 行政法律关系的主体

行政法律关系的主体亦称行政法主体，或称行政法律关系当事人，它是指在行政法律关系中享有权利和承担义务的组织或个人。

(二) 行政法律关系的内容

行政法律关系的内容，是指行政法律关系的主体在行政法律关系中所享有的权利和所承担的义务的总和。

(三) 行政法律关系的客体

行政法律关系的客体是行政法律关系的构成要素之一，指行政法律关系的内容即权利和义务所指向的目标，包括人身、行为和财物。人身是指人的身体和人的身份。国家行政管理包括对人的身体的作用和对人的身份的控制，两者都可以成为行政法律关系的客体。行为是指行政法律关系主体的作为和不作为。作为行政法律关系客体的行为，既包括行政主体的行政行为，也包括相对人的行为；既包括组织的行为，也包括个人的行为。行政法律关系的客体不能仅限于人的行为，因为政府的行为和企业的行为同样受行政法的调整。从行为的方式上看，其客体既包括作为的行为，也包括不作为的行为。从行为的主体上看，国家行政机关、其他国家机关、企业事业单位、社会团体和其他社会组织、公民、驻华外国组织和在华外国人的行为都可以成为行政法律关系的客体。但从内容和范围上看，并非上述主体的一切行为都由行政法调整。上述主体的行为要构成行政法律关系的客体必须具备两个条件：（1）必须是法律行为而不是事实行为。（2）该行为必须与国家行政管理有关。

四、行政合法性原则

（一）行政合法性原则的概念

行政合法性原则是行政法基本原则中最重要的一个原则，是指行政主体行使行政权必须依据法律，符合法律，不得与法律相抵触。

在我国现阶段，行政合法性原则要求行政机关进行行政活动时应遵循宪法、法律、行政法规、地方性法规、自治条例和单行条例以及行政规章等具有普遍约束力的规范性文件。

（二）行政合法性原则的内容

1. 行政主体合法。行政主体可以是依法成立的享有行政管理权的行政机关和经法律、法规授权的组织，也可以是行政机关委托的其他非行政组织。受委托组织只能以委托组织的名义行使职权活动，且其法律效果也直接归属于委托组织。

2. 行政职权法定。行政机关的职权，必须由法律规定。行政机关必须在法律规定的职权范围内活动。凡法律没有授予的，行政机关就不得为之。法律禁止的当然更不得为之，否则就是超越职权。

在内部，超越职权就是行政机关横向超越了某一行政机关的职权，或纵向超越了上下级行政机关之间的职权划分；在外部，超越职权就会侵犯公民的合法权益。

行政机关的法定职权一般有两种形式：一是由行政机关组织法规定，大都以概括之语言划定各机关的职责范围；二是由单行实体法规定某一具体事项由哪一行政机关管辖。

3. 行政行为实体合法。行政行为必须依照法律规定的范围、手段、方式进行，任何一个行政行为都必须以法律规定的事实要件为基础，而每一个事实要件都必须由相应的事实佐证，每一个事实佐证都必须经得起审查和行政管理相对人的反驳与质证。行政机关作出的具体行政行为必须以事实为依据，以法律为准绳。

行政机关援引的规范性文件必须是合法有效的文件，不得与更高层次的规范性文件相抵触；行政机关行使职权必须具有法律的明确授权；行政行为的各个方面（如处罚的种类、幅度等）都要在法律所规定的范围之内，对行政管理相对人的认定和对事件性质的判断应符合法律所确定的要件等。

4. 行政行为程序合法。行政主体必须依照法定程序实施行政行为，如法定的方式、步骤、顺序以及时限等。

5. 行政行为形式合法。指行政行为的表现形式必须符合法律规范的要求。行政行为形式合法是指作为的行政行为在形式上应当合法，不作为的行政行为没有直观的、外在的表现形式，因而一般不纳入行政行为形式合法的范畴。行政行为形式合法主要是表现为语言文字的行为形式和表现为动作的行为形式要合乎法律规范的规定。

五、行政合理性原则

（一）行政合理性原则的概念

行政合理性原则是指不仅行政主体应当按照法律、法规规定的条件、种类和幅度范围作出行政行为，而且这种行为应符合法律的意图和精神，符合公平正义等法律理性。行政合理性原则中的“理”，是指体现在全社会共同遵守的行为准则中的法理。

（二）行政合理性原则的内容

1. 行政行为的动因应符合立法目的，应与法律追求的价值取向和国家行政管理的根本目的相一致。

任何行政法律规范的制定都是基于一定的社会需要，都是为达到某种社会目的。而行政法律规范授予行政主体某种行政权力就是为了实现该项立法目的。即使没有成文法的规定，行政主体在运用行政权力时也必须符合立法目的。特别是在行政主体被赋予自由裁量权时，对立法目的尤其要进行特别考虑。凡是有悖于立法目的的行为都是不合理的行为。

2. 行政行为应建立在正当考虑的基础上，不得考虑不相关因素。所谓正当考虑是指行政主体在作出某一行政行为时，在其最初的出发点和动机上，不得违背社会公平观念或法律精神，必须客观、实事求是，而不是主观臆断、脱离实际或存在法律动机以外的目的追求。

如行政机关进行罚款的动机不是制裁违法行为，而是增加财政收入，改善工作人员的福利待遇，就属于不正当考虑。正当考虑要求行政主体不能以执行法律的名义，将自己的偏见、歧视、恶意等强加于公民或组织，同时要求其在实施行政活动时必须出于公心，不抱成见、偏见。

3. 行政行为的内容和程序应当合乎理性。行政权特别是行政自由裁量权的行使应符合人之常情，包括符合事物的客观规律，符合日常生活中的常识，符合人们普遍遵守的准则，符合一般人的正常理智判断。

案例评析

案例一

某市林业局依据的法律有误。《民法通则》只能是民事活动的依据，而不能成为行政机关对行政相对人实施没收的具体行政行为的依据；某市林业局虽然是由某市工商局授权而实施对市场中销售国家保护野生动物行为的查处，但是这种授权并非法律、法规授权，在本质上属于行政委托，因此，某市林业局不能以自己的名义对行政相对人进行处罚。综上，某市林业局所作出的行政处罚应该予以撤销。

案例二

行政行为应建立在正当考虑的基础上，不得对相同事实给予不同对待。刘某殴打他人造成轻微伤害，李某同样殴打他人造成轻微伤害，但某区公安分局对刘某处以 15 天拘留，而对李某只处以 50 元罚款，两相比较，对刘某的处罚便显失公正。

第二节　行政法上的主体

案例导入

王某从甲市到乙市办事。次日凌晨，王某到其在乙市的姐姐家，其姐姐家与张某的住所分属前后相邻的两栋楼。黑夜里王某误将张某所住的 3 号楼当做其姐姐所住的 4 号楼。王某上楼来到张某家门口，用其姐姐给的钥匙开张某的房门，开了约两分钟，门打不开。正在睡觉的张某夫妇被开门声吵醒，以为是小偷，便拿了一把水果刀开门察看。王某听到房内有动静后没出声，张某开门后发现王某站在门口，手里拿着长条状物（实为报纸），张某便用水果刀向王某刺去，致王某左肩受伤。王某被送医院住院治疗，花去医药费 1 050 元。后经乙市公安局鉴定为轻微伤。乙市兴旺街派出所经调查、取证、询问当事人后，于同年 10 月 15 日作出治安管理处罚判决书，对张某殴伤王某的行为给予治安拘留 5 日处罚，并裁决张某赔偿王某 1 000 元、负担医疗费 1 050 元。张某不服上述两项裁决，向乙市公安局申请行政复议，乙市公安局经复议后，作出了维持的决定。张某仍不服，向乙市人民法院提起行政诉讼。

问题：本案中公安派出所具有行政主体资格吗?

知识讲解

一、行政主体

（一）行政主体的概念

行政主体是指享有国家行政权力，能以自己的名义从事行政管理活动，并独立承担由此产生的法律责任的组织。根据这一定义，行政主体具有以下特征：

1. 行政主体是享有国家行政权力，实施行政活动的组织。这一特征将行政主体与其他国家机关、组织区别开来。

2. 行政主体是能以自己的名义行使行政权的组织。这主要是指行政主体应具有独立的法律人格，能独立地对外发布决定和命令，独立采取行政措施等。

3. 行政主体是能够独立对外承担其行为所产生的法律责任的组织。

（二）行政职权

行政职权是国家行政权的表现形式，是行政主体实施国家行政管理活动的权能。行政职权只能由行政主体来行使，行政管理相对方不享有行政职权。行政职权一般依其来源可分为两大类：一类是固有职权。固有职权通常由职权性行政主体来享有，以行政主体的依法设立而产生，并随着行政主体的撤销而消灭。固有职权主要由行政机关享有。另一类是授予职权。授权性行政主体所享有的职权为授予职权。授予职权来源于法律、法规的授权，它既可以因授权的收回而消灭，也可因行政主体的撤销而消灭。授予职权主要由行政机构和其他社会组织享有。

行政职权主要有：行政立法权；行政许可权；行政确认权；行政检查权；行政奖励权；行

政物质帮助权；行政处罚权；行政强制执行权；行政合同的签订权；行政复议权。此外，行政职权还包括行政指导权、行政裁决权等。

（三）行政职责

行政职责是指行政主体在行使职权过程中，必须承担的法定义务。任何行政主体在享有或行使行政职权的同时，必须履行职责。行政职责随行政职权的产生、变更或消灭而相应变化。行政职责的核心是依法行政，其具体内容包括：

（1）行政主体必须按照法定职权，在法定的权限范围内履行职务，不得失职、越权或滥用权力。

（2）行政主体实施的行政行为，必须严格遵守法定的程序，避免程序违法。

（3）行政主体必须遵循合理、适当的原则，避免行政失当。

二、行政机关

（一）行政机关的概念

行政机关是按照国家宪法和有关组织法的规定而设立的，代表国家依法行使行政权，组织和管理国家行政事务的国家机关，是国家权力机关的执行机关，也是国家机构的重要组成部分。它执行代议机关制定的法律和决定，管理国家内政、外交、军事等方面的行政事务。

（二）国家行政机关的设置原则

1. 适应需要原则

适应需要，即适应经济和社会发展的需要。行政机关是上层建筑，它应当与经济基础和生产力的发展相适应。检验行政机关设置是否合理和科学的标准之一，就是看它是否能促进经济和社会的发展，经济和社会发展的结果，必然使行政机关有增有减，无论是增还是减，都必须符合经济和社会发展的需要。我们在行政机关的设置上，应当运用马克思主义观点和方法，及时发现经济和社会中新的因素和新的需要，迅速作出反应。与此同时，随着经济体制改革的深入，政府机构改革的展开，政府职能的转变，需要裁减行政机关。在目前政府机构中，相当普遍地存在“三多一少”的状况，即非业务机构多、非业务人员多、非业务官员多、真正顶用的业务人员少。这是机构臃肿的一个关键问题，应当采取精简合并等手段，逐步予以解决。

2. 精简原则

精兵简政是党的优良传统，曾经起过重要作用，当前和今后仍然应当用最少的人办最多最好的事。精简原则与适应经济和社会发展原则并不抵触，而是既相互促进又相互制约的。经济与社会发展使管理机构和行政工作人员有不断增加的趋势，但现代行政管理又要求机构职责分明、层次简化、人员精干，不能因人设事，这样才能达到行政工作的高效率。

3. 高效率原则

高效率是现代化对社会生活一切方面的普遍要求，而对行政机构则有特殊的意义。因为行政是现代社会的钥匙，是实现国家目标的重要工具。它与人民生活息息相关，与社会发展密切相连。行政工作的好坏，关系到国家的兴衰、人民的祸福。设置行政机关，必须把高效率作为重要原则。行政上的高效率，简单说就是用最少的时间来完成最多的工作，以最少的消耗来获得最大的效益。是否达到行政上的高效率，有三个标准，就是节约、迅速和有效性。所谓节约，指行政管理活动的人力、财力、物力的消耗要低。迅速，指在管理中处理事情的时间短，速度快。有效性，指行政工作的实绩，即取得实际效果。

4. 依法设置的原则

行政机关肩负着管理国家行政事务的职能，它本身成立的合法与否，将直接影响其地位和作用。任何一个行政机关，要想合法地存在并得以充分地发挥其固有的功能，必须具备以下几个基本前提：

必须是具有该行政机关的权限的机关，在法定权限所许可的范围内才能成立。

必须依照法定程序进行，由有权设置、变更和撤销的机关，在其职权范围内设置、变更和撤销，否则是不合法的，因而也是无效的。

三、被授权组织和被委托组织

（一）行政授权与行政委托的概念与特征

行政授权是指法律、法规将行政职权及行政职责的一部或全部授予非行政机关的社会组织行使的法律行为。行政授权具有以下特征：

1. 行政授权是依照法律和法规的有关规定作出的。

2. 行政授权引起职权和职责的同时转移，被授权的组织在接受职权的同时，也必须接受行政职责。

3. 被授权的组织在被授权范围内以自己的名义自主地行使行政职权。

行政委托，是指国家行政机关在自己的职权范围内，将某项行政事务委托给某一机关、机构、企事业单位、其他社会组织办理的行为。行政委托具有以下特征：

1. 行政委托的委托人必须是国家行政机关，其他非行政机关的委托不能称为行政委托。

2. 行政委托中的委托事项必须在行政机关的职权范围内，不能超出行政机关的行政职权范围。

3. 在行政委托中，被委托的对象可以为行政机关和行政机构，也可以为企事业单位及其他社会组织。

（二）被委托组织的法律地位

被委托的组织必须在委托的职权范围内，行使行政职权，履行行政职责。被委托的组织必须以委托的行政机关的名义实施行政管理活动，其后果由委托的行政机关承担。被委托的组织应接受委托的行政机关的监督和指导。如果被委托的组织在行使职权，办理行政事务的过程中，有故意或重大过失，委托的行政机关应当按照法律规定先负责赔偿，然后可以行使求偿权，责令有故意或重大过失的被委托组织承担部分或全部赔偿费用。另外，由于被委托组织的具体行政行为引起纠纷或者争议，行政管理相对方向人民法院起诉时，被委托组织不能以被告的身份应诉，而应由委托的行政机关作为被告出庭应诉，因而，被委托组织不具有行政主体资格。

四、行政相对方

（一）行政相对方的含义

行政相对方是指在行政法律关系中与行政主体相对应一方的公民、法人和其他组织。例如，在税收征管关系中，税务机关是行政主体，纳税人就是行政相对人；在工商管理关系中，工商机关是行政主体，而作为工商管理对象的企业、个体工商户及其他经营主体就是行政相对人。无论是包括行政机关在内的国家机关，还是公民、法人或其他组织以及外国人、无国籍人、外国组织，都可以作为行政法律关系的行政相对方主体参加行政法律关系，享受一定的权利，并承担一定的义务。但是行政主体是国家行政权力的享有者、行使者和为此而承担相应法律责任者，公民、法人或其他组织，在一般情况下不能以行政主体的资格参加行政法律关系。①

（二）行政相对方的分类

根据不同的标准，可以对行政相对方进行不同的分类。

1. 个人相对方与组织相对方

依据行政相对方是否为一定的组织为标准，可以分为个人相对方与组织相对方。个人相对方主要包括公民、外国人和无国籍人。组织相对方主要包括各种具有法人地位或非法人地位的中外企业组织、事业组织、社会团体等。

2. 直接相对方与间接相对方

依据行政相对方与行政主体的行政行为的关系为标准，可以分为直接相对方与间接相对方。直接相对方是行政行为直接作用的对象，其权益受到行政行为的直接影响。间接相对方是行政行为间接作用的对象，其权益受到行政行为的间接影响。

3. 抽象相对方与具体相对方

依据行政主体的行政行为所影响的对象是否特定为标准，可将行政相对方分为抽象相对方与具体相对方。抽象相对方是指行政行为所影响的对象是不特定的大多数人。具体相对方是指行政行为所影响的对象是特定的人。

（三）行政相对方的法律地位

行政相对方的法律地位是通过其在行政法律关系中的权利、义务表现出来的。

1. 行政相对方的权利

（1）提出申请的权利；

（2）参与行政管理的权利；

（3）听证的权利；

（4）了解情况的权利；

（5）申请行政法上的救济的权利。

2. 行政相对方的义务

（1）服从行政管理的义务；

（2）协助行政主体执行公务的义务；

（3）遵循法定程序要求的义务。

案例评析

公安派出所属于政府职能部门的派出机构，派出机构不具有行政主体资格，但是在法律、

① 参见关保英：《论行政相对人的程序权利》，载《社会科学》，2009（7）。

法规授权的情况下能够成为行政主体。《治安管理处罚法》第91条规定：治安管理处罚由县级以上人民政府公安机关决定；其中警告、500元以下的罚款可以由公安派出所决定。该条规定实质上授予了公安派出所给予违反治安管理行为人500元以下罚款和警告的治安处罚的职权，公安派出所对于此类治安处罚，有权以自己的名义作出，并承担因此而产生的法律后果，即公安派出所在行使此类治安处罚权时，具有行政主体资格。

当公安派出所超越《治安管理处罚法》的授权，以自己的名义作出了警告以上和500元以上罚款的治安处罚决定时，如何确定此时的行政主体资格呢？众所周知，我国是为了确定行政诉讼被告的资格而界定了行政主体这个概念。这不同于国外关于行政主体的理论。如果公安派出所不具有行政主体资格，就不能成为适格的被告。我国的行政主体理论在司法实践中受到了越来越多的挑战，司法审判也在积极回应着实践的需要。例如最高人民法院发布的司法解释规定，“行政机关的内设机构或者派出机构在没有法律、法规或者规章授权的情况下，以自己的名义作出具体行政行为，当事人不服提起诉讼的，应当以该行政机关为被告”。还规定：“法律、法规或者规章授权行使行政职权的行政机关内设机构、派出机构或者其他组织，超出法定授权范围实施行政行为，当事人不服提起诉讼的，应当以实施该行为的机构或者组织为被告。”最高人民法院的司法解释突破了我国的行政主体理论，派出机构只要取得法律、法规或者规章授权，其无论是在授权的范围内还是在其范围外行使相关职权，相对人如果不服该具体行政行为，均可以以该派出机构为被告提起行政诉讼，而无须考虑该派出机构是否具有相应的行政职权、是否具有行使该行政职权的主体资格。

本案中，兴旺街公安派出所超越职权作出治安拘留的处罚决定，尽管超出了《治安管理处罚法》授权的范围，但是应当认为其具有行政主体资格，能够成为合格的行政诉讼被告。

第三节 行政行为

案例导入

关某系运煤司机，某日运煤经过309国道某省某地区路段设立的交通检查站时，交通检查站执勤人员宋某向关某走过来，递给了关某一张处罚决定书，并对关某说：“交20块钱，再走。”关某接过处罚通知书，见上面印着的全部内容是：根据有关规定，罚款20元。决定书上印着某省某地区交通大队的印章。关某问宋某：“为什么罚钱？”宋某说：“你超载。”关某辩称：“我只拉了半车煤，怎么就超载？”宋某不耐烦地说：“让你交你就交，啰嗦什么？”关某说：“不说清楚，我就不交。”宋某又递过一张处罚决定书，并说：“就你这态度，再交20元。”

问题：本案中，宋某的行政处罚行为哪些违反了《行政处罚法》的规定？

知识讲解

一、行政行为概述

（一）行政行为的概念

行政行为是指行政主体实施的、产生法律效力的行为。

主体要素。即行政行为是行政主体的行为。行政主体是指享有国家行政权力，能够以自己的名义从事行政管理活动，并能独立地承担由此所产生的法律责任的组织。包括行政机关和法律、法规授权的组织以及行政机关委托的组织或个人。

权力要素。即行政行为是行政主体行使行政职权的行为。工商行政机关依法维护市场秩序、环境保护机关依法防治各种环境污染等都是职权行为，属于行政行为的范畴，但这些机关采购办公用品、组织进行卫生扫除、接受当地社会治安综合治理检查等属于民事行为，不是行政行为。

法律要素。即行政行为是具有法律意义和产生行政法律效力的行为。

（二）行政行为的特征

1. 单方意志性。行政行为是行政主体行使国家行政权的行为。行政主体实施行政行为，只要是在宪法、组织法或者其他法律、法规的授权范围内，即可自行决定和直接实施，而无须与行政相对方协商或征得其同意。

2. 效力先定性。效力先定，是指行政行为一经作出，就事先假定其符合法律规定，在未被国家有权机关依法宣布为违法无效之前，对行政机关本身和行政相对方以及其他国家机关具有约束力，任何个人或团体都必须遵守和服从。

3. 行为强制性。行政行为是行政主体代表国家，以国家名义实施的行为，故以国家强制力作为实施的保障。

（三）行政行为的分类

1. 抽象行政行为与具体行政行为

以行政行为的对象是否特定为标准，可将行政行为分为抽象行政行为与具体行政行为。

抽象行政行为，是指以不特定的人或事为管理对象，制定具有普遍约束力的规范性文件的行政行为，如制定行政法规、行政规章等行政行为。它包括行政立法行为与制定不具有法源性的规范性文件的行为两类。

具体行政行为，是指行政主体在行政管理过程中，针对特定的人或事采取具体措施的行为。其行为的内容和结果将直接影响某一个人或组织的权利或义务，其最突出的特点就是行为对象的特定化和具体化。它包括行政许可行为、行政处罚行为等。

2. 羁束行政行为与自由裁量行政行为

以行政行为受法律规范拘束的程度为标准，可将行政行为分为羁束行政行为与自由裁量行政行为。

羁束行政行为，是指法律规范对行政行为的范围、条件、标准、方式、程序等作了较详细、具体、明确规定的行政行为。如税务机关征税，只能根据法律、法规规定的征税范围、征税对象以及税种、税目、税率来进行税收征管，税务机关没有选择、裁量的余地。

自由裁量行政行为，是指法律规范仅对行为目的、行为范围等作出原则性规定，而将行为的具体条件、标准、幅度、方式等留给行政主体自行选择、决定的行政行为。

3. 依职权的行政行为与依申请的行政行为

以行政主体是否可以主动作出行政行为为标准，可将行政行为分为依职权的行政行为与依申请的行政行为。

依职权的行政行为，是指行政主体依据法律设定或授予的职权，无须相对方的申请而主动实施的行政行为，如税务机关的征税行为，是典型的依职权的行政行为。

依申请的行政行为，是指行政主体必须根据相对方的申请才能实施的行政行为，未经相对方的请求，行政主体不能主动作出该类行政行为，如颁发营业执照、经营许可证等行政行为。

4. 要式行政行为与非要式行政行为

以行政行为是否应当具备一定的法定形式为标准，可将行政行为分为要式行政行为与非要式行政行为。要式行政行为，是指必须具备某种法定形式或遵守法定程序才能成立生效的行政行为。如税务机关对违反税收征收管理规定的相对方处以罚款，必须依法以书面形式作出并加盖公章才能有效。非要式行政行为，是指不需一定方式和程序，无论采取何种形式都可以成立的行政行为，如公安机关对酗酒的人采取强制约束的行为。①

二、行政许可

（一）行政许可的概念和特征

我国《行政许可法》第 2 条规定："本法所称行政许可，是指行政机关根据公民、法人或者其他组织的申请，经依法审查，准予其从事特定活动的行为。"

根据行政许可的概念，可知其特征如下：

第一，行政许可是一种典型的行政行为。

一些社会组织和社会团体也可向其管理成员发放许可证，例如，上课听课证，但这是一般的民事许可，而不是行政许可。

第二，行政许可具有双重性，它既是行政主体的自由裁量行为，同时又是行政主体所为的羁束行政行为。

这主要决定于是行政主体确定许可发布的资格，还是行政主体具体确定许可证发放给具有什么资格的行政相对人。例如，两家企业同时申请同一无线频道使用许可；又如，裁量决定在同一马路上是否还可再设立药房零售店。

第三，行政许可以法律管制和法律禁止为存在前提。

即行政许可是在国家一般禁止的前提下，对符合特定条件的行政相对方解除禁止，使其享有特定的资格或权利，能够实施某项特定的行为。

第四，行政许可是一种依申请而为的行为。

行政许可只能依相对人的申请而发生，相对人不申请，行政主体不能主动为之。

第五，行政许可既是一种行政行为，又是一项法律制度。

从行政主体所从事的行为讲，行政许可是行政主体一项具体的审核、批准行为。从制度的角度讲，行政许可是指许可证的申请、核发、监督管理等一系列规则的总和。②

（二）行政许可的设定事项

1. 直接涉及国家安全、公共安全、经济宏观调控、生态环境保护以及直接关系人身健康、生命财产安全等特定活动，需要按照法定条件予以批准的事项（包括危险物品的生产经营，金融、保险、证券等涉及高度社会信用的行业的市场准入和经营活动等）。

---

① 参见夏野：《行政平衡论与和谐发展的关系》，载《法制与社会》，2010（9）。

② 参见范宏云：《行政许可法的立法与实施思考》，载《理论月刊》，2004（8）。

2. 有限自然资源开发利用、公共资源配置以及直接关系公共利益的特定行业的市场准入等，需要赋予特定权利的事项（包括国有土地使用权出让许可、无线电频率配置许可、出租车经营许可、排污许可、公用事业经营许可等）。

3. 提供公众服务并且直接关系公共利益的职业、行业，需要确定具备特殊信誉、特殊条件或者特殊技能等资格、资质的事项（包括律师执业资格、注册会计师资格、建筑企业资质等）。

4. 直接关系公共安全、人身健康、生命财产安全的重要设备、设施、产品、物品，需要按照技术标准、技术规范，通过检验、检测、检疫等方式进行审定的事项（包括消防验收、生猪屠宰检疫、电梯安装运行标准、水库大坝竣工验收等）。

5. 企业或者其他组织的设立等需要确定主体资格的事项（包括工商企业登记、社团登记、民办非企业单位登记等）。

6. 法律、行政法规规定可以设定行政许可的其他事项。

（三）可以不设行政许可的事项

根据《行政许可法》的规定，可以不设行政许可的事项包括：

1. 公民、法人或者其他组织能够自主决定的事项。主要包括两种情形：其一，比如创作活动、摄影活动，都属于民事主体的自主行为，国家不宜干预。其二，对《公司法》和其他法律、法规已经规定，属于企业自主经营权范围或者属于企业行为的，政府部门不应搞行政许可，而应加强监督，提供服务。如《招标投标法》第12条规定：招标人有权自行选择招标代理机构，委托其办理招标事宜。招标人具有编制招标文件和组织评标能力的，可以自行办理招标事宜。对此就不得再以任何理由设定行政审批来影响招标人的自主权利。

2. 市场竞争机制能够有效调节的事项。

3. 行业组织或者中介机构能够自行管理的事项。如勘察设计单位的资质、工程监理单位的资质，可以通过中介组织、行业自律来解决。

4. 采用事后监督等其他行政管理方式能够解决的事项。如对从事生产经营活动的市场主体，通过实行登记制，加强事后监督来管理，有利于增强市场竞争活力。

三、行政处罚

（一）行政处罚的概念及特征

行政处罚是指具有法定权限的行政主体依据法定程序，对违反行政法规范但尚未构成犯罪的行政相对人实施的行政制裁。

行政处罚具有如下特征：

1. 行政处罚的主体是行政主体，实施行政处罚必须依据法定权限。

2. 行政处罚是针对有违反行政法律规范行为的行政相对人的制裁。

3. 行政处罚的目的既是为了有效实施行政管理，维护公共利益和社会秩序，保护公民、法人或者其他组织的合法权益，同时也是为了对违法者予以惩戒和教育，使其以后不再犯。

4. 行政处罚是对于违反行政法律规范、但尚未构成犯罪的行政相对人的制裁。

（二）行政处罚的基本原则

《行政处罚法》在总则中规定了以下五项行政处罚的基本原则：

1. 处罚法定原则

处罚法定原则是指任何行政处罚都应由有权的行政主体根据法律规定的目的和内容，依照法定的程序实施，违反法律的处罚无效。处罚法定原则是行政合法性原则在行政处罚领域中的体现。其主要内容集中体现在三方面：

(1) 主体法定

主体法定包括设定行政处罚的主体法定和实施行政处罚的主体法定两方面内容。

按照《行政处罚法》的规定，只有具有法律、法规和规章制定权的机关通过制定法律、法规和规章等规范性文件才能设定行政处罚，其他机关均无权设定行政处罚。

行政处罚的实施则是以行政机关实施为主，以法律、法规授权组织和委托机关实施为辅，其他非行政机关在没有法律、法规的授权下不能实施行政处罚；同时具有行政处罚权的主体必须在其法定的职权范围内实施行政处罚，才符合法定原则的要求。例如，公安机关吊扣某个体户的营业执照，即属越权执法行为。

(2) 内容法定

"法无明文规定不罚"，即享有行政处罚权的行政主体对行政相对人实施行政处罚必须有法定依据，凡法律、法规没有明文规定的都不得给予行政处罚。

(3) 程序法定

一个正确的行政处罚不仅要实体合法，程序也得合法。程序合法是实体合法的保障。如果不严格履行法定程序也同样会损害当事人的合法权益，一旦引起行政诉讼，会被法院判决撤销所作具体行政行为，从而导致所作处罚无效。

2. 公正、公开原则

公正、公开原则要求享有行政处罚权的行政主体在作出行政处罚时应按照行政处罚法的规定公开整个执法过程，公正地作出行政处罚决定。其内涵包括两个方面：

第一，公正即公平正直，没有偏私之意。行政处罚中的公正是指行政主体应依法平等地对待相对人，客观公正地作出处罚决定。具体指行政处罚与违法行为相当，避免在实践中出现轻过重罚、重过轻罚及有过不罚等不公平现象；正确行使自由裁量权，避免在处罚时考虑与案情无关的因素；对相对人一视同仁，公平对待。

第二，公开原则是行政透明原则的体现，具体包括三个方面的内容：处罚依据要公开；处罚过程要公开；处罚结果要公开。

3. 处罚与教育相结合原则

行政处罚兼具惩罚和教育的双重功能。我国刑法和刑事诉讼法对于罪犯均体现了惩罚与教育相结合原则，对于一般行政违法的相对人更应在处罚时体现教育的功能，即在作出行政处罚的同时，着重教育其改正违法行为，使被破坏了的行政管理秩序恢复到原来的状态，实现处罚与教育的紧密结合。但同时应注意，不能以行政处罚代替教育功能，也不能以教育替代行政处罚。

4. 保障当事人合法权利原则

保障当事人合法权利原则是行政处罚法中非常重要的一项原则，是指在行政处罚过程中对当事人的合法权利应予以充分保障，任何机关不得随意侵犯。具体表现在赋予当事人各项保障权利，包括陈述权、申辩权、听证权、复议权、诉讼权、请求赔偿权。

5. 职能分离的原则

职能分离原则要求：(1) 行政处罚的设定机关与实施机关相分离；(2) 行政处罚的调查人员与决定人员分离；(3) 作出罚款决定的机构与收缴罚款的机构分离。

(三) 行政处罚的种类

1. 声誉罚

声誉罚是指行政主体实施的对违反行政法律规范的行政相对人给予的谴责和告诫的制裁方式。它是通过对违法者的名誉、荣誉、信誉或精神上的利益等造成一定损害的方式达到对违法者的制裁作用。一般有两种形式：警告和通报批评。

2. 财产罚

财产罚是行政主体实施的强迫行政违法相对人交纳一定数量金钱或物品的一种制裁方式。一般有两种：罚款和没收财物（没收违法所得、没收非法财物）。

3. 行为罚

行为罚亦称能力罚，是指行政主体实施的限制或剥夺行政违法行为人某些特定能力或资格的一种制裁方式。一般包括两种：责令停产停业和暂扣或吊销许可证、执照。

4. 人身罚

人身罚是指行政主体实施的短期限制公民人身自由的一种制裁方式。它是行政处罚中最严厉的处罚种类，即行政拘留。

(四) 行政处罚的实施机关

《行政处罚法》第 15 条规定：行政处罚由具有行政处罚权的行政机关在法定职权范围内实施。

按照《行政处罚法》第 17 条规定，法律、法规可以授权具有管理公共事务职能的组织在法定授权范围内实施行政处罚。如《食品卫生法》授权食品卫生监督检验机构行使一定行政管理权的行为。

按照《行政处罚法》第 18、19 条规定，行政处罚权的委托是指行政机关依照法律、法规和规章的规定，将其拥有的行政处罚权委托给符合条件的组织行使。

(五) 行政处罚的管辖

行政处罚的管辖是指行政机关和法律、法规授权的组织对行政违法行为实施行政处罚的权限分工。如甲县张三到乙县贩卖假酒，是由工商行政管理部门、产品质量监督管理部门还是卫生管理部门查处？如果确定由工商管理部门实施处罚，那么应由甲县工商管理部门还是乙县工商管理部门实施行政处罚？这就涉及行政处罚的管辖。

《行政处罚法》规定了行政处罚的级别管辖、地域管辖、指定管辖和移送管辖。这四种管辖形式集中体现在《行政处罚法》第 20 条至第 22 条的规定上。

1. 级别管辖和地域管辖

行政处罚由违法行为发生地的县级以上人民政府具有行政处罚权的行政机关管辖，法律、行政法规另有规定的除外。如《治安管理处罚法》第 91 条规定：治安管理处罚由县级以上人民政府公安机关决定，其中警告、500 元以下的罚款可以由公安派出所决定。

2. 指定管辖

《行政处罚法》第 21 条规定，对管辖发生争议的，报请共同的上一级行政机关指定管辖。

3. 移送管辖

《行政处罚法》第22条规定，违法行为构成犯罪的，行政机关必须将案件移送司法机关，依法追究刑事责任。

（六）行政处罚的适用

行政处罚的适用是指国家行政机关或其他组织依其职权，按照法定程序将行政法律规范适用到各种具体案件中的行政执法活动。

行政处罚在适用中应遵循以下基本制度：

1. 责令改正制度

《行政处罚法》第23条规定，“行政机关实施行政处罚时，应当责令当事人改正或者限期改正违法行为”。行政机关在处理行政违法案件时，无论准备对违法行为人处以何种行政处罚，都应首先要求行为人及时纠正违法行为，而不能只从部门利益出发，对违法行为只罚不管，以罚代管，造成违法行为有所发展，甚至发展成更为严重的违法行为。

2. 一事不再罚制度

我国《行政处罚法》第24条规定：“对当事人的同一违法行为，不得给予两次以上罚款的行政处罚”。因此，我国的一事不再罚制度是指当行政相对人的行为只符合一个行政违法行为的构成要件时，行政处罚实施机关只能处以一次罚款的行政处罚。这样，既达到对违法行为的打击力度不降低，又防止了罚款这种行政处罚的乱用和滥用。

3. 责任年龄制度

按照《行政处罚法》第25条的规定，该制度具体包括两个方面：一是不满14周岁的人有违法行为的，一律不予行政处罚。这是完全不负行政责任年龄阶段。二是已满14周岁不满18周岁的人有违法行为的，从轻或者减轻行政处罚。这是从轻、减轻行政处罚责任年龄阶段。实践中应注意，应以行为人实施违法行为时的年龄计算，并且以实足年龄计算，即从过生日的第二天开始计算，以此来认定是否年满14周岁或18周岁。

4. 责任能力制度

责任能力是指能辨认和控制自己行为并能对自己行为负责任的能力。按照《行政处罚法》第26条规定，精神病人在不能辨认或者不能控制自己行为时有违法行为的，不予行政处罚，但应当责令其监护人严加看管和治疗。间歇性精神病人在精神正常时有违法行为的，应当给予行政处罚。

5. 处罚折抵制度

按照《行政处罚法》第28条规定，违法行为构成犯罪，人民法院判处拘役或者有期徒刑时，行政机关已经给予当事人行政拘留的，应当依法折抵相应刑期。违法行为构成犯罪，人民法院判处罚金时，行政机关已经给予当事人罚款的，应当折抵相应罚金。

6. 处罚时效制度

行政处罚时效是指行政机关对行政违法行为追究责任的法定有效期限，超过这个期限，不再给予行政处罚。按照《行政处罚法》第29条规定，违法行为在2年内未被发现的，不再给予行政处罚。法律另有规定的除外。

案例评析

本案中，行政处罚行为有下列违反《行政处罚法》之处：

1. 执法人员没有出示执法证件，表明执法人员的身份。宋某身着交通警察制服，佩戴执勤袖章，对关某作出行政处罚的过程中，一直都没有出示执法证件，这是不符合行政处罚法的。

2. 罚款决定没有事实依据。行政处罚总的原则是“先取证，后裁决”。行政机关实施行政处罚，是以当事人确实存在违法行为为前提的，违法行为的构成又以存在违法事实为条件，因此，作出处罚，必须首先查明当事人是否有违法事实。本案中，宋某没有进行任何调查取证，就直接递给关某行政处罚决定书，对其作出行政处罚，这是不合法的。

3. 处罚决定书的内容不符合《行政处罚法》的规定。《行政处罚法》第34条对当场处罚的处罚决定书应具有的事项做了具体规定：“前款规定的行政处罚决定书应当载明当事人的违法行为、行政处罚依据、罚款数额、时间、地点以及行政机关名称，并由执法人员签名或者盖章。”本案属于当场处罚，其处罚决定书只载有罚款数额和行政机关印章两项，其他事项没有载明。这是不合法的。

4. 没有告知当事人处罚的事实、理由、依据和有关权利。《行政处罚法》第32、41条规定，行政处罚主体作出行政处罚决定之前，必须告知当事人行政处罚的事实、理由、依据和有关权利。本案中，宋某没有告知关某，这是不合法的。

5. 实施处罚时不听取当事人的陈述和申辩，并因关某的申辩而加重了对其的行政处罚。根据《行政处罚法》第6条和第32条的规定，在行政处罚过程中，当事人有权进行陈述和申辩，行政机关必须充分听取当事人的意见，行政机关不能因当事人申辩而加重处罚。本案中，宋某不听关某的申辩，并因其申辩又罚款了20元，这是不合法的。

6. 没有告知当事人复议和诉讼的权利。《行政处罚法》第39条规定，行政处罚决定书中应载明不服行政处罚决定，申请复议或者提起行政诉讼的途径和期限。本案中，罚款决定书中没有载明此事项，而且执法人员也没有口头告知关某，这是不合法的。

知识点思维导图

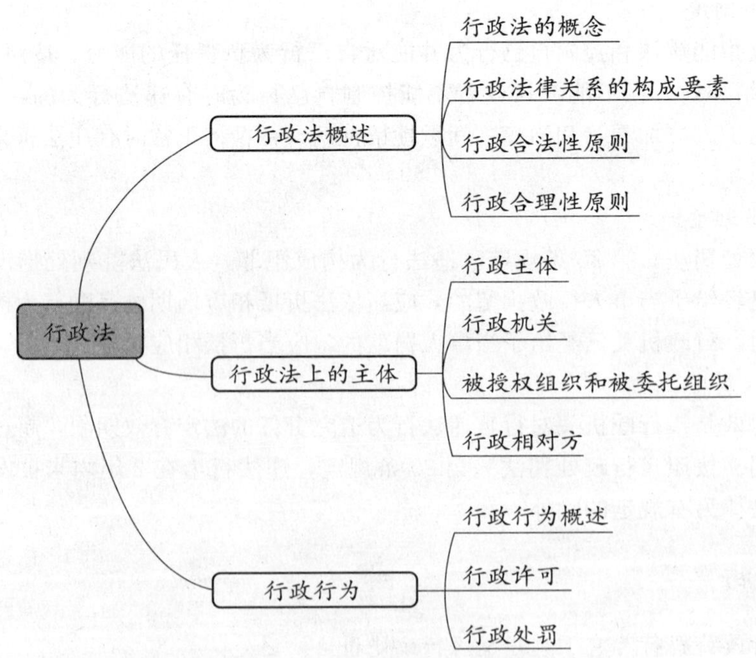

实战练习

一、选择题

1. 张某在某商店买东西，因对所买东西质量不满而与商店老板发生争吵，在争吵中张某用手中的啤酒瓶将商店老板砸伤。商店店员拨打110报警，辖区派出所接到报案后，将张某带回派出所，以违反治安管理处罚法为由对其处以1 000元的罚款，并责令其赔偿商店老板医药费700元。下列说法正确的是（　　）。

A. 派出所的处罚行为是违法的，超越了派出所的职权范围

B. 派出所的处罚是根据《治安管理处罚法》进行的，所以是合法的

C. 派出所的处罚是否合法取决于商店老板的伤势

D. 张某如果不服派出所的行政处罚，应以派出所所属的公安局为被告提起行政诉讼

2. 住在甲县的王某，在乙县生产伪劣商品经过丙县运输到丁县进行销售。下列选项错误的是（　　）。

A. 甲县依法享有行政处罚权的行政机关有管辖权

B. 乙县依法享有行政处罚权的行政机关有管辖权

C. 丙县依法享有行政处罚权的行政机关有管辖权

D. 丁县依法享有行政处罚权的行政机关有管辖权

二、案例分析

某市原有甲、乙、丙、丁四家定点屠宰场，其营业执照、卫生许可证、屠宰许可证等证照齐全。1997年国务院发布《生猪屠宰管理条例》，该市政府根据其中确认并颁发定点屠宰标志牌的规定发出通告，确定只给甲发放定点标志牌。据此，市工商局将乙、丙、丁三家屠宰场营业执照吊销，卫生局也将卫生许可证吊销。乙、丙、丁三家屠宰场对此不服，找到市政府，市政府称通告属于抽象行政行为，需遵守执行。三家屠宰场遂提起行政诉讼。

问题：

1. 市政府的通告属于何种类型的行政行为？理由是什么？

2. 谁是此案的被告？理由何在？

3. 此案乙、丙、丁是否有权提起行政诉讼？理由是什么？

第二编

法律应用知识

第六章 交通法

学习目标：了解交通事故认定书，掌握交通事故的处理程序，了解交通事故造成人身侵权的赔偿项目，掌握交通事故侵权如何获得赔偿。能用学到的交通法律知识处理一般的交通事故案件。

第一节 交通事故

车撞狗怎么处理

2013年9月24日凌晨，某市区，出租车司机夏先生在开车时撞死了一条横过马路的无证狗，并由此引发了一场民事官司。某市某区人民法院公开审理此案，夏先生被狗主人张先生告上法院，并索赔各项损失2.5万元。近两个小时的庭审过后，尽管未当庭宣判，但引起的法律问题值得人们探讨：对“车撞狗”交警该不该管？

知识讲解

一、交通事故概念

交通事故，是指车辆在道路上因过错或者意外造成人身伤亡或者财产损失的事件。

二、交通事故构成要件

1. 车辆要件

由定义可知，交通事故是人、车在道路上行走（行驶）过程中发生的，在这个过程中事故当事人至少有一方使用车辆，并处于运行状态。应当注意的是：行驶过程中车辆的短暂停止状态若影响了其他交通参与者的安全，应理解为运行状态；若车辆停止属违法行为，人员与其发生事故，应属于交通事故；人员与正常、合法停止的车辆发生事故，不属于法律意义上的交通事故。

这里的车辆是指交通法律、法规认可的机动车与非机动车。

机动车，是指以动力驱动或牵引，上道路行驶的供人员乘用或者用于运送货物以及进行工程专项作业的车辆，包括汽车、电车（无轨电车、电瓶车）、摩托车、农用运输车、轮式专用机械车、拖拉机和被牵引的挂车。

非机动车，是指以人力或者畜力驱动，上道路行驶的交通工具，以及虽有动力装置驱动，但设计时速、空车质量、外形尺寸符合有关国家标准的残疾人机动轮椅车、电动自行车等交通工具，包括自行车、人力车、畜力车、残疾人专用车、电动自行车等。

《道路交通安全法》第58条规定："残疾人机动轮椅车、电动自行车在非机动车道内行驶时，最高时速不得超过十五公里。"

交通事故定义中将车辆拟人化作为交通事故主体（人），是为了表明在交通事故中造成人员伤亡或者财产损失的是运行的车辆，不涉及车辆的交通事件不属于交通事故。

2. 道路要件

交通事故必须发生在《道路交通安全法》所界定的道路上，这是对道路交通事故发生的空间要求。

道路是指公路、城市道路和虽在单位管辖范围但允许社会机动车通行的地方，包括广场、公共停车场等用于公众通行的场所。

公路，是指按照《公路工程技术标准》修建的城市间、城乡间、乡村间主要供汽车通行的公共道路。

城市道路，是指城镇规划区域以内供车辆、行人通行的，符合《城市道路交通规划设计规范》规定的道路、桥梁及其附属设施。包括城市街道和胡同（里巷）。

城市街道，是指设有车行道、人行道，两侧或者一侧有连续建筑群的城镇主、次要交通干线。

城市胡同，是指没有设置车行道、人行道，两侧或者一侧有连续建筑群以及工业区（或住宅区）内的路面较窄的一切交通支线。

虽在单位管辖范围但允许社会机动车通行的地方，是指道路的养护和管理属于单位，但允许社会机动车自由通行的、可按道路管理的地方，如通往厂矿、港口、机场的道路以及乡村自建的能通行汽车的道路等。但是，厂区、林区、农场等单位自建的不通行社会车辆的专用道路（有特别规定的除外）；机关、学校院内道路；车站、机场、铁路道口、码头、货场内的以及施工工地内的道路等，就不属于国家实施管辖的道路。因为这些道路不具有公众性，社会车辆不能随意通行（临时纳入公安机关管理的除外）。

广场、公共停车场等用于公众通行的场所，其实质属于虽在单位管辖范围但允许社会机动车通行的地方一类。

3. 过错或者意外要件

交通事故必须是由于道路交通参与者的过错或者因意外原因造成的事件。

（1）过错，是指当事人的主观心理状态，分为故意和过失。当事人主观上对损害后果的出现持肯定态度的，属故意；当事人主观上对损害后果的出现持否定态度的，属过失。就交通事故而言，故意仅仅指当事人作出违法行为是故意的，对于出现交通事故损害后果而言只能是过失。如果当事人希望或者放任事故后果的出现，其行为应该受到刑罚的制裁。交通事故当事人的过错可分为客观过错和主观过错：

客观过错，是指不管当事人的主观意识状态如何，只要其行为具有明显的违法事实，就构成过错。

主观过错，则主要是指当事人的操作不当、疏忽大意等与主观意识有关的行为和状态。

（2）意外，是指车辆参与交通活动中由不能预见或者不能抗拒的原因引起损害后果的情况。如因山洪暴发、泥石流、地震、台风等自然灾害发生的事故。

成立意外事件的条件：1）必须是不可预见的；2）必须是偶然发生的；3）损害结果的发生必须归因于行为人以外的原因。

4. 损害后果要件

交通事故的定义限定了交通参与人在道路上因过错或者意外造成人身伤亡或者财产损失的事件才是交通事故，因此，处理交通事故的目的也就是解决交通事故所造成的损害后果等问题，即解决当事人因交通事故所产生的法律关系。如果客观上没有损害后果出现，当事人之间就没有产生任何利害关系，也就不能构成交通事故。

5. 过错或者意外与损害后果之间的因果关系要件

因果关系，指的是自然界和人类社会中各种现象之间的联系。它表现为一种现象在一定条件下引起另一种现象的产生。其中，引起一种现象产生的现象就是原因，被引起的现象就是结果。

在交通事故中因果关系表现为，当事人的过错或者意外因素是交通事故损害后果出现的原因，交通事故损害后果的出现是当事人的过错或者意外因素所引起的，即二者之间存在必然联系。如果交通事故损害后果与当事人的过错或者意外事件不构成因果关系，该事件就不能认定为是交通事故。

6. 具有交通性质要件

所谓交通，是指在道路上行进的人和车（物）的空间位置移动。由此可见，“空间位置移动”是交通的目的，在空间位置移动过程中交通参与者具有行驶状态和短暂停止状态，我们说它具有交通性质。例如，行人与交通活动中短暂停止的车辆发生的事故；车辆开动后发生的人员摔伤的事故等，就属于道路交通事故。

在道路上进行的主要是具有交通性质的活动，但是也存在非交通性质的活动。如：在道路上举行体育竞赛、军事演习等活动，它不以“空间位置移动”为目的，所以就不具有交通性质，若因此发生了与车辆有关的事故就不属于法律意义上的交通事故。

综上所述，交通事故必须完全具备上述构成要件，缺一不可，否则是不能作为交通事故对待的。

案例评析

《道路交通安全法》明确规定，交通事故发生在行人与机动车之间、机动车与机动车之间。“车撞狗”超出了这个范畴。但是根据交通事故的定义，只要有财产损害，交警就该管，证件齐全、饲养合法的狗是合法财产。实践中的处理方法是：司机驾车撞死宠物狗，并且没有造成其他人员、车辆损失的，交警通常不会出具法律文书，也不会按照交通事故处理，而是将案件转往当地派出所，由派出所民警进行调解，如调解不成，双方可直接向法院提起民事诉讼。

第二节 交通事故民事赔偿责任主体

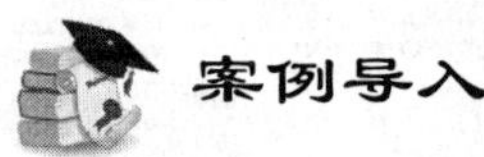

连环购车没有办理过户手续，发生事故谁负责

2006年2月3日，被告梁某驾驶奇瑞QQ汽车与骑电动自行车的刘某相撞，造成刘某重伤，经医院抢救无效于2006年2月10日死亡。2006年2月10日交警中队作出的事故认定书认定，梁某驾驶机动车超速行驶，违反了《中华人民共和国道路交通安全法》第42条第2款的规定，刘某骑电动车转弯时不注意让行直行车辆，违反了《中华人民共和国道路交通安全法》第68条第1项的规定，梁某与刘某负此事故的同等责任。

原告请求各项赔偿的费用共计359 529.97元，梁某驾驶的汽车车主是石油经销公司，石油经销公司于2005年8月30日将该车转让给王某，2005年10月11日王某将该车转让给张某，但该车一直没有办理过户手续，石油经销公司提供了两份车辆转让协议。原告仅仅将梁某和石油经销公司列为被告。

问题：石油经销公司是否承担赔偿责任？

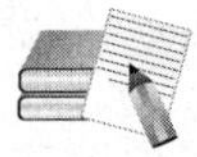
知识讲解

一、民事赔偿责任的划分与确定

1. 交通事故认定书中的责任认定及划分不等同于民事赔偿责任的划分

交通事故认定书中责任认定及划分是对交通事故当事人对事故的过错程度的一种划分及确定，交警部门所作出的责任认定属于一种行政行为，其不能也不是对双方当事人之间民事赔偿责任的划分及认定。同时交警队所作出的认定书中一般不包括机动车辆所有人，但是机动车辆所有人仍然可能是民事赔偿义务主体。我国刑法中关于交通肇事罪刑事责任的认定是以交通事故认定书中责任的划分作为直接依据，但是《道路交通安全法》并没有将交通事故认定书中责任的划分作为民事赔偿责任划分的直接依据，该法明确规定了交通事故民事赔偿责任的划分原则。因此，交通事故认定书中的责任认定及划分并不等同于民事赔偿责任的划分。

2. 机动车之间发生交通事故的民事赔偿责任划分

《道路交通安全法》第76条规定："机动车之间发生交通事故的，由有过错的一方承担赔偿责任；双方都有过错的，按照各自过错的比例分担责任。"机动车之间发生交通事故的，按过错原则确定赔偿责任，对于双方机动车之间的过错程度可以参照交通事故责任认定书中的责任认定确定。

3. 机动车与非机动车驾驶人、行人之间发生交通事故的民事赔偿责任划分

《道路交通安全法》第76条规定："机动车与非机动车驾驶人、行人之间发生交通事故，非机动车驾驶人、行人没有过错的，由机动车一方承担责任；有证据证明非机动车驾驶人、行人有过错的，根据过错程度适当减轻机动车一方的赔偿责任；机动车方没有过错的，承担不超

过百分之十的责任。”可见，机动车与非机动车驾驶人之间发生交通事故的，机动车驾驶人按照无过错原则承担民事赔偿责任，即使机动车驾驶人对交通事故的发生没有任何过错，同样需要承担民事赔偿责任。而非机动车驾驶人、行人只是有条件地按过错原则承担一定的民事赔偿责任，即只有在其违反道路交通安全法律、法规，同时机动车驾驶人已经采取必要的处置措施的情况下，才减轻机动车一方的民事责任。当然，交通事故的损失是由非机动车辆驾驶人、行人故意造成的，则机动车一方不承担责任，由非机动车驾驶人、行人承担全部责任。

二、赔偿义务主体

1. 在机动车第三者责任保险范围内，保险公司属于第一顺序赔偿义务人

《道路交通安全法》第 17 条规定：“国家实行机动车第三者责任险强制保险制度，设立道路交通事故社会救助基金。具体办法由国务院规定。”第 76 条规定：“机动车发生交通事故造成人身伤亡、财产损失的，由保险公司在机动车第三者责任强制保险责任限额范围内予以赔偿”。在司法实践中，已有多起交通事故案件适用这一法律规定，受害人将保险公司列为被告，法院判决直接由保险公司履行赔偿义务。保险公司负有直接的赔偿义务，并不以被保险车辆承担责任作为赔偿的前提，同时保险公司也没有向责任人追偿的权利。

但是保险公司只是在第三者责任险的范围内承担第一顺序赔偿义务，对于机动车辆上的车乘人员、驾驶人员等，其并不属于第三者责任险范围内的其他受害人，保险公司仍然按保险合同规定的程序履行赔偿义务，受害人不能将保险公司列为交通事故赔偿案中的被告，但是可以将其列为第三人。

2. 机动车一方，包括机动车辆驾驶人、车辆所有人、实际控制人

《道路交通安全法》虽然没有采用原来《道路交通事故处理条例》中“车主负有垫付义务”这一规定，但是其关于民事赔偿责任的确定采用的是“机动车一方承担责任”这一表述方式。机动车一方可能涉及的主体有机动车驾驶员、机动车辆所有人、机动车辆实际控制人等。在车辆所有人、车辆实际控制人虽然没有驾驶车辆，但具有过错的情况下，例如将车辆交给无驾驶资格的人驾驶、交给醉酒的人驾驶、将不符合安全行驶标准的车辆交给他人驾驶等情况，车辆所有人、车辆实际控制人有赔偿义务，理论及司法界对这一点都达成了共识。但是在机动车辆所有人、车辆实际控制人没有过错的情况下，其是否需要承担赔偿义务呢？本书的观点是，车辆所有人、车辆实际控制人能够从车辆行驶过程中获取一定利益的（包括间接的利益），对受害人负有赔偿义务。受害人可以要求车辆所有人、车辆实际控制人、车辆驾驶人承担连带赔偿义务。因为不仅车辆所有人、实际控制人能获取一定的利益，而且车辆所有人基于物权对车辆享有最终的控制权，车辆实际控制人也基于与车辆所有人之间的约定而享有一定的控制权。同时在保险公司第三者责任险赔偿范围以外的部分，机动车一方本身就是按无过错原则对非机动车辆驾驶人、行人承担民事赔偿责任的。因此，车辆所有人、车辆实际控制人即使对交通事故无过错，同样也对受害人负有赔偿义务。但是车辆所有人、车辆实际控制人与车辆驾驶人之间又该如何分担民事赔偿责任，需要根据实际情况来确定。①

---

① 参见傅以诺、田文艺、顾方平：《道路交通事故处理一本通》，53～59 页，北京，中国人民公安大学出版社，2011。

（1）受雇人驾驶车辆的情况。

包括有偿的职务行为和无偿的帮工行为。车辆所有人既是实际控制人，又是利益的直接归属者，因此车辆所有人负有民事赔偿义务，受害人可以要求车辆所有人与车辆驾驶人负连带赔偿义务，但机动车辆驾驶人在对受害人履行了赔偿义务之后，根据最高人民法院《关于审理人身损害赔偿案件适用法律若干问题的解释》的相关规定，有权向车辆所有人追偿。在机动车驾驶人有重大过错的情况下，机动车驾驶人自己也需要承担一定的民事赔偿责任。[①]

（2）出借的情况。

车辆所有人将车辆借给他人使用，虽然不能获得直接的利益，但其出借行为或者是基于对借受人以前给予利益的回报，或者是从借受人处获得利益回报，至少出借人能够获得借受人的感谢或者自我的满足。因此受害人可以要求车辆所有人、车辆实际控制人（即借受人）与车辆驾驶人负连带赔偿义务，但在借受人使用的时间内，车辆所有人暂时失去了对车辆行驶情况的控制权，同时借受人是利益的直接归属者，因此借受人负有民事赔偿义务。车辆所有人对受害人履行赔偿义务之后，有权向借受人追偿。

（3）车辆质押的情况。

出质人将车辆质押是为了获取一定的利益，质权人也因此取得了车辆的实际控制权。受害人可以要求车辆所有人、车辆实际控制人（即质权人）与车辆驾驶人负连带赔偿义务。但在质权人使用的时间内，车辆所有人暂时失去了对车辆行驶情况的控制权，同时质权人是利益的直接归属者，因此质权人负有民事赔偿义务。车辆所有人对受害人履行赔偿义之后，有权向质权人追偿。[②]

（4）出租、承包、挂靠的情况。

车辆所有人能够从车辆出租、发包以及挂靠行为中收取一定的租金、承包金和管理费等，获取利益回报。受害人可以要求车辆所有人、车辆实际控制人（包括租用人、承包人）与车辆驾驶人负连带赔偿义务。车辆所有人、车辆实际控制人在对受害人履行赔偿义务之后，可以根据双方之间的租用合同、承包合同、挂靠合同来确定各自的赔偿义务。没有约定或者约定不明确的，出租人、发包人和被挂靠单位在收取的费用范围内承担赔偿责任。

（5）车辆所有人对受害人不承担赔偿义务的情况。

在车辆买卖未过户、分期付款未过户的情况下，车辆名义上的所有人并不是实际所有人，其对车辆没有控制权，也不能从车辆驾驶行为中获取利益，车辆名义上的所有人对受害人不承担民事赔偿义务。最高人民法院《关于连环购车未办理过户手续原车主是否对机动车发生交通事故致人损害承担责任的复函》、最高人民法院《关于购买人使用分期付款购买的车辆从事运输因交通事故造成他人财产损失，保留车辆所有权的出卖方不应承担民事责任的批复》也明确规定了车辆名义上的所有人不承担赔偿责任。[③]

在机动车辆被盗用的情况下，车辆所有人对车辆失去了控制权，更不可能从中获取利益，因此车辆所有人对受害人不用承担民事赔偿义务。最高人民法院在《关于被盗机动车辆肇事后由谁承担损害赔偿责任问题的批复》中明确规定：使用盗窃的机动车肇事，造成被害人物质损

---

① 参见杨文杰：《侵权责任法案解》，42页，北京，中国书籍出版社，2013。

② 参见《交通事故的应急处理与索赔》，39页，北京，北京大学出版社，2010。

③ 参见殷清利：《最新交通事故疑难案件裁判标准与实务解析》，98页，北京，法律出版社，2014。

失的，肇事人应当依法承担损害赔偿责任，被盗机动车的所有人不承担赔偿责任。

机动车辆在送交修理或保管期间被他人擅自使用的情况，可以比照车辆被盗用的情况，机动车辆所有人对受害人不需要承担赔偿责任。因为车辆的行驶并非车辆所有人的真实意思表示，也不是在车辆所有人的控制下所为，车辆所有人也没有从中获取利益。这种情况下应当由修理厂、保管人因保管不善与擅自使用人共同对受害人承担赔偿责任。

3. 非机动车辆驾驶人、行人

非机动车驾驶人、行人对交通事故负有重大过错，而机动车辆驾驶人又采取了必要措施的，非机动车驾驶人、行人对第三者责任险赔偿范围以外的部分，需要承担一定的民事赔偿责任。

案例评析

1. 石油经销公司不承担侵权民事责任

(1) 石油经销公司不是民事诉讼的被告，对事故发生也没有故意或过失即不存在过错，因此不应当对事故承担赔偿责任。依据法庭调查查明的事实，石油经销公司是车辆的出售方和名义户主，但对车辆的运营和使用没有任何支配权，公司没有从事具体的交通行为，更不是交通肇事的主体。本案中，肇事车辆的运营是由实际车主张某控制的。石油经销公司自始至终对事故发生不知情，对事件的发生，石油经销公司的意志没有发挥任何作用。按照我国法律规定，交通肇事在民法意义上是一种过失侵权行为，或因为过于自信，或因为疏忽大意。本案中，石油经销公司的意志对交通事故的发生没有起到任何作用，所以也不存在过失，当然就不应当承担过错的侵权责任。①

(2) 交通行为不是我国民法规定的无过错侵权责任行为，在我国法律中过错民事责任和无过错民事责任是被严格区分的，法律对无过错民事责任行为明确列举，所以石油经销公司在本案中也不承担无过错的侵权责任。

2. 石油经销公司承担民事责任没有法律根据

依照我国《道路交通安全法》(第 76 条) 及国务院的实施条例的规定，可能涉及石油经销公司的责任主体是“机动车一方”，但自上述两部法律、法规生效以来没有任何有效的立法或司法解释甚至规章对“机动车一方”的概念加以明确，对“机动车一方”是否包括车辆销售方、名义的或者实际的车主等作出明确的回答。在我国目前所谓“机动车一方”还没有明确的内涵，若依据上述规定即判令石油经销公司承担事故责任是没有法律依据，至少没有明确法律依据。可见，《道路交通安全法》第 76 条中的“机动车一方”的概念是模糊的，应该尽快作出明确解释，以有效保护受害人的合法权益。

3. 名义车主不承担法律责任

(1) 最高人民法院 (2001) 民一他字第 32 号关于江苏省高级人民法院《关于连环购车未办理过户手续，原车主是否对机动车发生交通事故致人损害承担责任的请示》的复函：连环购车未办理过户手续，因车辆已交付，原车主既不能支配该车的运营，也不能从该车的运营中获得利益，故原车主不应对机动车发生交通事故致人损害承担责任，但是连环购车未办理过户手

① 参见陈枝辉：《机动车与交通事故疑难案件裁判要点与依据》，101 页，北京，法律出版社，2013。

续的行为，违反行政管理法规的，应受其规定的调整。[①]

(2) 最高人民法院研究室《关于如何认定买卖合同中机动车财产所有权转移时间问题的复函》(2000年12月25日，法研［2000］121号)：关于如何认定买卖合同中机动车财产所有权转移时间问题，需进一步研究后才能作出规定，但请示中涉及的具体案件，应认定机动车所有权从机动车交付时起转移。[②]

(3)《公安部关于确定机动车所有权人问题的复函》(公交管（2000）98号)：根据现行机动车登记法规和有关规定，公安机关办理的机动车登记，是准予或者不准予上道路行驶的登记，不是机动车所有权登记。为了交通管理工作的需要，公安机关车辆管理所在办理车辆牌照时，凭购车发票或者人民法院判决、裁定、调解的法律文书等机动车来历凭证确认机动车的车主。因此，公安机关登记的车主，不宜作为判别机动车所有权的依据。另外，公安部2001年1月4日发布的《机动车登记办法》第52条规定：机动车所有权转移时，原机动车所有人应当将《机动车登记证》随车交给现机动车所有人。

根据上述两解释一复函及我国有关法律规定，在我国，车辆是一种动产，一般情况下，车辆的实际控制人是所有权人，但也有例外。从车辆所有权的取得来看，根据上述公安部的复函，公安机关登记的车辆所有权人实际上主要是从行政管理方便的角度确定的，所以，判断真正车主不能仅以行车证的“户主”为准，应当根据案件的具体情况。这就意味着机动车产权的转移并不是以公安部门的登记变更为准。从民法理论上说，机动车被认为是普通动产，应以交付作为产权转移的全部条件。我国《民法通则》第72条规定：按照合同或者其他合法方式取得财产的，财产所有权从财产交付时起转移，法律另有规定或者当事人另有约定的除外。机动车无疑是财产的一种形式。我国没有关于机动车产权的专门法律，对机动车的管理是依据国务院的法规或公安部的规章。所以，严格说来，机动车就是普通的财产，应当以没有特殊约定的交付作为权利转移的充要条件。这才是法律的本意。习惯中，以机动车的登记车主为车辆的所有权人的做法实际是没有法律依据且有悖于有关法律规定的。同样根据我国民法通则规定，财产转移后，财产的使用风险也随之转移，原财产所有人不承担继受财产所有权人使用财产的风险。同理，根据司法解释，连环购车的情况下，原车主对机动车发生交通事故不承担责任。判断承担责任的实际车主的标准是：是否“支配该车的运营”，是否“从该车的运营中获得利益”，而不是车辆的注册登记情况。再同理，由于出卖方虽然是登记车主，但车辆已交付，产权已转移，出卖方不能控制车辆，不能“支配该车的运营”，不能“从该车的运营中获得利益”，而实际车主即购买方恰恰相反，他实际控制了车辆及其运营，所以应当承担车辆运营的全部风险。

本案中，出卖方石油经销公司虽然是登记车主，但车辆已交付，产权已转移，出卖方不能控制车辆，不能“支配该车的运营”，不能“从该车的运营中获得利益”，而实际车主即购买方恰恰相反，他实际控制了车辆及其运营，相应地，应当承担车辆运营的全部风险，由此司法解释确定由车辆的实际控制人承担事故责任。[③]

上述法律虽然针对的都是具体的司法实践和法律适用问题，但综合看，其法理和精神实

---

① 参见唐柏树、奚晓明：《道路交通事故赔偿纠纷》，2版，29页，北京，法律出版社，2013。

② 参见江必新：《裁判规则与法律实务系列：道路交通事故损害赔偿》，101页，北京，法律出版社，2014。

③ 参见单明：《最新道路交通事故索赔指南与赔偿计算标准》，98～100页，北京，中国法制出版社，2012。

质是十分一致的，即：交通事故是一种运营责任，车辆是普通动产，遵循动产的取得、转移和使用风险承担法律原则，应由实际使用人承担使用风险，仅仅是名义或者行政登记的所有权人不承担使用风险。这个结论是和我国的基本民法原理相契合的，也是我国民法典的立法方向。

延伸阅读

1.《中华人民共和国道路交通安全法》(2003 年 10 月 28 日第十届全国人民代表大会常务委员会第五次会议通过；根据 2007 年 12 月 29 日第十届全国人民代表大会常务委员会第三十一次会议《关于修改〈中华人民共和国道路交通安全法〉的决定》第一次修正，根据 2011 年 4 月 22 日第十一届全国人民代表大会常务委员会第二十次会议《关于修改〈中华人民共和国道路交通安全法〉的决定》第二次修正，自 2011 年 5 月 1 日起施行)。

2. 最高人民法院《关于审理人身损害赔偿案件适用法律若干问题的解释》(2003 年 12 月 4 日最高人民法院审判委员会第 1299 次会议通过，2003 年 12 月 26 日颁布，自 2004 年 5 月 1 日起实施)。

第三节 交通事故的赔偿

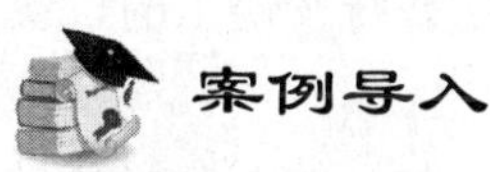

案例导入

交通事故如何赔偿

2012 年 2 月 3 日，被告姜某驾驶汽车（已缴“交强险”）与骑电动自行车的黄某相撞，造成黄某受重伤，经医院抢救无效于 2012 年 2 月 10 日死亡。2012 年 2 月 10 日公安交通管理局对该事故作出责任认定，姜某与黄某负此事故的同等责任。

黄某在医院花费医疗费 22 406.17 元，其中被告姜某垫付 19 000 元，原告提供医疗单据证明；黄某误工 8 天，误工费 1 356.8 元，原告提供黄某工作单位证明证实黄某月工资 5 088 元；黄某住院期间三人护理费 2 880 元；住院伙食补助费 120 元；被扶养人生活费共计 162 932 元，其中黄某之子抚养费 46 552 元，黄某母亲生活费 58 190 元，黄某父亲生活费 58 190 元；六个月丧葬费 6 462 元；死亡补偿费为 159 020 元；精神损失费为 20 000 元；电动车损失 2 663 元；鉴定费 190 元；交通费 500 元。以上共计 359 529.97 元（不包括姜某垫付的 19 000 元）。以上事实，原告提交责任认定书、医院诊断证明书、医疗费单据、交通费等票据予以证明。另外，汽车损失 5 000 元。

问题：(1) 保险公司怎么赔偿？(2) 被扶养人生活费怎么赔偿？

知识讲解

一、交通事故人身损害赔偿标准

交通事故当中赔偿义务人（肇事者、保险公司）给予受害者的赔偿所包含的项目，主要包

括：医疗费、误工费、护理费、交通费、住宿费、住院伙食补助费、必要的营养费；受害人因伤致残的，残疾赔偿金、残疾辅助器具费、被扶养人生活费，以及因康复护理、继续治疗实际发生的必要的康复费、护理费、后续治疗费；受害人死亡的，还应当赔偿丧葬费、被扶养人生活费、死亡补偿费以及受害人亲属办理丧葬事宜支出的交通费、住宿费和误工损失等其他合理费用；受害人或者死者近亲属遭受精神损害，赔偿权利人可以向人民法院请求赔偿精神损害抚慰金。

1. 医疗费（挂号费、医药费、检查费、住院费、其他）

医疗费根据医疗机构出具的医药费、住院费等收款凭证，结合病历和诊断证明等相关证据确定。赔偿义务人对治疗的必要性有异议的，应当承担相应的举证责任。

医疗费的赔偿数额，按照一审法庭辩论终结前实际发生的数额确定。器官功能恢复训练所必要的康复费、适当的整容费以及其他后续治疗费，赔偿权利人可以待实际发生后另行起诉。但根据医疗证明或者鉴定结论确定必然要发生的费用，可以与已经发生的医疗费一并予以赔偿。①

2. 误工费

误工费根据受害人的误工时间和收入状况确定。

误工时间根据受害人接受治疗的医疗机构出具的证明确定。受害人因伤残持续误工的，误工时间可以计算至定残日前一天。

受害人有固定收入的，误工费按照实际减少的收入计算。受害人无固定收入的，按照其最近三年的平均收入计算；受害人不能举证证明其最近三年的平均收入状况的，可以参照受诉法院所在地相同或者相近行业上一年度职工的平均工资计算（对于收入超过法定纳税数额的，需要出具纳税证明等相关材料）。

3. 护理费

护理费根据护理人员的收入状况和护理人数、护理期限确定。

护理人员有收入的，参照误工费的规定计算；护理人员没有收入或者雇用护工的，参照当地护工从事同等级别护理的劳动报酬标准计算。护理人员原则上为1人，但医疗机构或者鉴定机构有明确意见的，可以参照确定护理人员人数。

护理期限应计算至受害人恢复生活自理能力时为止。受害人因残疾不能恢复生活自理能力的，可以根据其年龄、健康状况等因素确定合理的护理期限，但最长不超过20年。

受害人定残后的护理，应当根据其护理依赖程度并结合配置残疾辅助器具的情况确定护理级别（护理费一般原则是1人的费用，除非存在医嘱）。②

4. 交通费

交通费根据受害人及其必要的陪护人员因就医或者转院治疗实际发生的费用计算。交通费应当以正式票据为凭；有关凭据应当与就医地点、时间、人数、次数相符合（最好在票面上予

① 参见吴文学：《交通事故纠纷取证技巧与赔偿标准》，98～100页，北京，中国法制出版社，2013。

② 参见《交通事故法律全书：定责、处理、鉴定、赔偿（实用版）》，101页，北京，法律出版社，2013。

以注明；按当事人实际必需的费用计算；凭据支付）。

5. 住宿费

住宿费指道路交通事故发生后，受害人以及参加处理交通事故的当事人亲属在去往医院进行诊疗、转院以及处理交通事故相关事宜的过程中所发生的住宿费用。由赔偿义务人按照一定的标准对该项费用进行一定程度的赔偿（住宿费不包括受害人住院支出的床位费）。

6. 补助费

住院伙食补助费可以根据当地国家机关一般工作人员的出差伙食补助标准予以确定。

受害人确有必要到外地治疗的，因客观原因不能住院，受害人本人及其陪护人员实际发生的住宿费和伙食费，其合理部分应予赔偿（原则按照国家公务人员出差标准计算）。

7. 营养费

营养费是指受害人为辅助治疗或使身体尽快康复而购买日常饮食以外的营养品所支出的费用。受害人是否需要补充营养，应根据治疗医院或法医的意见确定。营养费给付标准可根据受害人实际需要补充营养的情况酌定（根据受害人伤残情况参照医疗机构的意见确定）。

8. 赔偿金

（1）残疾赔偿金

残疾赔偿金是指对受害人因人身遭受损害致残而丧失全部或者部分劳动能力的财产赔偿。根据受害人丧失劳动能力的程度或者伤残等级，按照受诉法院所在地上一年度城镇居民人均可支配收入或者农村居民人均纯收入标准，自定残之日起按20年计算。但60周岁以上的，年龄每增加1岁减少1年；75周岁以上的，按5年计算。[①]

受害人因伤致残但实际收入没有减少，或者伤残等级较轻但造成职业妨害严重影响其劳动就业的，可以对残疾赔偿金作相应的调整。

残疾赔偿金的确定标准分为城镇居民人均可支配收入标准和农村居民人均收入标准。二者差别较大，由于很多人法律意识的淡薄，造成很多人的合法权益得不到维护。法院实际审判时，对于户籍方面，审查比较严格，需要有相关的证据进行印证，才能认可按照城市户籍进行赔偿。

（2）死亡赔偿金

根据最高人民法院《关于审理人身损害赔偿案件适用法律若干问题的解释》第29条规定，死亡赔偿金按照受诉法院所在地上一年度城镇居民可支配收入或者农村居民人均纯收入标准，按20年计算。但60周岁以上的，年龄每增加1岁减少1年；75周岁以上的，按5年计算。

9. 残疾辅助器具费

残疾辅助器具费按照普通使用器具的合理费用标准计算。伤情有特殊需要的，可以参照辅助器具配制机构的意见确定相应的合理费用标准。

辅助器具的更换周期和赔偿期限参照配制机构的意见确定。

10. 丧葬费

丧葬费按照受诉法院所在地上一年度职工平均工资标准，以6个月总额计算。

11. 被扶养人生活费

被扶养人生活费根据扶养人丧失劳动能力程度，按照受诉法院所在地上一年度城镇居民人

---

① 参见罗灿：《交通事故索赔技巧和赔偿计算标准》（修订版），56～60页，北京，法律出版社，2012。

均消费性支出和农村居民人均年生活消费支出标准计算。被扶养人为未成年人的，计算至18周岁；被扶养人无劳动能力又无其他生活来源的，计算20年。但60周岁以上的，年龄每增加1岁减少1年；75周岁以上的，按5年计算。

被扶养人是指受害人依法应当承担扶养义务的未成年人或者丧失劳动能力又无其他生活来源的成年近亲属。被扶养人还有其他扶养人的，赔偿义务人只赔偿受害人依法应当负担的部分。被扶养人有数人的，年赔偿总额累计不超过上一年度城镇居民人均消费性支出额或者农村居民人均年生活消费支出额。[①]

二、赔偿程序

（一）调解

经公安机关交通管理部门调解，当事人未达成协议或者调解书生效后不履行的，当事人可以向法院提起民事诉讼。调解建立在双方自愿的基础上，调解不是必经程序。

（二）诉讼

1. 一审

（1）起诉

1）向有管辖权的法院立案庭递交诉状。

2）立案审查。

3）符合立案条件的，通知当事人7日内交诉讼费，交费后予以立案。

4）不符合立案条件，裁定不予受理或裁定驳回起诉。对裁定不予受理、裁定驳回起诉不服的，可10日内向上级人民法院提出上诉。

5）案件受理后，排期开庭，提前3日通知当事人开庭时间、地点、承办人；公开审理的案件提前3日进行公告。

（2）开庭审理

1）宣布开庭，核对当事人身份，宣布合议庭成员，告知当事人权利义务，询问是否申请回避。

2）法庭调查：当事人陈述案件事实。

3）举证、质证：告知证人的权利义务，证人作证，宣读未到庭的证人证言，出示书证、物证和视听资料；双方当事人就证据材料发表意见。

4）法庭辩论：各方当事人就有争议的事实和法律问题，进行辩驳和论证。

5）法庭调解：在法庭主持下，双方当事人协议解决纠纷，达成调解协议，制作调解书，双方当事人在调解笔录上签字后生效（注意：只要在调解笔录上签字，调解协议就生效，而不是在领调解书时才生效）。

6）当事人履行调解书内容或申请执行。

7）未达成调解协议的，由合议庭合议作出裁决并宣判。

8）同意判决：当事人自动履行裁判文书确定的义务或向法院提出执行申请。

9）不同意裁判：不服裁定的，自送达之日起10日内向上级人民法院提出上诉；不服判决

---

① 参见梁展欣：《道路交通事故损害赔偿纠纷办案指南》，101页，北京，人民法院出版社，2013。

的，自送达之日起15日内向上级人民法院提出上诉。

2. 二审

（1）立案：当事人不服一审法院判决或裁定，在法定期限内向一审法院或上级人民法院提出上诉。

（2）开庭：提前3日通知当事人开庭时间、地点、承办人，公开审理的案件提前3日公告。

（3）宣布开庭，核对当事人身份，宣布合议庭成员，告知当事人权利义务，询问是否申请回避。

（4）法庭调查：当事人陈述案件事实。

（5）举证质证：告知证人的权利义务，证人作证，宣读未到庭的证人证言，出示书证、物证和视听资料；双方当事人就证据材料发表意见。

（6）法庭辩论：各方当事人就有争议的事实和法律问题，进行辩驳和论证。

（7）法庭调解：在法庭主持下，双方当事人协议解决纠纷，达成调解协议；制作调解书，双方当事人签字后生效。

（8）合议庭合议作出裁决：

1）维持原判；

2）改判；

3）发回重审。

宣判后，当事人自动履行裁判文书确定的义务或向一审法院申请执行。

对判决不服可申请再审。但申诉不影响执行。

三、交通事故赔偿所需资料

发生交通事故理赔纠纷后，交通事故赔偿案件立案需准备以下资料：

（一）证明原、被告主体资格的证据

1. 原告为自然人的，应提交身份证明资料，如身份证、户口簿等。

2. 原告为法人或其他组织的，应提交主体登记资料，如工商营业执照副本或工商登记机关出具的工商登记清单、社团法人登记证等。

3. 原告在诉争的法律事实发生后曾有名称变更的，应提交变更登记资料。

4. 当事人为道路交通事故损害赔偿纠纷中死者家属的，应提交作为死者第一顺序继承人的证明及继承人基本情况的证明。

5. 提交肇事车辆的所有人、实际支配人、驾驶人的证明及相关关系的证明。

6. 提供受损车辆的所有人、实际支配人、驾驶人的证明及相互关系的证明。

（二）证明具有诉讼及代理资格的证据

1. 原告为法人或其他组织的，应提交法定代表人身份证明书或负责人证明书（加盖公章）。

2. 原告委托他人代为诉讼的，应提交由委托人签名或盖章的授权委托书，委托书应写明委托事项、权限、期限及联系电话，并提交代理人身份证明复印件，代理人为执业律师的，应提交执业证复印件。

3. 原告为香港居民或涉台、澳及其他地区、国家的当事人委托国内执业律师代为诉讼的，应按照司法部的规定办理公证委托手续。

（三）证明双方当事人发生交通事故及其他证明诉讼请求的证据

1. 交通肇事损害赔偿诉讼应提交公安交通管理部门处理交通事故的责任认定书、交通事故赔偿调解书或调解终结等证明材料。

2. 法医鉴定材料、交通事故伤残评定书或伤残重新评定书。

3. 人身受损的，应提交医院出具的疾病证明书、出院证明书、转院证明书、医疗费发票、伤者误工工资证明、护理人员的工资证明、残疾辅助用具价格证明、供养人的基本情况证明、交通费和住宿费发票等。

4. 财物受损的，应提交财物损失评估报告，维修发票。

5. 提供诉讼请求中具体请求金额的计算方法和清单。

案例评析

1. 道路交通安全法规定了机动车第三者责任险强制保险制度，保险公司无条件地负有第一顺序赔偿义务，即承保交强险的保险公司在责任限额范围内予以赔偿。

2. 黄某的妻子及父母是否应获得被扶养人生活费？最高人民法院《关于审理人身损害赔偿案件适用法律若干问题的解释》第28条第2款规定："被扶养人是指受害人依法应当承担扶养义务的未成年人或者丧失劳动能力又无其他生活来源的成年近亲属。被扶养人还有其他扶养人的，赔偿义务人只赔偿受害人依法应当负担的部分。被扶养人有数人的，年赔偿总额累计不超过上一年度城镇居民人均消费性支出额或者农村居民人均年生活消费支出额。"

（1）第一种理解

本案死者的妻子及父母不属于受害人依法应当承担扶养义务的、丧失劳动能力又无其他生活来源的成年近亲属，因为最高人民法院的司法解释明确规定，受害人承担扶养义务的成年近亲属必须满足两个条件：一是丧失劳动能力，二是无其他生活来源。本案死者的妻子及父母不符合既丧失劳动能力又无其他生活来源这一充分必要条件。

（2）第二种理解

本案死者的妻子及父母属于丧失劳动能力又无其他生活来源的成年近亲属。因为夫妻之间有互相扶养的义务，死者对其父母当然也有扶养的义务。不能单从法律条文的字词上理解，应该以人为本，从这一原则出发，保护受害人的权益。所以本案死者的妻子及父母属于丧失劳动能力又无其他生活来源的成年近亲属，应该得到被扶养人生活费。

本书认为这是由于司法解释的模糊造成的，"丧失劳动能力又无其他生活来源的成年近亲属"单从字面上理解应该是充分必要条件，既满足了丧失劳动能力又满足无其他生活来源条件才算是司法解释中的被扶养人；但是从以人为本角度看，应该保护受害方的权益。可见二者是矛盾的，应该对"被扶养人"尽快作出具体解释。

《道路交通安全法》和最高人民法院《关于审理人身损害赔偿案件适用法律若干问题的解释》充分体现了以人为本的理念，但是其中的有些条文有待作出详细的、具体的解释以明确其内涵，保护受害人的合法权益，使受害人得到合情、合理、合法的赔偿。

延伸阅读

1. 城镇居民标准

(1) 概念

城镇居民标准，是指受害人是城镇居民的，残疾赔偿金和死亡赔偿金按照城镇居民人均可支配收入计算；被扶养人生活费按照城镇居民人均消费性支出计算。

(2) 城镇居民人均可支配收入

城镇居民人均可支配收入是计算受害的城镇居民的残疾赔偿金和死亡赔偿金的标准。城镇居民人均可支配收入是一个年度核算指标，它反映的是全国或一个地区城镇居民的平均收入水平。

城镇居民可支配收入是通过居民家庭日常获得的总收入计算得来的。家庭总收入包括家庭成员所从事的主要职业的工资以及从事第二职业、其他兼职和偶尔劳动得到的劳动收入、经营净收入、财产性收入、转移性收入。经营净收入是指家庭成员从事生产经营活动所获得的净收入。财产性收入是指利息红利、房租收入等。居民可支配收入，是指在居民家庭总收入中扣除居民不可自由支配的部分，即个人所得税、公积金、养老基金、医疗基金、失业基金等，这些属于居民家庭成员必须缴纳的刚性支出，因此这部分名义收入必须予以扣除，余下的即为居民可以用来自由支配的收入。用公式表示是：

城镇居民可支配收入＝城镇居民家庭总收入－所得税－个人交纳的社会保障支出

(3) 城镇居民人均消费性支出

城镇居民人均消费性支出是计算城镇居民被扶养人生活费的标准。

城镇居民人均消费性支出，是指城镇居民用于日常生活的全部支出，包括购买商品支出和文化生活、服务等非商品性支出，不包括罚没、丢失款和缴纳的各种税款（如个人所得税、牌照税、房产税等），也不包括个体劳动者生产经营过程中发生的各项费用。

(4) 城镇居民

城镇居民有广义和狭义之分。广义的城镇居民，泛指在城镇居住、生活的人。既包括具有城镇户口的居民，也包括没有城镇户口但是其已经在城镇居住、工作、生活达到一定期限，而且其经济收入来源于城镇的人员。因此，是否属于“城镇居民”并不以或并不仅仅以户口为标志。

狭义的“城镇居民”，是指城镇常住人口，即在城镇居住，在城镇有固定的职业和稳定的收入及生活来源并且具有城镇户口或户籍的人员。狭义的“城镇居民”具有城镇户口。城镇户口包括“自理口粮户口”、“蓝印户口”、“地方城镇居民户口”等非农业户口。因此，“城镇居民”所包含的主体范围比“非农业人口”要广得多。

2. 农村居民标准

农村居民标准，是指受害人是农村居民的，残疾赔偿金和死亡赔偿金按照农村居民人均纯收入计算；被扶养人生活费按照农村居民人均年生活消费支出计算。

(1) 农村居民人均纯收入

农村居民人均纯收入是计算受害的农村居民的残疾赔偿金和死亡赔偿金的标准。农村居民人均纯收入是一个年度核算指标，它反映的是全国或一个地区农村居民的平均收入水平。

农村居民纯收入是农村住户当年从各个来源得到的总收入相应地扣除有关费用性支出后的收入总和。具体是农村居民家庭总收入扣除当年的家庭经营费用支出、交纳的各种税费、生产性固定资产折旧及农村内部亲友间赠送支出后的收入总和。农村居民家庭总收入包括工资性收入、家庭经营收入、财产性收入、转移性收入。

(2) 农村居民人均年生活消费支出

农村居民人均年生活消费支出是计算农村居民被扶养人生活费的标准。

农村居民人均年生活消费支出，是指农村常住居民家庭用于日常生活的全部开支，是反映和研究农民家庭实际生活消费水平的重要指标。

(3) 农村居民

农村居民，是指具有农业户口且在农村居住、生活并以农业生产为自己生活来源的人员，即农村常住人口。农村居民仅是“农业户口”人员中的一部分人员。

知识点思维导图

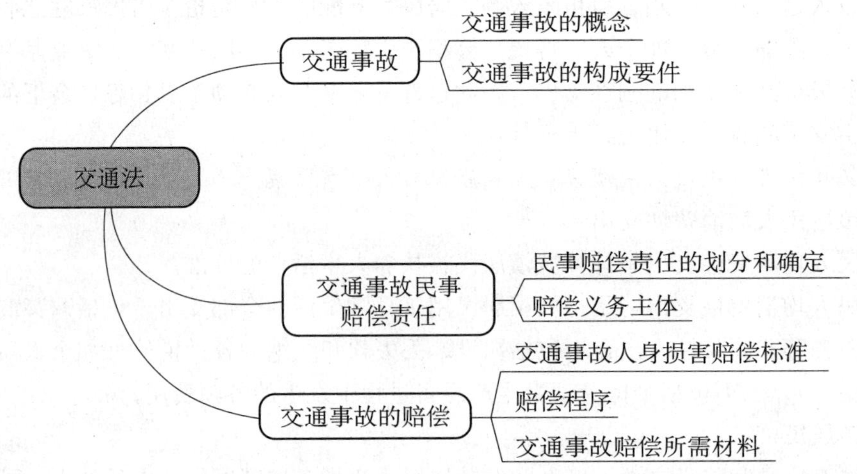

实战练习

一、选择题

1. 在道路上发生交通事故，造成人身伤亡的，驾驶人应当（　　）。

A. 立即抢救受伤人员，并迅速报告执勤的交通警察或者公安机关交通管理部门

B. 迅速将车移到安全的地方

C. 撤离现场，自行协商处理损害赔偿事宜

D. 先检查车辆受损情况

2. 醉酒后驾驶机动车的，由公安机关交通管理部门（　　）。

A. 约束至酒醒　　B. 处15日以下拘留

C. 暂扣3个月以上6个月以下机动车驾驶证　　D. 并处500元以上2 000元以下罚款

3. 交通事故认定书的责任有（　　）。

A. 全部责任　　B. 主要责任　　C. 同等责任　　D. 次要责任

4. 交通事故认定书应当载明交通事故的（　　），并送达当事人。

A. 基本事实　　B. 形成原因　　C. 当事人的责任　　D. 直接经济损失

5. 下列有关交通事故的说法正确的是（　　）。

A. 交通事故认定书是公安交通管理部门作出的

B. 交通事故认定书的结论具有拘束力

C. 交通事故认定书的结论具有执行力

D. 交通事故认定书的性质是民事证据

二、案例分析

2013年7月3日，张某驾驶冀J××号大货车（车主为李某，该车在保险公司已投保），顺某市北二环由西向东行驶至石青路交叉口东侧50米处时，将在同向行驶的杜某驾驶的冀A××号二轮摩托车（后座上是陈某）撞倒，并造成摩托车驾驶人杜某及其乘车人陈某受伤。张某驾车继续向前行驶时，被杜某乘坐的其他车辆拦截后停车。交通事故认定书认定：张某负全部责任，杜某、陈某无责任。事故发生后某市公安交通管理局某事故中队于2013年7月9日主持调解并制定了调解书，但事后被告人不履行。于是原告请求法院依法判决被告偿付原告医药费、交通费、误工费、护理费、住院伙食补助费、营养费、摩托车损失费、鉴定费、衣物损失费、施救费、残疾赔偿金。

问题：

1. 杜某、陈某应以谁为被告起诉？

2. 某市公安交通管理局某事故中队可以不调解吗？调解的前提是什么？调解和诉讼是什么关系？

3. 本案原告若想获得法院支持，应提供哪些证据？

第七章 劳动法

学习目标： 了解劳动法基本知识，掌握我国劳动法适用范围；掌握劳动合同的订立、履行、解除、终止，劳动合同的效力等基本知识；了解劳动争议的处理方式，掌握劳动仲裁的基本知识；能用劳动法基本知识分析实践中的简单案例。

第一节 劳动法概述

案例导入

案例一

某企业派人前往某超市购买劳动防护用品，看完样品后，双方订立了一份购货合同。超市交货后，企业安全科对其中的工作服、面罩等进行检查，发现不符合国家有关质量标准，遂与超市进行交涉，要求更换或退货。但超市却坚持认为，提供的货物与样品并无多大差别，拒绝了企业提出的要求。于是，双方发生争议。

案例二

孔某是企业的职工，家庭条件差，为了给孩子支付上大学的学费，向其工作的企业借了一笔钱，并写了借条，约定半年后还清。半年过后，孔某未能按照约定还款，请求企业能够延期，可是企业坚持要求孔某按协议偿还债务。双方因此产生了争议。

问题：分析上述案例是否适用劳动法?

知识讲解

一、劳动法的概念

劳动法是调整劳动关系以及与劳动关系密切联系的其他社会关系的法律规范的总称，是融实体法和程序法为一体的劳动法律规范的总称。

二、劳动关系的特征

(1) 劳动关系的当事人一方是劳动者，另一方是用人单位；

(2) 劳动关系产生于劳动过程；

(3) 劳动关系兼有人身与财产双重关系的属性;

(4) 劳动关系具有纵向关系与横向关系相互交错的特征。

三、劳动法的调整对象

1. 劳动关系

劳动关系即人们在从事劳动过程中发生的社会关系。这种关系的发生、变更和终止,以及当事人双方在劳动过程中的权利、义务及劳动条件均应依法处理。

2. 与劳动关系密切联系的其他社会关系

(1) 劳动行政法律关系;

(2) 劳动服务法律关系;

(3) 工会活动法律关系。

四、我国劳动法的主体

一般主体

用人单位	劳动者		是否适用劳动法
各种类型企业	劳动者		适用
个体经济组织	劳动者		适用
国家机关	公务员		不适用
	非公务员	工勤人员	适用
		其他劳动者	适用
社会团体	非工作人员	工勤人员	适用
		其他劳动者	适用
	工作人员		不适用
企业化管理的事业单位	劳动者		适用
比照公务员管理的事业单位	工作人员		不适用
	非工作人员		适用

特殊主体

人员	类型	是否适用劳动法
农村劳动者	企业职工	适用
	经商的农民	适用
	务农的农民	不适用
现役军人		不适用
家庭保姆		不适用
外国人	享有外交特权和豁免权的	不适用
	企业就业的	适用

由上述两表可知:

1. 我国劳动法的适用对象

(1) 在中华人民共和国境内的企业、个体经济组织和与之形成劳动关系的劳动者。在中国境内的企业、个体经济组织与劳动者之间,只要形成劳动关系,即劳动者事实上已成为企业、个体经济组织的成员,并为其提供有偿劳动,不论他们之间是否订立劳动合同都适用《劳动法》。

（2）国家机关（各类国家行政、立法、司法机关，党的机关、政协机关，参政党机关和参政团体机关等）、事业组织（文化、教育、卫生、科研等非营利性单位）、社会团体（行业协会、学会、研究会、基金会、商会等民间组织）实行劳动合同制度的以及按规定应实行劳动合同制度的工勤人员；其他通过劳动合同与国家机关、事业组织、社会团体建立劳动关系的劳动者，适用《劳动法》。

（3）实行企业化管理的事业组织的人员适用《劳动法》。实行企业化管理的事业组织是指国家不再核拨经费，实行独立核算、自负盈亏的事业组织。①

2. 我国劳动法不适用的对象

公务员、农村劳动者（乡镇企业职工和进城务工、经商的农民除外）、现役军人和家庭保姆、在中华人民共和国境内享有外交特权和豁免权的外国人等不适用我国《劳动法》。②

案例评析

案例一属于买卖合同法律关系；案例二属于借款合同法律关系。

两个案例都不适用劳动法。

第二节　劳动合同及其订立

案例导入

劳动合同与雇佣合同法律关系

2000年11月7日，刘某雇用两名外地人为她家收割晚稻。当天下午3时许，刘某与两名雇工一起拉一辆装有稻谷和打谷机的板车回家，拉到一下坡路程时，因在前面拉车的雇工没有控制好车头，刘某和另一名雇工在后面也没能拖住车尾，致使板车滑坡失控，快速撞向坡下老人亭里，板车前脚撞中了在亭内摆摊的林某腹部，致使林某当即休克，被送往医院抢救。林某伤情诊断为：腹部闭合性挫伤，膈肌破裂、脾破裂、腹壁挫裂伤、腹膜呈血肿、外伤性血气胸。事故发生后，两名雇工即逃离，且身份和下落皆不明。林某住院治疗至12月27日出院，共花去医疗费5 747.03元。刘某已给付575元。为此，林某向人民法院提起诉讼，要求刘某赔偿医疗费。刘某则辩称，板车失控撞伤林某，是两名雇工操作错误造成的，雇工是承包割稻的，故应由雇工负赔偿责任。

问题：（1）本案是否受《劳动法》调整？（2）本案的赔偿责任是由刘某承担还是由刘某的雇工承担？

知识讲解

一、劳动合同

劳动合同是劳动者与用人单位确立劳动关系、明确双方权利义务的协议；雇佣合同，是当

① 参见《中华人民共和国劳动法注释本》，97页，北京，法律出版社，2012。

② 参见王桦宇：《劳动合同法实务操作与案例精解》，增订6版，150页，北京，中国法制出版社，2013。

事人双方约定一方为他人提供劳务，他方给付报酬的合同。两者均以当事人之间相对立的意思的合意而成立；两者均以劳动的给付为目的；两者均为双务有偿合同。[①] 但区别在于：

1. 两者的性质不同

雇佣合同，当事人之间是彼此独立的，不存在从属关系。劳动合同，劳动者作为用人单位的一员，从属于用人单位，受用人单位的管理。

2. 合同的主体不同

雇佣合同，其主体为自然人。劳动合同，其主体具有特定性，一方为用人单位，另一方是劳动者。用人单位包括企业、个体经济组织、国家机关、事业组织、社会团体。

3. 法律救济的手段、方式不同

因雇佣合同发生的纠纷，可直接向人民法院起诉，诉讼时效为 2 年。因劳动合同发生的纠纷，必须先向劳动争议仲裁委员会申请仲裁，对仲裁裁决不服的，方可向人民法院起诉。申请仲裁的时效期间为 60 天。

4. 处理争议适用的法律不同

雇佣合同适用《民法通则》和《合同法》；劳动合同适用《劳动法》，只有在劳动法没有规定的情况下，才适用《民法通则》和《合同法》。

5. 责任后果不同

雇佣合同所产生的责任主要是民事责任——侵权责任和违约责任；而劳动合同还会产生行政责任。

6. 当事人的权利义务不同

劳动合同的履行贯穿着国家干预，为了保护劳动者，《劳动法》强加给用人单位比较多的义务：必须为劳动者缴纳养老保险、医疗保险、失业保险。这是用人单位必须履行的法定义务。而雇佣合同则无此规定。

二、劳动合同的订立

1. 用人单位自用工之日起即与劳动者建立劳动关系。建立劳动关系，应当订立书面劳动合同。用人单位与劳动者在用工前订立劳动合同的，劳动关系自用工之日起建立。[②]

2. 加重用人单位订立书面劳动合同的责任。具体表现为：

(1) 自用工之日起 1 个月内，经用人单位书面通知后，劳动者不与用人单位订立书面劳动合同的，用人单位应当书面通知劳动者终止劳动关系，无须向劳动者支付经济补偿，但是应当依法向劳动者支付其实际工作时间的劳动报酬。

(2) 用人单位自用工之日起超过 1 个月不满 1 年未与劳动者订立书面劳动合同的，应当向劳动者每月支付两倍的工资，并与劳动者补订书面劳动合同。

(3) 前述规定的用人单位向劳动者每月支付两倍工资的起算时间为自用工之日起满 1 个月的次日，截止时间为补订书面劳动合同的前一日。

(4) 用人单位自用工之日起满 1 年未与劳动者订立书面劳动合同的，自用工之日起满 1 个月的次日至满 1 年的前 1 日应当依照《劳动合同法》第 82 条的规定向劳动者每月支付两倍的工资，并视为自用工之日起满 1 年的当日已经与劳动者订立无固定期限劳动合同，应当立即与

---

① 参见王全兴：《劳动法》，3 版，101 页，北京，法律出版社，2008。

② 参见关怀、林嘉主编：《劳动法》，4 版，120 页，北京，中国人民大学出版社，2012。

劳动者补订书面劳动合同。[①]

案例评析

(1) 本案不受劳动法调整。

(2) 既然刘某与其雇工间是雇佣合同关系，那么，雇工在提供劳务过程中致人损害就应分别情况由雇主负赔偿责任或由雇工承担赔偿责任。雇主对雇工在提供劳务的过程中致人损害承担赔偿责任的前提是：1) 须第三人受有损害。这里的第三人是指雇主和雇工双方以外的人。2) 须因雇工的行为造成损害。只有第三人的损害系雇工行为造成的，才能构成雇工执行职务致人损害。3) 须致人损害的行为是在提供劳务的过程中发生的。4) 须雇工行为构成侵权行为。本案中，根据以上条件应当由雇主承担侵权赔偿责任。

第三节　劳动合同的期限及无效劳动合同的认定

案例导入

原告（申请人）：蒋某。

被告（被申请人）：皮毛加工厂。

原告于2009年7月被被告招为合同制工人，试用期3个月，担任厂部技术科化验员。同年10月试用期满，双方正式签订劳动合同，有关条款如下：

第一条　合同期限3年，从2009年7月5日起，到2012年7月4日止。试用期3个月，从2009年7月5日起，到2009年10月4日止。

第二条　实行每周5天，每天10小时工作制。

第三条　原告工作岗位为技术科化验员。

第四条　每月工资为1 800元。

…………

2010年3月，原告提出每日工作10小时违反了《劳动法》，要求厂方缩短工作时间。厂长当即宣布，既然合同的有关工作时间不合法，就是无效合同，如有意见，就请另谋高就。4月2日，厂里安排另一人接替，停止了原告工作。原告不服，向区劳动争议仲裁委员会申诉，要求继续履行合同，并且劳动合同中的劳动时间改为每天工作8小时。

问题：(1) 原告与被告签订的劳动合同中试用期是否符合劳动法规定？工作时间条款是否有效？(2) 原告与被告签订的劳动合同是否有效？

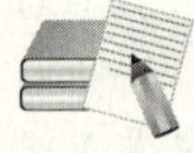

知识讲解

一、劳动合同的期限

1. 劳动合同的期限

劳动合同的期限指合同的有效期间，即劳动权利、义务关系的存续期限。

---

① 参见北京市律师协会：《劳动法疑难问题与典型案例》，120页，北京，北京大学出版社，2012。

2. 劳动合同（期限）的种类

（1）有固定期限，是指用人单位与劳动者约定合同终止时间的劳动合同。

（2）无固定期限，是指用人单位与劳动者约定无确定终止时间的劳动合同。

（3）以完成一定工作为期限，指双方当事人把完成某一项工作或劳动任务作为劳动关系的存续期间，约定任务完成后合同即自行终止。

3. 无固定期限的劳动合同

用人单位与劳动者协商一致，可以订立无固定期限劳动合同。有下列情形之一，劳动者提出或者同意续订、订立劳动合同的，除劳动者提出订立固定期限劳动合同外，应当订立无固定期限劳动合同：

（1）劳动者在该用人单位连续工作满 10 年的；

（2）用人单位初次实行劳动合同制度或者国有企业改制重新订立劳动合同时，劳动者在该用人单位连续工作满 10 年且距法定退休年龄不足 10 年的；

（3）连续订立二次固定期限劳动合同，且劳动者没有《劳动合同法》第 39 条和第 40 条第 1 项、第 2 项规定的情形，续订劳动合同的。

用人单位自用工之日起满 1 年不与劳动者订立书面劳动合同的，视为用人单位与劳动者已订立无固定期限劳动合同。

二、试用期的相关规定

劳动合同期限 3 个月以上不满 1 年的，试用期不得超过 1 个月；劳动合同期限 1 年以上不满 3 年的，试用期不得超过 2 个月；3 年以上固定期限和无固定期限的劳动合同，试用期不得超过 6 个月。

同一用人单位与同一劳动者只能约定一次试用期。

以完成一定工作任务为期限的劳动合同或者劳动合同期限不满 3 个月的，不得约定试用期。

试用期包含在劳动合同期限内。劳动合同仅约定试用期的，试用期不成立，该期限为劳动合同期限。

三、劳动合同的效力

1. 无效或部分无效的情形

（1）以欺诈、胁迫的手段或者乘人之危，使对方在违背真实意思的情况下订立或者变更劳动合同的；

（2）用人单位免除自己的法定责任、排除劳动者权利的；

（3）违反法律、行政法规强制性规定的。

注意：对劳动合同效力的争议可裁可审，并非仲裁前置，区分于劳动争议。

2. 效力的独立性

劳动合同部分无效，不影响其他部分效力的，其他部分仍然有效。

3. 劳动合同无效的后果

（1）劳动报酬

劳动合同被确认无效，劳动者已付出劳动的，用人单位应当向劳动者支付劳动报酬。劳动报酬的数额，参照本单位相同或者相近岗位劳动者的劳动报酬确定。

（2）经济补偿金

因用人单位的原因致使劳动合同无效或者部分无效的，劳动者可以随时要求解除劳动合同，用人单位应该向劳动者支付经济补偿金。

案例评析

原告与被告签订的劳动合同中关于试用期的约定不符合劳动法规定。原告与被告签订的合同期限是 2 年，根据法律规定，试用期最长不超过 2 个月。劳动合同中规定的一天的劳动时间不能超过 8 小时。因此，试用期和劳动时间的约定均无效。

本案中的劳动合同，虽然试用期和劳动时间的约定是无效的，但是合同部分无效，不影响其他部分的效力，其他部分应当有效。

第四节　劳动合同的解除

案例导入

申请人：隋某。

被申请人：某房地产开发公司。

2010 年 5 月 6 日，申请人应聘到被申请人处工作，双方未签订劳动合同，被申请人也未为申请人办理社会保险。申请人在被申请人处负责房地产开发经营业务，因工作关系常往返于石家庄和北京两地。2010 年 9 月，申请人结婚，被申请人未同意申请人休婚假。同年 11 月 12 日，被申请人为申请人出具准生证明。至 2010 年 12 月 30 日止，申请人已怀孕 17 周。同年 12 月 4 日，被申请人法定代表人书面要求公司办公室以申请人不适合在公司工作为由，为申请人办理辞退手续。申请人对此辞退决定不服，以其怀孕，公司不得辞退为由，向劳动争议仲裁委员会申请仲裁。仲裁期间，2011 年 1 月 7 日，申请人在被申请人拟好的《声明》上签了字，并领取了至 2010 年 12 月 4 日的工资。《声明》内容为：我系某开发公司职员，于 2011 年年初离开公司，请按公司有关规定为我结清工资，结清后，与公司不再有任何纠葛。仲裁中，被申请人辩称：申请人在公司试用期期间，严重违反劳动纪律和公司的规章制度，无故旷工 1 天，不服从公司安排和行政管理，不尊重领导和同事。公司已依据《劳动法》的规定，解除与申请人的劳动合同关系，且申请人已立下声明，结算了工资，同意解除双方的劳动合同。解除劳动合同与申请人怀孕不存在直接的因果关系，完全是因为申请人不符合公司的录用条件。申请人认为：其在职期间工作兢兢业业，多次得到领导的好评。仲裁期间，因生活困难，为领取被申请人拖欠的工资，被迫在被申请人写好的《声明》上签字。

问题：(1) 本案中，申请人已怀孕，被申请人是否可以依《劳动法》第 25 条的规定，解除劳动合同？(2) 被申请人违法解除合同，应承担什么责任？

知识讲解

一、协商解除

用人单位与劳动者协商一致，可以解除劳动合同。

二、劳动者单方解除

1. 预告解除

(1) 劳动者提前 30 日以书面形式通知用人单位，可以解除劳动合同。

(2) 劳动者在试用期内提前 3 日通知用人单位，可以解除劳动合同。

2. 无须预告解除

用人单位有下列情形之一的，劳动者可以解除劳动合同：

(1) 未按照劳动合同约定提供劳动保护或者劳动条件的；

(2) 未及时足额支付劳动报酬的；

(3) 未依法为劳动者缴纳社会保险费的；

(4) 用人单位的规章制度违反法律、法规的规定，损害劳动者合法权益的；

(5) 因用人单位过错致劳动合同无效的；

(6) 法律、行政法规规定劳动者可以解除劳动合同的其他情形。

用人单位以暴力、威胁或者非法限制人身自由的手段强迫劳动者劳动的，或者用人单位违章指挥、强令冒险作业危及劳动者人身安全的，劳动者可以立即解除劳动合同，无须事先告知用人单位。

三、用人单位解除劳动合同

1. 即时解除

劳动者有下列情形之一的，用人单位可以解除劳动合同：

(1) 在试用期间被证明不符合录用条件的；

(2) 严重违反用人单位规章制度的；

(3) 严重失职，营私舞弊，给用人单位造成重大损害的；

(4) 劳动者同时与其他用人单位建立劳动关系，对完成本单位的工作任务造成严重影响，或者经用人单位提出，拒不改正的；

(5) 因劳动者过错致使劳动合同无效的；

(6) 被依法追究刑事责任的。

2. 预告解除

有下列情形之一的，用人单位提前 30 日以书面形式通知劳动者本人或额外支付劳动者 1 个月工资后，可以解除劳动合同：

(1) 劳动者患病或非因工负伤，在固定的医疗期满后不能从事原工作，也不能从事由用人单位另行安排的工作的；

（2）劳动者不能胜任工作，经过培训或者调整工作岗位，仍不能胜任工作的；

（3）劳动合同订立时所依据的客观情况发生重大变化，致使劳动合同无法履行，经用人单位与劳动者协商，未能就变更劳动合同内容达成协议的。

3. 经济性裁员

有下列情形之一，需要裁减人员20人以上或裁减不足20人但占企业职工总数10%以上的，用人单位提前30日向工会或全体职工说明情况，听取工会或者职工意见后，裁减人员方案经向劳动行政部门报告，可以裁减人员：

（1）依照《企业破产法》规定进行重整的；

（2）生产经营发生严重困难的；

（3）企业转产、重大技术革新或经营方式调整，经变更劳动合同后，仍需裁减人员的；

（4）其他因劳动合同订立时所依据的客观经济情况发生重大变化，致使劳动合同无法履行的。

裁减人员时，应当优先留用下列劳动者：

（1）与本单位订立较长期限的固定期限劳动合同的；

（2）与本单位订立无固定期限劳动合同的；

（3）家庭无其他就业人员，有需要扶养的老人或者未成年人的。

用人单位依法裁减人员，在6个月内重新招用人员的，应当通知被裁减的人员，并在同等条件下优先招用被裁减的人员。

四、不得解除劳动合同的情形

劳动者有下列情形之一的，用人单位不得以预告解除或经济性裁员的方式与劳动者解除劳动合同：

（1）从事接触职业病危害作业的劳动者未进行离岗前职业健康检查，或者疑似职业病病人在诊断或者医学观察期间的；

（2）在本单位患职业病或者因工负伤并被确认丧失或者部分丧失劳动能力的；

（3）患病或者非因工负伤，在规定的医疗期内的；

（4）女职工在孕期、产期、哺乳期的；

（5）在本单位连续工作满15年，且距法定退休年龄不足5年的；

（6）法律、行政法规规定的其他情形。

案例评析

（1）不得解除劳动合同。女职工在孕期，用人单位不得解除劳动合同，这是法定强制性规定，是对妇女的特殊保护，这种强制性规定是排他性的。[①]

（2）用人单位违反《劳动合同法》规定解除或者终止劳动合同，劳动者要求继续履行劳动

① 参见国家法官学院案例开发研究中心：《中国法院2013年度案例：劳动纠纷（含社会保险纠纷）》，97～99页，北京，中国法制出版社，2013。

合同的，用人单位应当继续履行；劳动者不要求继续履行劳动合同或者劳动合同已经不能继续履行的，用人单位应当按照经济补偿标准的2倍向劳动者支付赔偿金。

第五节 劳动争议仲裁

案例导入

国营某市轧钢厂发生下列纠纷：(1) 工人赵某因身体有病被辞退，与厂方发生争议；(2) 技术员钱某因未被允许参加全省轧钢行业技术员培训，与厂方发生争议；(3) 助理工程师孙某因未获晋升工程师职务，与厂方发生争议；(4) 副总工程师李某因工资调整，与厂方发生争议。赵、钱、孙、李四人与厂方的争议经几次协商交涉均未能解决。

问题：(1) 赵某、钱某、孙某、李某中哪几个人与厂方发生的争议属于《企业劳动争议处理条例》所规定的劳动争议？(2) 劳动争议可以通过哪几种方式解决？在运用这几种方式解决问题时，不同方式相互之间是什么关系？(3) 解决劳动争议的各种方式的法律效力如何？

知识讲解

一、劳动争议的概念

劳动争议是指劳动关系双方当事人因实现劳动权利、履行劳动义务而发生的纠纷。

二、劳动争议仲裁的注意事项

1. 劳动争议仲裁制度的特点是强制仲裁、仲裁前置。

2. 时效为1年，可以中断、中止。

3. 劳动仲裁可以单方提起。

4. 与争议事项有关的证据属于用人单位掌握管理的，用人单位应当提供；用人单位不提供的，应当承担不利后果。

5. 仲裁庭裁决劳动争议案件时，其中一部分事实已经清楚的，可以就该部分先行裁决。

6. 劳动者申请先予执行的，可以不提供担保。

7. 下列劳动争议，除《劳动争议调解仲裁法》另有规定的外，仲裁裁决对于单位方面为终局裁决，裁决书自作出之日起发生法律效力，劳动者方面仍然可以起诉，即片面终局：

(1) 追索劳动报酬、工伤医疗费、经济补偿或者赔偿金，不超过当地月最低工资标准12个月金额的争议；

(2) 因执行国家的劳动标准在工作时间、休息休假、社会保险等方面发生的争议。

8. 劳动争议仲裁不收费。劳动争议仲裁委

员会的经费由财政予以保障。

三、劳动争议仲裁中的证据问题

1. 举证责任

(1) 一般仲裁举证原则:“谁主张,谁举证”。

(2) 劳动争议仲裁举证原则:举证责任倒置。

目的:保护弱势群体。

1) 有关工伤的劳动争议,劳动者就存在工伤事实、工伤认定、工伤鉴定及工伤发生日期、医疗费用、交通费用举证;用人单位就已发生工伤费用赔付举证,如提供由公司垫支费用的发票。

2) 有关“无固定期限合同”的劳动争议,劳动者就存在“无固定期限”关系的条件举证。

3) 解除“无固定期限”合同、解除劳动合同、克扣及拖欠工资,由用人单位举证。

2. 质证

(1) 法律规定没有经过质证的证据不予采信;

(2) 庭前需进行证物交换;

(3) 与举证方“有利害关系”的证人证言不予采信。

案例评析

(1) 赵某、钱某、李某与厂方发生的争议属于《企业劳动争议处理条例》所规定的劳动争议。

(2) 四种方式。劳动争议产生后,当事人可以协商解决;不愿协商或者协商不成的,可以向本企业劳动争议调解委员会申请调解;调解不成的,可以向劳动争议仲裁委员会申请仲裁,当事人也可以不经协商或调解直接向劳动争议仲裁委员会申请仲裁;对仲裁裁决不服的,可以向人民法院起诉,在起诉前必须先经过仲裁程序。

(3) 协商与调解达成协议的,双方当事人应当自觉履行,协议没有强制执行力;对仲裁裁决无异议的,当事人必须履行,一方当事人在法定期限内不起诉又不履行仲裁裁决的,另一方当事人可以申请人民法院强制执行;劳动争议诉讼所产生的裁判,具有当然的强制执行力。

相关法条

1.《中华人民共和国劳动法》(1994年7月5日第八届全国人民代表大会常务委员会第八次会议通过,自1995年1月1日起施行);

2.《中华人民共和国劳动合同法》(2007年6月29日第十届全国人民代表大会常务委员会第二十八次会议通过,自2008年1月1日起施行;根据2012年12月28日第十一届全国人民代表大会常务委员会第三十次会议《关于修改〈中华人民共和国劳动合同法〉的决定》修正,自2013年7月1日起施行);

3. 最高人民法院《关于审理劳动争议案件适用法律若干问题的解释(一)》(2001年3月22日最高人民法院审判委员会第1 165次会议通过,自2001年4月30日起施行);

4. 最高人民法院《关于审理劳动争议案件适用法律若干问题的解释(二)》(2006年7月

10 日最高人民法院审判委员会第 1393 次会议通过，自 2006 年 10 月 1 日起施行）；

5. 最高人民法院《关于审理劳动争议案件适用法律若干问题的解释（三）》（2010 年 7 月 12 日最高人民法院审判委员会第 1489 次会议通过，自 2010 年 9 月 14 日起施行）；

6. 最高人民法院《关于审理劳动争议案件适用法律若干问题的解释（四）》（2012 年 12 月 31 日最高人民法院审判委员会第 1566 次会议通过，自 2013 年 2 月 1 日起施行）；

7. 最高人民法院《关于审理拒不支付劳动报酬刑事案件适用法律若干问题的解释》（2013 年 1 月 14 日最高人民法院审判委员会第 1 567 次会议通过，自 2013 年 1 月 23 日起施行）；

8.《工伤保险条例》（2003 年 4 月 27 日中华人民共和国国务院令第 375 号公布，根据 2010 年 12 月 20 日《国务院关于修改〈工伤保险条例〉的决定》修订）；

9.《女职工劳动保护特别规定》（2012 年 4 月 18 日国务院第 200 次常务会议通过，自 2012 年 4 月 28 日起施行）。

知识点思维导图

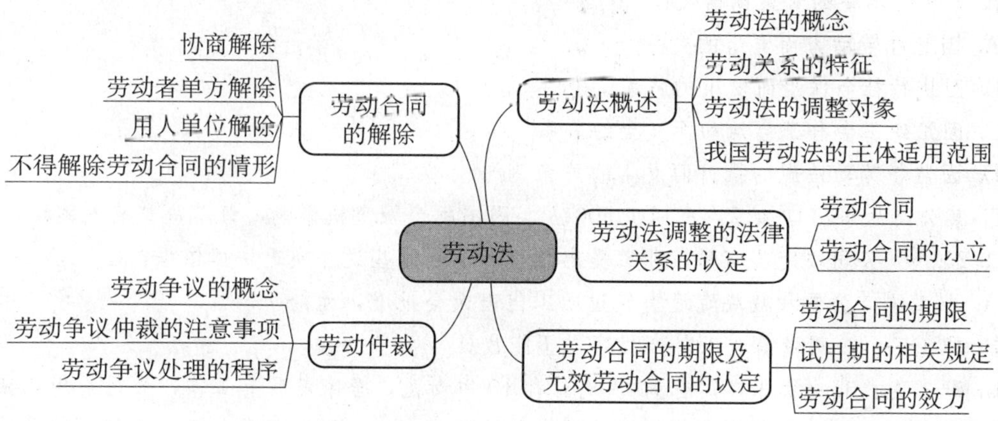

实战练习

一、选择题

1. 劳动法是（　　）。

A.《中华人民共和国劳动法》

B. 调整劳动人事关系的法律规范的总称

C. 调整劳动关系以及与劳动关系密切联系的一些关系的法律

D. 调整管理劳动力方面的社会关系的法律规范的总称

2. 劳动者的劳动权利能力和劳动行为能力开始的时间是（　　）。

A. 18 周岁　　B. 16 周岁　　C. 14 周岁　　D. 20 周岁

3. 劳动者在同一用人单位连续工作满 10 年以上，当事人双方同意续延劳动合同的，（　　）。

A. 应当订立无固定期限的劳动合同

B. 是否订立无固定期限的劳动合同，由用人单位决定

C. 劳动者提出订立无固定期限劳动合同的，应当订立无固定期限的劳动合同

D. 是否订立无固定期限的劳动合同，由劳动部门决定或仲裁机构裁定

4. 下列属于用人单位不得解除劳动合同的情形是哪项？（ ）

A. 劳动者患病或者负伤，医疗期满的

B. 劳动者患病或者负伤，在规定的医疗期内的

C. 用人单位濒临破产进行法定整顿期间

D. 劳动者在试用期内的

5. 劳务派遣公司应与被派遣劳动者签订（ ）以上的固定劳动期限劳动合同。

A. 2年　　B. 3年　　C. 4年　　D. 1年

6. 劳动争议仲裁庭审理劳动争议案件，对于当事人接到通知，无正当理由拒不到庭的，或在开庭期间未经仲裁庭同意自行退庭的，对被诉人（ ）。

A. 驳回申诉　　B. 延期审理　　C. 作缺席裁决　　D. 按撤诉处理

7. 劳动法调整的对象包括（ ）。

A. 因管理劳动力而发生的关系

B. 因执行社会保险而发生的关系

C. 因组织工会和工会活动而发生的关系

D. 因监督劳动法规的执行而发生的关系

8. 某公司从事出口加工，有职工500人。因国际金融危机影响，订单锐减陷入困境，拟裁减职工25人。公司决定公布后，职工提出异议。下列哪些说法缺乏法律依据？（ ）

A. 职工甲：公司裁减决定没有经过职工代表大会批准，无效

B. 职工乙：公司没有进入破产程序，不能裁员

C. 职工丙：我一家4口，有70岁老母和10岁女儿，全家就我有工作，公司不能裁减我

D. 职工丁：我在公司销售部门曾连续3年被评为先进，对公司贡献大，公司不能裁减我

9. 李某因追索工资与所在公司发生争议，遂向律师咨询。该律师提供的下列哪些意见是合法的？（ ）

A. 解决该争议既可与公司协商，也可申请调解，还可直接申请仲裁

B. 应向劳动者工资关系所在地的劳动争议仲裁委提出仲裁请求

C. 如追索工资的金额未超过当地月最低工资标准12个月金额，则仲裁裁决为终局裁决，用人单位不得再起诉

D. 即使追索工资的金额未超过当地月最低工资标准12个月金额，只要李某对仲裁裁决不服，仍可向法院起诉

二、案例分析

赵某顶替其父到工厂工作，其父退休回乡，但退休金不足以维持生活。赵父要求赵某支付赡养费未果，向企业内部的调解委员会要求解决。调解委员会决定赵某每月付给其父500元，由单位在工资中自行扣除给赵父；同时赵某因为在厂内住房（已进行房改，产权归王某）外非法建围墙被单位扣发工资。赵某向劳动争议仲裁委员会申诉未被受理，理由是赡养费和建围墙才是扣发工资的原因，但都不属于劳动纠纷。

问题：

1. 企业调解委员会决定从赵某工资中扣除赡养费的做法是否合法？为什么？赵父应该通过什么法律途径要求赵某支付赡养费？

2. 赵某所在单位能否对赵某非法建围墙的行为扣发工资？为什么？

3. 仲裁委员会不受理赵某申诉的理由是否成立？为什么？

第八章 婚姻家庭法

学习目标： 婚姻家庭法学是以婚姻家庭法律规范和婚姻家庭法律现象为研究对象的一门基础法学学科，在我国现行法律体系中占据重要的地位。学习本章，要求掌握婚姻家庭法的基本原则，掌握婚姻成立的条件、无效婚姻和可撤销婚姻、离婚及离婚损害赔偿制度。

第一节 婚姻法

案例导入

王某与杨某于1998年7月23日登记结婚，婚后杨某便外出打工。半年后杨某因公意外死亡，有包括15万元补偿金、工资、赔偿金和保险金等共23万元的遗产。由于遗产继承的问题，杨某的父母和王某之间经常发生矛盾。后杨某的父母去婚姻登记部门要求撤销王某与杨某的结婚登记，称当初领证时杨某差15天不够法定年龄，杨某的实际生日为1976年8月8日。后经查证杨某确为1976年8月8日出生。此情况下，王某和杨某之间的婚姻关系是否成立成了确认王某能否继承杨某遗产的关键。

问题：本案中王某和杨某之间的婚姻关系是否成立呢？

知识讲解

一、婚姻法的概念和基本原则

(一) 婚姻法的概念

婚姻家庭是人类社会发展到一定阶段出现的两性和血缘关系的社会形式。婚姻，是为当时的社会制度所确认的，男女两性互为配偶的结合。[①] 家庭，是以婚姻、血缘和共同生活为纽带而组成的亲属团体。[②]

婚姻法是调整婚姻家庭关系的法律规范的总称。我国婚姻法既调整婚姻关系，又调整家庭关系，实际上是婚姻家庭法。

① 参见王丽萍：《婚姻家庭继承法学》，2版，3页，北京，北京大学出版社，2010。

② 参见杨大文：《婚姻家庭法》，2页，北京，中国人民大学出版社，2002。

（二）婚姻法的基本原则

婚姻法的基本原则就是在处理婚姻家庭关系中所要遵守的基本原则。

1. 婚姻自由原则

婚姻自由是指男女双方有权依照法律的规定，自主决定婚姻问题，不受任何人的强迫或干涉。婚姻自由包括结婚自由和离婚自由两个方面。结婚自由是指男女双方有自由缔结婚姻的权利。离婚自由是指男女双方有自主决定解除婚姻关系的权利。

婚姻自由和公民的其他任何权利一样，不是绝对的，而是相对的。行使婚姻自由权，必须在法律规定的范围内进行，自觉接受法律和道德的约束。婚姻自由的权利，既不允许任何人侵犯，也不允许当事人滥用。在我国，结婚、离婚都必须严格按照婚姻法规定的程序办理。为了保障婚姻自由原则，《婚姻法》第 3 条规定："禁止包办、买卖婚姻和其他干涉婚姻自由的行为。禁止借婚姻索取财物。"

2. 一夫一妻原则

一夫一妻制是指一男一女结为夫妻的婚姻制度。按照婚姻法所确立的一夫一妻原则，任何人都不得同时有两个或两个以上的配偶。为此，婚姻法明确规定禁止重婚行为。

所谓重婚，是指有配偶者与他人结婚①，或明知他人有配偶而与之结婚的行为。重婚在法律上不仅无效，当事人还要受到法律制裁。修改后的婚姻法还专门增加规定"禁止有配偶者与他人同居"，即男女一方或双方有配偶，而又与他人不以夫妻名义共同生活的行为。有配偶者与他人同居与事实重婚既有相同点，也有重要的不同。其相同点为：二者的主体都是一方或双方有配偶，当事人之间都有共同的同居生活；不同点为前者不以夫妻名义同居，周围的人也不认为他们是夫妻关系，后者则公开以夫妻名义同居，周围的人认为他们是夫妻关系。有配偶者与他人同居的行为和重婚行为都是违法行为，是对我国一夫一妻制的侵害。但由于违法情节与后果不同，二者在性质上是罪与非罪的区别。有配偶者与他人同居不构成犯罪，只承担民事责任，是法院认定夫妻感情确已破裂，准予离婚的情形之一。离婚时，无过错方还可以请求损害赔偿。而重婚除了要承担民事责任外，还要承担刑事责任。

3. 男女平等原则

男女平等原则是指男女双方在婚姻家庭方面享有平等的权利，履行平等的义务。该原则具体表现在：男女在结婚和离婚上的权利和义务平等；夫妻在人身和财产关系上的权利、义务平等；父母双方抚养、教育、保护子女的权利、义务平等；其他不同性别的家庭成员在家庭中的权利、义务也是平等的。修改后的婚姻法还增加了"夫妻应当相互忠实，互相尊重"的规定，强调了夫妻间的相互义务。实现婚姻自由和一夫一妻制首先要求实现男女平等，没有男女平等就没有真正的婚姻自由和一夫一妻制。实现男女平等，必须坚决反对夫权思想和男尊女卑的旧传统观念，禁止迫害、虐待和歧视妇女的行为，真正实现男女从法律到实际生活中的完全平等。

4. 保护妇女、儿童和老人的合法权益原则

我国《婚姻法》对妇女的合法权益加以特殊保护，如女方在怀孕期间和分娩后 1 年内或终止妊娠后 6 个月内男方不得提出离婚；离婚时分割共同财产要照顾女方权益等。

我国《婚姻法》对儿童的合法权益也予以切实保护，规定了父母对子女有抚养教育的义

① 参见杨大文：《婚姻家庭法》，29 页，北京，高等教育出版社，2000。

务，对未成年子女有管教和保护的权利和义务，禁止溺婴、弃婴和其他残害婴儿的行为，子女有继承父母遗产的权利，父母对子女的义务不因父母离婚而消除，非婚生子女、养子女享有与婚生子女同等权利等。

为切实保护老人的合法权益，我国《婚姻法》规定，子女对父母有赡养扶助的义务，父母有继承子女遗产的权利，养父母、符合规定的继父母的权利和生父母相同，有负担能力的孙子女、外孙子女，对于子女已经死亡的祖父母、外祖父母有赡养的义务，禁止家庭成员对老人的虐待和遗弃等。

5. 实行计划生育原则

计划生育是指有计划地调节人口生产。实行计划生育是我同的一项基本国策。我国的计划生育是以降低人口增长速度、提高人口素质为目标的，基本要求是少生、优生、晚生、优育。我国婚姻法明确规定夫妻双方都有实行计划生育的义务。

我国婚姻法的五项基本原则是制定、解释、执行和研究婚姻法的出发点和依据，贯穿于全部婚姻法之中，它们互相联系、互相配合，构成了一个不可分割的整体。

二、结婚

结婚，又称婚姻成立，是指男女双方以共同生活为目的，依法结为夫妻的行为。结婚不仅是男女双方的终身大事，同时也是关系到国家、民族健康发展的大事。国家通过法律、法规的形式对结婚要件加以规定，从而达到对婚姻这一社会关系的干预、审查和监督。

（一）结婚的条件

婚姻法规定结婚的条件包括必备条件和禁止条件两个方面。

1. 必备要件

结婚的必备要件，又称结婚的积极要件，是指当事人结婚时必须具备的法定条件。

（1）男女双方完全自愿。结婚必须男女双方自愿，绝不允许任何一方强迫另一方，或任何第三者（包括父母）加以干涉。如果一方或第三者对他方加以欺诈、胁迫而结婚，是违背婚姻法的，以暴力干涉他人婚姻自由，更是法律所不允许的；情节严重的，要追究刑事责任。这是确立婚姻关系的先决条件，充分体现了婚姻自主的原则，也是保障婚姻自由的关键。

（2）必须达到法定结婚年龄。法定结婚年龄是指法律上规定的男女双方结婚的最低年龄。我国婚姻法规定结婚年龄，男不得早于22周岁，女不得早于20周岁。男女公民只有达到法定的结婚年龄，才具备申请结婚的资格，婚姻登记机关方予以登记，婚姻关系才有效。法定婚龄只是男女结婚年龄的最低起点，是划分无效婚姻与有效婚姻的年龄界限。法定婚龄既不是必须结婚的年龄，也不一定是最佳婚龄。

（3）结婚必须符合一夫一妻制。男女双方必须均无配偶，即婚姻当事人只有在各自未婚、离婚或丧偶的情况下才能结婚，否则就构成重婚。

2. 禁止条件

结婚的禁止条件，又称消极条件或结婚障碍，是指男女一方或双方在结婚时不得具有法律规定的禁止情形。

（1）禁止一定范围内的血亲结婚。根据《婚姻法》第7条第1项的规定，直系血亲和三代以内的旁系血亲禁止结婚。血亲是指有血缘关系的亲属。直系血亲是指和自己有直接血缘关系的亲属，生育自己和自己所生育的上下各代的亲属。旁系血亲是指具有间接血缘关系的亲属。所谓三代以内的旁系血亲，是指从自己算起向上数三代血亲，即与自己的祖父母或外祖父母同源而出的人。如同胞兄弟姐妹为第二代以内的旁系血亲，堂兄弟姐妹、表兄弟姐妹，为三代以内的旁系血亲。禁止一定范围内的血亲结婚，一是根据遗传学、优生学的原理，血缘关系太近的男女结婚，易将生理上和精神上的疾病或缺陷遗传给子女后代，如先天性耳聋、先天性高血压、精神分裂症、先天性心脏病等，为提高全民素质，减少遗传性疾病的发病率，禁止一定范围内的血亲结婚是十分必要的；二是社会伦理道德的要求，近亲结婚有违人类长期以来形成的两性关系的伦理道德观念，容易造成亲属身份上和继承上的混乱。

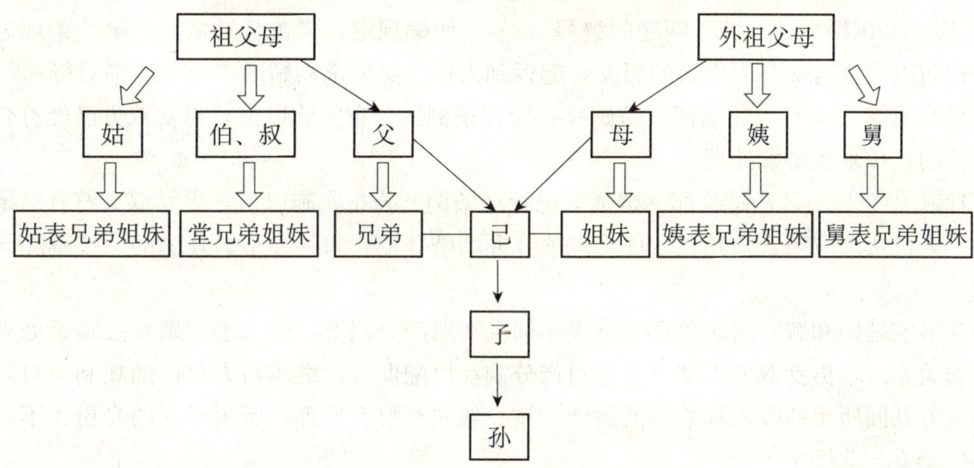

(2) 患麻风病未经治愈或患其他医学上认为不应当结婚的疾病，禁止结婚。其他在医学上认为不应当结婚的疾病主要指性病、精神病、先天性痴呆以及其他被实践证明不应结婚的传染病或遗传性疾病。禁止患有一定疾病的人结婚，是从当事人、社会利益以及后代的健康出发制定的，不仅在我国，在世界各国婚姻法中也都有类似规定。

（二）结婚的程序

结婚程序，又称婚姻的形式要件，是法律规定的男女双方缔结婚姻所必须履行的法定步骤。《婚姻法》第 8 条规定："要求结婚的男女双方必须亲自到婚姻登记机关进行结婚登记。符合本法规定的，予以登记，发给结婚证。取得结婚证，即确立夫妻关系。"可见，结婚登记是婚姻关系成立的必经程序。

结婚登记程序分为申请、审查和登记三部分。

1. 申请。结婚当事人双方正式向婚姻登记机关进行申报，提出结婚登记的请求。申请必须由双方亲自到一方户口所在地的婚姻登记机关提出，既不能由一方单独提出，也不能委托代理或用书面意见代替本人亲自到场。我国婚姻登记机关，在城市是街道办事处或市辖区或不设区的市人民政府的民政部门。在农村是乡、民族乡、镇人民政府。申请婚姻登记的当事人，应如实向婚姻登记机关提供下列证件或证明：户口证明、居民身份证、本人无配偶以及与对方当事人没有直接血亲和三代以内旁系血亲关系的签字声明。离过婚的还应当持离婚证。

2. 审查。婚姻登记机关要对当事人的结婚申请进行审核与查证。审查的主要内容是：当事人双方是否都符合结婚条件；当事人所提供的证件和证明是否真实、完备。

3. 登记。婚姻登记机关对当事人的结婚申请进行审查，符合结婚条件的，应当即时予以登记，发给结婚证；不符合结婚条件的，不予登记，并以书面形式说明理由。对离过婚的，应注销其离婚证。

(三) 事实婚姻和同居关系

事实婚姻是指没有配偶的男女虽未办结婚登记，但符合结婚实质条件，并且以夫妻名义同居生活、群众也认为是夫妻关系的两性结合。同居关系是指均无配偶的男女双方在未办结婚登记，又不符合结婚实质条件时，以夫妻名义共同生活，或有配偶者与他人同居所形成的两性关系。

关于如何划分事实婚姻和同居关系，最高人民法院2001年12月25日颁布的《关于适用〈中华人民共和国婚姻法〉若干问题的解释（一）》明确规定，未按《婚姻法》第8条规定办理结婚登记而以夫妻名义共同生活的男女，起诉到人民法院要求离婚的，应当区别对待：

1.1994年2月1日，民政部《婚姻登记管理条例》公布实施以前，男女双方已经符合结婚实质要件的，按事实婚姻处理。

2.1994年2月1日，民政部《婚姻登记管理条例》公布实施以后，男女双方符合结婚实质要件的，人民法院应当告知其在案件受理前补办结婚登记；未补办结婚登记的，按解除同居关系处理。

解除事实婚姻和解除同居关系的结果不同：在财产分割上，解除事实婚姻按离婚处理，而解除同居关系时，男女双方不享有夫妻财产分割和以配偶身份继承对方财产的权利，对同居生活期间双方共同所得的收入和购置的财产，按一般共有财产处理；所生子女的身份也不同，分别为婚生子女与非婚生子女。

(四) 无效婚姻和可撤销婚姻

我国婚姻法修订后新增加了关于无效婚姻和可撤销婚姻的法律规定。这是对婚姻法的进一步充实和完善，使其更具有司法现实可操作性。

无效婚姻和可撤销婚姻制度是对欠缺或违背婚姻成立要件的婚姻，确认其不具有婚姻的法律效力的制度，它是保障婚姻法的严肃性、权威性，坚持结婚的条件与程序，保障婚姻的合法成立，预防和减少婚姻纠纷，制裁违法婚姻的重要制度。

1. 无效婚姻

无效婚姻，是指不具备法定结婚要件的男女结合，在法律上不发生婚姻效力的制度。《婚姻法》第10条规定："有下列情形之一的，婚姻无效：（一）重婚的；（二）有禁止结婚的亲属关系的；（三）婚前患有医学上认为不应当结婚的疾病，婚后尚未治愈的；（四）未到法定婚龄的。"当事人以上述理由申请婚姻无效时，如果该无效的情形已经不存在，如结婚时未达到法定结婚年龄，申请时已达法定结婚年龄的，不得申请婚姻无效。

2. 可撤销婚姻

可撤销的婚姻，是指违反结婚的某些法定要件，使婚姻关系处于不确定状态，可以依法撤销的法律制度。根据《婚姻法》第11条规定，主张可撤销婚姻的请求主体，是受胁迫一方当事人。其结婚是否违反本人意愿、是否受到胁迫，婚姻当事人最清楚，受胁迫一方是否希望撤销婚姻也应当由其本人作出选择。可撤销婚姻的受理机关应当是原婚姻登记机关或者人民法院。可撤销婚姻的请求权时效是1年，分两种情况：一是受胁迫一方当事人请求撤销其婚姻的，应当自结婚登记之日起1年内提出；二是被非法限制人身自由的当事人请求撤销婚姻的，如被拐卖妇女，应当自恢复人身自由之日起1年内提出。

3. 无效婚姻或被撤销婚姻的法律后果

《婚姻法》第12条规定：无效或被撤销的婚姻，自始无效。当事人不具有夫妻的权利和义务。同居期间所得的财产，由当事人协议处理，协议不成时，由人民法院根据照顾无过错方的原则判决。对重婚导致的婚姻无效的财产处理，不得侵害合法婚姻当事人的财产权益。当事人所生的子女，适用本法有关父母子女的规定。

案例评析

经法院查证，杨某真的出生于1976年8月8日，杨某和王某领证时未达到法定婚龄，违反了结婚的实质要件，所以二者属于无效婚姻。但杨某的父母是在杨某去世半年以后申请杨某与王某的婚姻无效的，申请时，法定的无效婚姻情形已经消失，所以人民法院不予支持，杨某和王某之间的婚姻关系成立，王某可以以配偶的身份继承杨某的遗产。

相关法条是，《婚姻法》第10条规定，有下列情形之一的，婚姻无效：（1）重婚的；（2）有禁止结婚的亲属关系的；（3）婚前患有医学上认为不应当结婚的疾病，婚后尚未治愈的；（4）未到法定婚龄的。最高人民法院《关于适用〈中华人民共和国婚姻法〉若干问题的解释（一）》第8条规定：当事人依据《婚姻法》第10条规定向人民法院申请宣告婚姻无效的，申请时，法定的无效婚姻情形已经消失的，人民法院不予支持。

第二节 家庭关系

案例导入

1966年，张某与杨某结为夫妻，先后生育了3个子女。1996年7月，一直在老家相夫教子的杨某与退休在家的张某发生争执。张某一怒之下离家分居生活。此后，双方一直处于冷战状态，互不来往。2006年年初，体弱多病又无其他生活来源的杨某，生活陷入窘境，无奈之下将张某告上法庭，要求从当年4月起，张某每月给付扶养费500元。

问题：张某和杨某这对已经将近十年互不往来的夫妻，一方是否还可以向另外一方索要扶养费？

知识讲解

家庭是社会的细胞，是社会生活的一种组织形式。它是以婚姻、血缘和共同生活为纽带的亲属团体。[①] 亲属包括配偶、血亲和姻亲。夫妻是家庭中的基本成员，由此又派生出子女和其他家庭成员。在这些成员之间，由于血缘、感情等因素，产生了一定的权利和义务，形成了不同于一般社会关系的家庭关系。

家庭关系包括夫妻关系、父母子女关系和其他家庭成员之间的关系。

---

① 参见姜明：《法学概论》，214页，南京，东南大学出版社，1998。

一、夫妻关系

夫妻关系，是指由合法婚姻而产生的男女之间在人身和财产方面的权利义务关系。夫妻关系是家庭产生的前提，是家庭关系的基础和核心。夫妻关系的内容按其性质可分为人身关系和财产关系。

1. 夫妻之间的人身关系

（1）夫妻双方都有使用自己姓名的权利；

（2）夫妻双方都有参加生产、工作、学习和社会活动的人身自由权利；

（3）夫妻双方都有实行计划生育的义务；

（4）夫妻双方有平等决定夫妻住所的权利；

（5）夫妻结婚后有日常家务活动的对外代理权；

（6）夫妻双方有以配偶身份共同居住，共同生活的同居权利和义务。

2. 夫妻财产关系

（1）夫妻对共同财产有平等的处理权

《婚姻法》第17条对夫妻在婚姻关系存续期间所得的、应归夫妻共同所有的财产范围作了规定。

夫妻共同所有的财产包括：1）工资、奖金；2）生产、经营的收益；3）知识产权的收益；4）继承或赠与所得的财产，但《婚姻法》第18条第3项规定的除外；5）其他应当归共同所有的财产。

属于夫妻一方的财产有：1）一方的婚前财产；2）一方因身体受到伤害获得的医疗费、残疾人生活补助等费用；3）遗嘱或赠与合同中确定归夫或妻一方的财产；4）一方专用的生活用品；5）其他应当归一方的财产。

夫妻对共同所有的财产，有平等的处理权。这里要注意的是，不能根据双方收入的多寡来确定财产处理权利的大小，也不能因其中一方无劳动收入而影响其对共同财产享有的平等处分权。

修改后的婚姻法，增加了夫妻约定财产制度。它是指夫妻双方依法对婚前、婚后财产所有权、债务清偿、财产分割等事项协商并达成一致意见的双方法律行为的一种合同法律制度。约定应采用书面形式，但这种约定不得违背男女平等的原则，不得损害子女、他人和社会的利益。夫妻对婚姻关系存续期间所得的财产以及婚前财产的约定，对双方具有约束力。

（2）夫妻有相互扶养的义务

扶养义务是指法律规定夫妻在生活上的互相供养的经济责任，具有强制性。夫妻双方无论哪一方丧失劳动能力或生活发生困难时，对方都有从经济上予以资助维持其生活的义务，这种义务是对等的，夫妻双方都有扶养对方的义务和要求对方扶养的权利。

（3）夫妻互有遗产继承权

夫妻之间的财产继承权是根据夫妻相互的人身关系而发生的，夫妻互为第一顺序法定继承人。夫妻一方死亡，另一方有继承遗产的权利。

二、父母子女关系

父母子女关系，是指父母子女法律地位和相互间权利义务关系。父母子女关系是家庭关系的重要组成部分。

我国婚姻法所调整的父母子女关系既包括自然血亲，即婚生的父母子女关系，非婚生的父母子女关系；也包括法律拟制血亲，即本来无血缘关系，但法律上确认其与自然血亲有同等的权利与义务，如养父母与养子女关系、继父母和继子女关系等。

1. 父母对子女有抚养教育的义务

所谓抚养是指父母在物质上对子女的养育和照料。所谓教育是指父母在思想上、品德上对子女的关怀帮助，以及在文化知识、劳动技能等方面对子女的传授、教导。父母对未成年子女抚养的责任是无条件的。父母不履行抚养义务时，未成年的或无独立生活能力的子女，有要求父母给付抚养费的权利。

2. 父母对子女有管教和保护的义务

所谓管教是指按照法律和道德要求，对未成年人加以必要约束。所谓保护是指保护未成年子女的安全和利益，防止来自自然界和他人的侵害。未成年子女造成他人损害时，父母应承担赔偿责任。

3. 子女对父母有赡养扶助的义务

所谓赡养是指子女在物质上为父母提供必要的帮助和在精神上对父母的尊敬、关心和照顾。成年子女对父母的赡养扶助是无期限的，当成年子女不履行赡养扶助义务时，父母有权向子女索要赡养费；因追索赡养费发生纠纷的，可向人民法院提起诉讼。

4. 父母子女之间有互相继承遗产的权利

这项权利是以父母和子女双方之间具有的特定身份为依据的。父母死亡，子女有继承遗产的权利；子女死亡，父母也有继承遗产的权利。

我国婚姻法关于父母子女之间权利与义务的规定，不仅适用于父母与婚生子女之间，也适用于父母与非婚生子女、养父母与养子女和有抚养义务的继父母与继子女之间。

三、其他家庭成员间的关系

我国的家庭关系中，除了夫妻、父母子女关系以外，还有祖父母与孙子女、外祖父母与外孙子女以及兄弟姐妹之间的关系。

1. 祖孙之间的权利和义务

祖父母、外祖父母与孙子女、外孙子女间有抚育赡养义务。孙子女、外孙子女尚未成年，其父母已死亡或无力抚养的，有负担能力的祖父母、外祖父母有抚养义务；有负担能力的孙子女、外孙子女对子女已经死亡的祖父母、外祖父母，有赡养义务。祖孙之间的继承权有两种情况：其一，祖父母、外祖父母是孙子女、外孙子女的第二顺序法定继承人。其二，孙子女、外孙子女在其父母先于祖父母、外祖父母死亡时，对祖父母、外祖父母的遗产有代位继承的权利。

2. 兄弟姊妹间的权利义务

兄弟姊妹间的抚养赡养是有条件的，有负担能力的兄姐对父母已经死亡或父母无能力抚养的未成年的弟妹，有抚养义务；由兄姐抚养长大的有负担能力的弟妹，对丧失劳动能力、孤老无依的兄姐，应承担赡养义务。兄弟姊妹之间互为第二顺序法定继承人。

案例评析

法院审理认为，夫妻双方有法定的扶养义务，现杨某无生活来源且体弱多病，而张某有固定的退休工资，有相应的负担能力，故应从其每月退休金中支付一定的扶养费给杨某。

《婚姻法》第20条规定："夫妻有互相扶养的义务。一方不履行扶养义务时，需要扶养的一方，有要求对方付给扶养费的权利。"夫妻间的扶养义务是相互的、对等的。夫妻间双方均应自觉地履行，特别是在一方年老、多病或丧失劳动能力、生活困难的情况下，有负担能力的一方，更应主动承担扶养义务。一方不履行扶养义务时，需要扶养的一方，有权要求对方给予扶养。

第三节　离婚

案例导入

林某与小娟1996年结婚，婚后感情不错。1998年年底，林某辞职并借钱开始经营一家房地产公司。1999年，林某的姐姐出国，把她自己的一套私有房产指定赠与给林某。自2000年春以来，林某公司业务非常忙，经常不回家，于是夫妻关系开始不好。此后林某所得收入从不拿回家。2000年年底，林某干脆搬到公司住，从此再未回家。小娟单位效益差，收入低，身体又有病，为了生活和看病，她只好向外举债，自2001年春至2002年年底，小娟共借款3万元（均没有告知林某）。2003年春，小娟单位濒临破产，从而买断小娟工龄，单位一次性付给她买断工龄款5万元。2003年5月，小娟见婚姻关系难以维持，无可挽回，便向林某提出离婚，林某不同意，小娟遂向法院提出离婚。小娟要求分割林某姐姐赠与给林某的房产。林某却提出他经营的公司有40多万元的债务，要用夫妻共同财产来偿还，要小娟共同承担。小娟不同意，认为林某经营的公司所得并没有用于家庭生活，其债务应属个人债务。同时，她也提出自己为了生活所负的3万元债务也应由林某承担。

问题：法院是否应准许他们离婚？涉及的财产和债务又该如何处理呢？

知识讲解

离婚是夫妻双方依照法定程序、协议或由法院判决解除婚姻关系的法律行为。[①] 离婚在双方的人身关系、财产关系、子女的抚养、教育等方面引起的一系列法律后果，对家庭和社会生活都会产生一定的影响。

离婚有两种情况：一是男女双方自愿离婚；二是配偶一方要求离婚，另一方不愿离婚。因此，相应的离婚程序有协议离婚和诉讼离婚两种。

一、协议离婚

协议离婚是夫妻双方依据法律规定合意解除婚姻关系的法律行为。男女双方自愿离婚的，双方必须到婚姻登记机关申请离婚。婚姻登记机关查明双方确实是自愿并对子女和财产问题已有适当处理时，发给离婚证。办理离婚登记，是双方自愿离婚时必须遵守的法定程序。

---

① 参见姜明：《法学概论》，218页，南京，东南大学出版社，1998。

二、诉讼离婚

诉讼离婚是指夫妻双方对离婚或离婚后子女抚养或财产分割等问题不能达成协议，由一方向法院起诉，人民法院依诉讼程序审理后，调解或判决解除其婚姻关系的法律制度。协议离婚仅适用于双方自愿离婚并就子女和财产问题已有适当处理的情形，而诉讼离婚适用于各种情况。如果双方要解除事实婚姻，只能通过诉讼方式进行。

人民法院审理离婚案件，应当进行调解。经过人民法院进行调解以后，认定感情确已破裂，调解无效，应准予离婚。有下列情形之一，应认定感情破裂准予离婚：(1) 重婚或有配偶者与他人同居的；(2) 实施家庭暴力或虐待、遗弃家庭成员的；(3) 有赌博、吸毒等恶习屡教不改的；(4) 因感情不和分居满两年的；(5) 其他导致夫妻感情破裂的情形。一方被宣告失踪，另一方提出离婚诉讼的应准予离婚。

三、关于离婚问题的两项特别规定

1. 现役军人的配偶要求离婚，须得军人同意，但军人一方有重大过错的除外。这是对现役军人配偶离婚请求权的一种限制，是对军人婚姻的特殊法律保护。这样的规定对稳定军心，解除军人后顾之忧，为国戍边，巩固国防，有重大的现实意义。

2. 女方在怀孕期间、分娩后 1 年内或中止妊娠后 6 个月内，男方不得提出离婚。但女方提出离婚的，或人民法院认为确有必要受理男方离婚请求的，不在此限。这是根据保护妇女和儿童合法权益原则确立的规定，怀孕期间和分娩后不久，女方在身体和精神上均有一定的负担，胎儿、婴儿更是需要妥善的照料。如果男方在此期间提出离婚，很可能给女方造成强烈的刺激，以致影响孕、产妇的健康，不利于胎儿、婴儿的发育和成长。所以，在这些特定时刻对男方离婚诉权加以限制是完全合理和必要的。

四、离婚的法律后果

(一) 解除夫妻间的身份关系

离婚这种法律行为的最直接的法律后果，就是夫妻身份关系的解除。基于夫妻身份关系所发生的一切权利和义务，都随着婚姻关系的解除而消灭。其中包括：扶养关系终止，法定继承人资格的丧失等。与此同时，双方结婚自由权利恢复，一方不得对他方加以干涉。

(二) 离婚后子女的抚养和教育

离婚只是解除夫妻关系，而无法解除父母和子女间的血缘关系。离婚后，子女无论由谁抚养，仍是父母双方的子女。父母双方对子女的抚养和教育的权利谁也无权剥夺，同时这也是父母责无旁贷的义务，包括负担子女生活费和教育费的经济责任。负担费用的多少和期限的长短，由双方协议，协议不成时，由人民法院判决。这种协议和判决，不妨碍子女在必要时向父母一方提出超出协议或判决原定数额的合理要求。离婚后，哺乳期内的子女，以由哺乳的母亲抚养为原则。哺乳期后的子女．如双方因抚养问题发生争执不能达成协议时，由人民法院根据子女的权益和父母双方的实际情况判决。新修订的婚姻法规定了离婚后父母对子女的探视权。离婚后，不直接抚养子女的父或母，有探望子女的权利，另一方有协助的义务。

(三) 离婚后的财产处理

1. 离婚后夫妻婚前的个人财产归各自所有，有约定的按约定处理。离婚时所要分割的共同财产，仅以夫妻共同财产为限，不得侵害其他家庭成员的合法权益。夫妻的共同财产由双方协商处理，原则上应当平均分割，分割方法包括实物分割、价金分割和价格补偿等。协商不成时，由人民法院根据财产的具体情况，依据照顾子女和女方权益的原则及照顾无过错方原则判决。离婚时，原为夫妻共同生活所负的债务，应当共同清偿，共同财产不足以清偿的或财产归各自所有的，由双方协议连带清偿；协议不成时，由人民法院判决。

2. 婚姻关系存续期间发放到军人名下的复员费、自主择业费等一次性费用，以夫妻婚姻关系存续年限乘以年平均值，所得数额为夫妻共同财产。所谓年平均值，是指将发放到军人名下的上述费用总额按具体年限均分得出的数额。其具体年限为人均寿命70岁与军人入伍时实际年龄的差额。对于离婚时尚未获得的复员费、自主择业费等一次性费用，应作为夫妻共同财产中明确可以取得的财产。尽管离婚时不能实现，无法分割，但应当明确该财产在婚姻关系存续期间的部分属于夫妻共同财产，离婚后如果实际取得，应当予以分割。

3. 婚姻关系存续期间投资的股票、债券、投资基金份额等有价证券以及未上市股份有限公司股份是夫妻共同财产。双方对此共同财产协商不成的或者按市价分配有困难的，人民法院可以根据数量按比例分配。

4. 离婚诉讼中，当事人双方对夫妻共同财产中的房屋价值及归属无法达成协议时，人民法院按如下方式处理：(1) 双方均主张房屋所有权并且同意竞价取得的，应当准许；(2) 一方主张房屋所有权的，由评估机构按市场价格对房屋作出评估，取得房屋所有权的一方应当给予另一方相应补偿；(3) 双方均不主张房屋所有权的，根据当事人的申请拍卖房屋，就所得价款进行分割。

2011年8月13日起施行的最高人民法院《关于适用〈中华人民共和国婚姻法〉若干问题的解释（三）》第7条规定：婚后由一方父母出资为子女购买的不动产，产权登记在出资人子女名下的，可按照《婚姻法》第18条第3项的规定，视为只对自己子女一方的赠与，该不动产应认定为夫妻一方的个人财产。由双方父母出资购买的不动产，产权登记在一方子女名下的，该不动产可认定为双方按照各自父母的出资份额按份共有，但当事人另有约定的除外。根据这一条款，父母在子女婚后出全款为子女购房且产权登记在自己子女一方名下，根据物权取得原则，在司法实践中视为对自己子女一方的赠与。如果婚后夫妻双方的父母出资购房，产权登记在夫妻一方的名字，司法实践中该房产则按父母出资的份额，由夫妻双方按份共有。

一方婚前支付部分房款并取得产权证，婚后继续还贷的房产，有证据证明用婚前财产在婚后偿还贷款的，该房产认定为一方个人财产。如果是用夫妻共同财产还贷，由于一方婚前已获得该房产权，该房产为一方个人财产，但夫妻双方对婚后的还贷财产享有共有权利，离婚时，获得财产的一方应返还另一方的出资份额并给予相应补偿。

离婚时，如一方生活确有困难，另一方应给予适当的帮助，具体办法由双方协商；协商不成时，由人民法院判决。离婚时的经济帮助，不是夫妻扶养关系的延续，而是由原来婚姻关系派生出来的责任。因此，这种经济帮助是有条件的。首先，接受帮助的一方生活上确有困难，无法解决；其次，限于离婚后未再婚的，如再婚的，应出其配偶扶养。

离婚时，一方隐藏、转移、变卖、毁损夫妻共同财产，或伪造债务，企图侵占另一方财产的，分割夫妻共同财产时，对其可以少分或不分。离婚后，另一方发现其有上述行为的，可以向人民法院提起诉讼，请求再次分割夫妻共同财产。

（四）离婚后债务的处理

我国法律将夫妻对外所负担的债务分为两类，一类是共同债务，由夫妻双方共同清偿，另一类是个人债务，由个人清偿。

1. 共同债务，是指在婚姻关系存续期间为维持夫妻共同生活、经营活动，或为履行抚养、赡养义务等所负的债务。对共同债务的认定，有两个标准：第一，夫妻有无共同举债的合意。如果夫妻有共同举债的合意，无论所带来的利益是否为双方共享，均为夫妻共同债务。第二，夫妻是否分享债务所带来的利益。如果夫妻分享债务所带来的利益，即使没有共同举债的合意，该债务也是夫妻共同债务。夫妻共同债务具体包括：为夫妻、家庭共同日常生活需要所负债务；为共同生产、生活需要所负债务；为抚养子女所负债务；夫妻一方或者双方为履行法定义务所负债务，如赡养父母、为一方或者双方治疗疾病所负债务等。对共同债务，夫妻负连带责任。对共同债务的连带责任不因离婚、一方死亡而免除，也不因当事人的约定、法院的判决而改变。当事人的约定、法院判决的份额仅在当事人之间产生效力，一方对全部债务清偿后或者清偿超过双方约定额的，可以依照约定向对方追偿。

2. 夫妻个人债务，是指夫妻一方在婚前所负债务以及婚后与共同生活无关，为了满足个人需要或者为资助个人亲友所负的债务，或者是由夫妻双方约定应当由个人清偿的债务。一方单独所负的债务，依法应当由该方个人清偿。个人债务具体来说应包括下列情况：一是夫妻双方约定由个人负担的债务，但为了逃避义务而约定的则没有法律效力。二是一方未经对方同意，擅自资助与其没有抚养义务关系的亲朋好友所负的债务。三是一方没有经过对方同意，独自筹资从事经营活动，其收入也没用于共同生活所负的债务。四是一方因为个人实施违法行为所负的债务。五是一方婚前所欠个人债务。个人所负的债务，当然由个人偿还，配偶没有替其偿还的义务。

（五）损害赔偿制度的法律适用

离婚损害赔偿，是指配偶一方违法侵害配偶他方的合法权益，导致婚姻关系破裂，离婚时对无过错配偶所受的损害，过错方应向无过错方承担赔偿财产损失和精神损失的民事责任。我国新修订的婚姻法对离婚时无过错方的损害赔偿请求权问题作了规定。有下列情形之一，导致离婚的，无过错方有权请求损害赔偿：（1）重婚的；（2）有配偶者与他人同居的；（3）实施家庭暴力的；（4）虐待、遗弃家庭成员的。

构成离婚损害赔偿，首先要求过错方有法律规定的过错；其次要求受害方有损害，包括财产损害和精神损害；再次要求请求人无过错；最后要求过错行为与损害事实之间有因果关系。满足以上条件的，离婚时，无过错方可以向过错方要求离婚损害赔偿。

案例评析

法院应准许他们离婚。因为根据婚姻法的规定，因夫妻感情不和分居满 2 年是离婚的法定理由。所涉及的财产，林某姐姐赠与林某的房子是林某的个人财产，归其所有；小娟单位支付的买断工龄款为小娟个人财产，归其个人所有。所涉及的债务，林某公司所欠的40多万元债务属于个人债务，应由林某用其自己的财产清偿；小娟所借的3万元债务属于夫妻共同债务，应用夫妻共同财产偿还。

相关法条是，《婚姻法》第32条规定：男女一方要求离婚的，可由有关部门进行调解或直接向人民法院提出离婚诉讼。人民法院审理离婚案件，应当进行调解；如感情确已破裂，调解无效，应准予离婚。

有下列情形之一，调解无效的，应准予离婚：

(1) 重婚或有配偶者与他人同居的；

(2) 实施家庭暴力或虐待、遗弃家庭成员的；

(3) 有赌博、吸毒等恶习屡教不改的；

(4) 因感情不和分居满2年的；

(5) 其他导致夫妻感情破裂的情形。

一方被宣告失踪，另一方提出离婚诉讼的，应准予离婚。

知识点思维导图

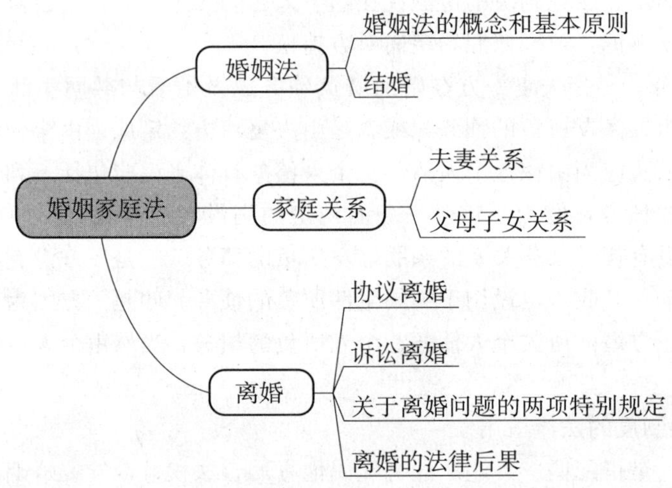

实战练习

一、选择题

1. 甲与乙登记结婚3年后，乙向法院请求确认该婚姻无效。乙提出的下列哪一理由可以成立？(　　)

A. 乙登记结婚的实际年龄与法定婚龄相差2年

B. 甲婚前谎称是海归博士且有车有房，乙婚后发现上当受骗

C. 甲与乙是表兄妹关系

D. 甲以揭发乙父受贿为由胁迫乙结婚

2. 甲、乙是夫妻，甲在婚前发表小说《昨天》，婚后获得稿费。乙在婚姻存续期间发表了

小说《今天》，离婚后第二天获得稿费。甲在婚姻存续期间创作小说《明天》，离婚后发表并获得稿费。下列哪一选项是正确的？（　　）

A. 《昨天》的稿费属于甲婚前个人财产

B. 《今天》的稿费属于夫妻共同财产

C. 《明天》的稿费属于夫妻共同财产

D. 《昨天》、《今天》和《明天》的稿费都属于夫妻共同财产

3. 甲男与乙女通过网聊恋爱，后乙提出分手遭甲威胁，乙无奈遂与甲办理了结婚登记。婚后乙得知，甲婚前就患有医学上不应当结婚的疾病且久治不愈，乙向法院起诉离婚。下列哪一说法是正确的？（　　）

A. 法院应判决撤销该婚姻

B. 法院应判决宣告该婚姻无效

C. 对该案的审理应当进行调解

D. 当事人可以对法院的处理结果依法提起上诉

4. 网名“我心飞飞”的21岁女子甲与网名“我行我素”的25岁男子乙在网上聊天后产生好感，乙秘密将甲裸聊的镜头复制保存。后乙要求与甲结婚，甲不同意。乙威胁要公布其裸聊镜头，甲只好同意结婚并办理了登记。下列哪些说法是错误的？（　　）

A. 甲可以自婚姻登记之日起1年内请求撤销该婚姻

B. 甲可以在婚姻登记后以没有感情基础为由起诉要求离婚

C. 甲有权主张该婚姻无效

D. 乙侵犯了甲的隐私权

5. 2003年5月王某（男）与赵某结婚，双方书面约定婚后各自收入归个人所有。2005年10月王某用自己的收入购置一套房屋。2005年11月赵某下岗，负责照料女儿及王某的生活。2008年8月王某提出离婚，赵某得知王某与张某已同居多年。法院应支持赵某的下列哪些主张？（　　）

A. 赵某因抚育女儿、照顾王某生活付出较多，王某应予以补偿

B. 离婚后赵某没有住房，应根据公平原则判决王某购买的住房属于夫妻共同财产

C. 王某与张某同居导致离婚，应对赵某进行赔偿

D. 张某与王某同居破坏其家庭，应向赵某赔礼道歉

6. 张某和柳某婚后开了一家美发店，由柳某经营。二人自2005年6月起分居，张某于2005年12月向当地法院起诉离婚。审理中查明，柳某曾于2005年9月向他人借款2万元用于美发店的经营。下列哪些选项是正确的？（　　）

A. 该美发店属于夫妻共同财产

B. 该债务是夫妻共同债务，应以共同财产清偿

C. 该债务是夫妻共同债务，张某应承担一半的清偿责任

D. 该债务系二人分居之后所负，不是用于夫妻共同生活，应由柳某独自承担清偿责任

二、案例分析

甲（男，23岁），乙（女，19岁），为达到结婚目的，乙篡改了户口本并制作了假身份证后在民政部门领取了结婚证。结婚前甲的父母为甲购买了一套住房，供甲、乙婚后居住，婚后

乙的父母为乙买了一套住房供甲、乙居住。三年后甲与乙的感情不和，乙要离婚，甲不同意，于是乙诉至法院主张甲、乙结婚时乙尚未到法定结婚年龄，婚姻无效，请求法院予以确认。

问题：

1. 法院是否应当支持乙的主张？为什么？

2. 住房该如何处理？

3. 若在结婚前甲对乙谎称其父亲为亿万富翁，结果其父只是一个普通工人，乙在知晓此情况后是否可以申请确认婚姻无效？

4. 若乙发现甲与第三人丙同居，向法院提出离婚诉讼，法院是否应当准许？乙向甲提出损害赔偿请求是否可以得到法院的支持？

第九章 继承法

学习目标：继承法调整继承法律关系，是我国民事法律部门中的重要组成部分。学好继承法知识，有利于公民正确处理继承关系，促进家庭团结，构建和谐社会。学习本章，要求掌握继承接受和放弃，掌握继承权的丧失，掌握法定继承、代位继承和转继承，掌握遗嘱继承和遗赠。

第一节 继承与继承法

案例导入

李铁山早年丧偶，1996 年退休后开了个五金商店，由于商店地处闹市区，生意相当红火，几年下来攒了不少钱。小儿子李立因吸毒经常到店里拿钱，父亲不给即抢，并多次打伤父亲。一次李立因犯毒瘾又来抢钱，李铁山没给，李立拿刀就砍，李铁山当场死亡。二儿子李刚恰巧看见父亲惨死，当即将李立打死，并因此被判刑 12 年。大儿子李建在办理父亲的丧事时，无意发现父亲的遗嘱，由三个儿子平分他的遗产。于是李建偷偷改了遗嘱，给自己增加了 1 万元应继承份额。

问题：这三个儿子都有谁能继承父亲的遗产呢？

知识讲解

一、继承和继承法的概念

继承是指公民死亡后依法或依其生前所立的合法遗嘱，将其遗留的个人合法财产和其他合法权益转移给他人所有的一种法律制度。在继承法律关系中，遗留财产的死者为被继承人；依法或依遗嘱取得财产的人为继承人；被继承人遗留的个人合法财产和其他合法权益为遗产；继承人依照法律规定或依被继承人生前所立遗嘱的指定而取得遗产的权利，叫做继承权。

继承法是调整公民死亡后其遗留的个人合法财产移转关系的法律规范的总称，是我国民法的重要组成部分。它具有以下五个方面的特点：

1. 继承法是一种与身份法相联系的财产法，既有身份属性，又有财产属性。继承的财产流转多数情况下与特定的亲属身份关系相联系，身份权是继承权的前提，继承权是身份权的派生。①

① 参见孟令志、曹诗权、麻昌华：《婚姻家庭与继承法》，266 页，北京，北京大学出版社，2012。

2. 继承法是实体法而不是程序法。继承法调整的对象是财产继承关系，解决的根本问题是确定遗产的权利主体归属，使财产的权利主体发生变更。

3. 在我国民事法律体系中，继承法是民法典的一个不可分割的部分，处于基本法的地位。

4. 由于继承法的身份性特点，为维护和充分实现婚姻家庭的伦理作用和社会职能，法律多表现为强行性规范形式，其任意性色彩没有其他民法规范那么明显。

二、继承法的基本原则

继承法的基本原则是指能够贯穿全部继承法律规范内容的指导思想，它是继承法立法的基础，是人们处理遗产继承问题的基本准则。

（一）保护公民合法财产继承权原则

这是我国社会主义继承法的基础和依据。这一原则的含义是：公民依法享有继承财产的权利，任何人不得干涉。公民的继承权利受到侵害时，有请求法律保护的权利。

（二）继承权男女平等原则

这一原则主要体现在：在同一亲等的继承人中，在继承数额、继承顺序、继承人范围上不因性别不同而有所差异，男女平等。

（三）养老育幼、团结互助的原则

养老育幼，保护和照顾老、幼、病、残等社会成员中的“弱者”，是我国整个法律体系共同倡导和坚持的原则。继承法从遗产继承这一特定方面确认和坚持这一原则，是确保家庭职能实现、发挥亲属关系的不可替代的社会作用的现实需要。这一原则主要体现在：（1）在法定继承中，对于生活有特殊困难、缺乏劳动能力的继承人，分配遗产时应予以照顾；（2）在遗嘱继承中，应给缺乏劳动能力又没有生活来源的继承人保留必要的遗产份额；（3）遗产分割时，应为胎儿保留继承份额；（4）公民可与扶养人或集体组织签订遗赠扶养协议。

（四）权利与义务相一致原则

这一原则主要表现为：（1）丧偶的儿媳对公婆、丧偶的女婿对岳父母尽了主要赡养义务的，视为公婆、岳父母的第一顺序继承人；（2）同一顺序的继承人中尽了主要扶养义务的，分配遗产时可以多分，有履行义务能力和履行义务条件而未尽扶养义务的，应当不分或少分；（3）继承人接受遗产时，须在继承人遗产实际价值限度内，偿还被继承人遗留的个人合法债务和税款；（4）在遗赠扶养协议中，扶养人尽了扶养义务的才有权取得遗赠。

三、继承法律关系

（一）继承的开始

我国《继承法》第2条规定：“继承从被继承人死亡时开始。”据此，被继承人的死亡时间，就是继承开始的时间，从而认定继承开始的时间实际上就是确认被继承人的死亡时间。

被继承人死亡一般包括生理死亡和宣告死亡两种情况。两个及以上互有继承权的人在同一事故中死亡，如果不能确定死亡先后时间的，则各死亡人的死亡时间应当如何确定，是一个直接影响继承人利益的重要问题。

依据最高人民法院《关于贯彻执行〈中华人民共和国继承法〉若干问题的意见》（以下简称最高人民法院《意见》）第2条，相互有继承关系的几个人在同一事件中死亡，并且不能确定死亡先后时间的，那么推定没有继承人的先死亡。死亡人各自都有继承人的，如果几个死亡人辈分不同，推定长辈先死亡；几个死亡人辈分相同，推定同时死亡，彼此不发生继承，由他们各自的继承人分别继承。继承开始的时间具有重要的意义，它是确定遗产范围、继承人范围和顺序的时间，也是确定遗嘱的效力、放弃继承权的效力的时间。

（二）继承权

继承权是指民事主体享有的依照法律规定或被继承人的遗嘱指定而承受被继承人财产权利和义务的一种民事权利。继承权的内容可以归结为三部分：

1. 继承权的取得

即继承开始后，继承人既没有丧失继承权，也没有明确表示放弃继承的，则有权直接参加遗产分割。自然人取得继承权主要有两种方式：法律直接规定和合法有效的遗嘱的指定。前者为法定继承权的取得，后者为遗嘱继承权的取得。

2. 继承权的放弃

继承权的放弃是指继承人在继承开始后、遗产分割前，以明示的方式作出的拒绝接受被继承人遗产的意思表示。放弃继承权就是放弃继承，是一种单方民事法律行为，仅凭继承人的单方意思表示，便发生法律效力，无须取得他人同意。放弃继承是继承人对自己继承权的一种处分，是法律赋予继承人的一种自由。

继承权的放弃需要继承权人通过一定的方式作出，属于要式行为。因为继承权的放弃与继承人利益关系重大，所以为确认继承权人的继承权是否放弃，多数国家的法律要求必须采用明示的方式作出。

遗产处理前或在诉讼进行中，继承人对放弃继承反悔的，由人民法院根据其提出的具体理由决定是否承认。遗产处理后，继承人对放弃继承反悔的，不予承认。

3. 继承权的丧失

继承权的丧失是指对被继承人或其他继承人犯有某种罪行或者有其他违法行为的继承人，依照法律剥夺其原来享有的继承权，从而使其丧失继承权的法律制度。《继承法》第7条规定了继承权丧失的法定事由：故意杀害被继承人的；为争夺遗产而杀害其他继承人的；遗弃被继承人或者虐待被继承人情节严重的；伪造、篡改或者销毁遗嘱，情节严重的。具备上述四种情形之一，继承人即丧失继承权。在具体适用中，应注意把握以下几点：

（1）无论继承人的上述行为是发生在被继承人死亡之前，还是死亡之后，丧失继承权均应从继承开始之时起生效，且具有自然丧失继承权的法律效果。如因是否丧失继承权而发生纠纷，则应诉请人民法院确认。

（2）继承人只是丧失对特定被继承人遗产的继承权；如发生其他继承关系，其继承权并不丧失。比如甲为了继承父亲遗产而杀死父亲，则甲丧失了对父亲遗产的继承权，但甲并不丧失对母亲遗产的继承权。

（3）继承人丧失继承权，其晚辈直系血亲亦丧失代位继承权。

（4）丧失继承权既适用于法定继承，也适用于遗嘱继承；既适用于第一顺序继承人，也适用于第二顺序继承人和代位继承人。

（5）继承人虐待被继承人情节严重的，或者遗弃被继承人的，如以后确有悔改表现，而且被虐待人、被遗弃人生前又表示宽恕的，可不确认其丧失继承权。

四、遗产

(一) 遗产的范围

遗产是自然人死亡时遗留下来的个人合法财产。法律允许公民个人享有所有权的财产范围，决定了财产所有权的可继承范围，亦即公民依法享有所有权的财产范围，也就是可继承的财产范围。所以，我国《继承法》第 3 条对遗产范围的规定，是从公民个人享有所有权的财产范围角度来确定的，并与《民法通则》第 75 条的规定相一致。具体包括：(1) 公民的收入；(2) 公民的房屋、储蓄和生活用品；(3) 公民的林木、牲畜和家禽；(4) 公民的文物、图书资料；(5) 法律允许公民所有的生产资料；(6) 公民的著作权、专利权中的财产权利；(7) 公民的其他合法财产。

其中，公民的其他合法财产主要包括：

1) 公民依法享有的用益物权，包括土地承包经营权、建设用地使用权、宅基地使用权。

2) 公民依法享有的担保物权。有抵押权、质权和留置权。

3) 公民依法享有的无形财产权。公民生前依法享有的无形财产权，应如同有形财产所有权一样，作为遗产由其继承人继承。从目前法律确认和保护的无形财产权来看，至少有四种可以作为遗产：其一，公民的著作权、专利权中的财产权利，而且公民生前未发表作品的发表权虽认定为人身权内容，但也可以由继承人继承；其二，公民个人的商标专用权；其三，公民的发现权、发明权、科技进步权、合理化建议权等知识产权中的财产权利；其四，个体工商户、私营企业的名称权或商号权。

(二) 遗产的分割

遗产分割是指数个继承人分割共同继承的遗产。遗产分割时，应先明确遗产的范围，只能分割被继承人的遗产，不能把他人的财产作为遗产分割。然后，在遗产分割时，要保留胎儿应继承份额，胎儿出生时是死体的，保留的份额按照法定继承办理。胎儿活着出生，后又死亡的，保留份额由其母亲继承。其母亲死亡的，由第二顺序继承人继承。分割遗产时，要注意不损害遗产的效用，要有利于继承人的生产和生活的需要，具体办法按照共有财产的分割办法处理。

《继承法》规定继承人继承遗产应当清偿被继承人依法应当缴纳的税款和债务。但缴纳税款和清偿债务以被继承人的遗产实际价值为限，超过遗产实际价值部分的债务，继承人自愿偿还的，法律不禁止。无人继承的，遗产归国家所有；死者生前是集体所有制组织成员的，其遗产归所在集体所有制组织所有。

案例评析

大儿子李建仍享有继承权。李建虽有篡改遗嘱的行为，但不构成情节严重，所以并不丧失继承权。

二儿子李刚也享有继承权。本案中李刚杀害李立的行为是见父亲被害，出于义愤，因此不丧失继承权。

小儿子李立没有继承权。本案中因李立有故意杀害李铁山的行为，故其丧失继承权。

相关法条是，我国《继承法》第 7 条规定：继承人有下列行为之一的，丧失继承权：

(1) 故意杀害被继承人的；(2) 为争夺遗产而杀害其他继承人的；(3) 遗弃被继承人的，或者虐待被继承人情节严重的；(4) 伪造、篡改或者销毁遗嘱，情节严重的。

最高人民法院《意见》对于情节严重进行了界定，即继承人伪造、篡改或销毁遗嘱，侵害了缺乏劳动能力又无生活来源的继承人的利益，并造成其生活困难的，应认定其行为情节严重。

因此，本案中的遗产由李建与李刚共同继承。

第二节 法定继承

案例导入

王大爷早年丧妻，膝下一儿一女。老人辛苦半生，终于把这对儿女的终身大事都解决好了，老人也可以松口气了。女儿嫁到远乡，王大爷和儿子、儿媳一起生活。儿子、儿媳体贴孝顺，孙子活泼可爱，一家其乐融融。可是好景不长，2004 年王大爷的儿子遭遇车祸意外身亡，王大爷听到噩耗，一下子瘫在了床上。儿媳为使年迈的公公能安度晚年，幼小的儿子得到母爱，毅然决定暂不改嫁，专心养老育幼，直到 2010 年老人寿终。王大爷死后留下三间平房和50 000元现金。他的女儿在料理完丧事后向嫂子说："这些遗产是我父母留下的，本应由我和哥哥共同继承，现在哥哥已去世，遗产只能由我一人继承。"双方发生争执，起诉到法院，要求解决。

问题：王大爷的遗产应该怎么处理？

知识讲解

一、法定继承的概念

法定继承是遗产继承的一种方式，又称无遗嘱继承，它是指继承人的范围、继承顺序和遗产分配原则等均按法律规定确定的一种继承方式。

法定继承具体适用于下列情况：

(1) 被继承人生前没有遗嘱，也没有订立遗赠扶养协议；

(2) 被继承人立有遗嘱，但遗嘱全部无效，或者部分无效所涉及的遗产；

(3) 遗嘱继承人放弃继承或者受遗赠人放弃受遗赠；

(4) 遗嘱继承人丧失继承权或受遗赠人丧失受遗赠权；

(5) 遗嘱继承人、受遗赠人先于遗嘱人死亡；

(6) 遗嘱未处分的遗产。

二、法定继承人的范围

法定继承人是法律直接规定的可以依法继承被继承人遗产的人。其范围的确定，一般以法定的亲属范围为依据。我国《继承法》关于法定继承人范围的规定与婚姻法所调整的亲属范围基本一致。根据我国《继承法》，我国法定继承人包括：被继承人的配偶、子女、父母、兄弟姐妹、祖父母、外祖父母，以及在特定条件下的丧偶儿媳和女婿。

1. 配偶。依法建立的夫妻关系，夫妻双方具有平等的相互继承遗产的权利。配偶继承权以一方死亡时存在有效的婚姻关系为前提。我国历来推行结婚登记制度，男女双方从办理结婚登记，取得结婚证之日起，在登记离婚、取得离婚证或诉讼离婚的调解书、判决书生效之前，在法律上即为有效存在之婚姻关系，双方当事人具有合法的配偶身份，任何一方死亡，生存一方即应享有继承权。不能因生存一方性别的不同而给予继承权上的歧视或差异。

2. 子女。既包括婚生子女，也包括非婚生子女、养子女和有扶养教育关系的继子女，还包括没有出生的胎儿。所有子女不受性别、年龄和婚姻状态的限制而享有平等的继承权。

3. 父母。包括生父母、养父母和有扶养关系的继父母，他们对子女的遗产享有继承权，不存在扶养教育关系的继父母对继子女无继承权。

4. 兄弟姐妹。兄弟姐妹是被继承人最近的旁系血亲。兄弟姐妹既包括同父母的兄弟姐妹，也包括同父异母或同母异父的兄弟姐妹，他们相互之间都有继承财产的权利。

5. 祖父母、外祖父母。他们都享有继承其死亡的孙子女和外孙子女的遗产的权利。

6. 丧偶儿媳、丧偶女婿。我国《继承法》第12条明确规定，丧偶儿媳对公婆、丧偶女婿对岳父母尽了主要赡养义务的，作为第一顺序继承人，享有法定继承权。在实践中，判断其是否尽了主要赡养义务一般从三个方面加以考察：一是生活上对老人进行照料，精神上、情感上给予抚慰；二是经济上进行扶助和供养；三是时间上表现出赡养的经常性、长期性和稳定性。最高人民法院《意见》第30条明确提出：对被继承人生活提供了主要经济来源，或在劳务等方面给予了主要扶助的，应当认定其尽了主要赡养义务。

三、法定继承的顺序

法定继承人的顺序，即法定继承人的顺位，是指法律直接规定的法定继承人参加继承、实际享有和行使继承权的先后次序。继承开始后，属于法定继承人范围的人不能不分先后地同时进入继承，而必须按照法律规定的顺序，依先后次序决定是否能作为继承权主体实际介入继承关系中。

我国《继承法》第10～12条对于法定继承人的顺序作了如下规定：

第一顺序是：配偶，子女，父母。此外还有对公婆尽了主要赡养义务的丧偶儿媳，对岳父、岳母尽了主要赡养义务的丧偶女婿。

第二顺序是：兄弟姐妹，祖父母，外祖父母。

继承开始后，首先由第一顺序继承人继承，第二顺序继承人不能继承。在没有第一顺序继承人的情况下，才由第二顺序继承人继承。同一顺序继承人中，各继承人的法律地位是平等的。

四、胎儿预留份制度

自然人的权利能力始于出生，只有已出生的人才具有民事主体的资格，享有民事权利。胎儿既然没有出生，则在法律上不能成为独立的现实意义的权利主体，不能叫继承人。但按生育之规律，胎儿有可能成为将来之权利主体。为维护胎儿出生后的生存和生活利益，实现父母对子女抚养关系的有效延续，各国在继承法上都无不为胎儿预设一种继承地位，确认其可得遗产利益，这被称为胎儿的预留份制度。我国继承法也规定了这一制度，将胎儿确认为生父的第一继承顺序，使其在出生后能取得作为子女之一的独立应继份额。《继承法》第 28 条规定："遗产分割时，应当保留胎儿的继承份额。胎儿出生时是死体的，保留的份额按照法定继承办理。"最高人民法院《意见》第 45 条进一步明示：为胎儿保留的遗产份额，如胎儿出生后死亡的，由其继承人继承；如胎儿出生时就是死体的，由被继承人的继承人继承。

五、代位继承和转继承

（一）代位继承

代位继承，是指在被继承人的子女先于被继承人死亡的情况下，继承开始后，被继承人的子女的晚辈直系血亲可以代替其先亡的父母继承被继承人的遗产。先于被继承人死亡的子女称为被代位继承人，代替被代位继承人取得遗产的晚辈直系血亲叫代位继承人。这一继承方式的常态表现即孙子女、外孙子女代替其先死亡的父、母继承祖父母、外祖父母的遗产，其终局结果是使孙子女、外孙子女依法以替代方式成为祖父母、外祖父母的第一顺序继承人。

其法律特征表现为：（1）被继承人的子女必须先于被继承人死亡；（2）代位继承人必须是被继承人子女的晚辈直系血亲，旁系亲属或长辈直系血亲都没有代位继承权。婚生子女、非婚生子女、养子女、有抚养教育关系的继子女有同等代位继承权。（3）代位继承人一般只能继承他的父亲或母亲有权继承的遗产份额。（4）代位继承只适用于法定继承，不适用于遗嘱继承。

代位继承在表现形式上是一种间接继承，而不是由继承人直接亲自继承；在继承方式的定性上，则毫无疑问属于法定继承，代位继承人亦只能归于法定继承人范围，具有法定性、强行性和严格的身份性。

（二）转继承

转继承，是指继承人在继承开始后、遗产分割前死亡，其所应继承的遗产份额转由该继承人的合法继承人承受。

转继承属于两个继承关系的正常连续运行，完全适用一般继承法律规则。转继承与代位继承一样，都存在两个死亡事实，都是被继承人的遗产由继承人的继承人取得。但是，对两者不能混淆，它们的主要区别表现在：

1. 代位继承是继承人先于被继承人死亡，转继承的继承人则后于被继承人死亡。
2. 代位继承只发生于法定继承中，转继承除法定继承外，还可存在于遗嘱继承。
3. 代位继承人只能是被代位继承人的晚辈直系血亲，转继承不受此限。
4. 代位继承人所继承的只是被继承人的权利义务，转继承人所继承的，不仅有被继承人的权利义务，还有继承人的权利义务。

案例评析

根据我国继承法的规定，丧偶儿媳对公、婆尽了主要赡养义务的，可以作为第一顺序继承人参与继承。在本案中，王大爷的儿媳在丈夫去世后一直留在家里伺候生病的公公，对王大爷尽了主要的赡养义务，所以儿媳可以继承公公王大爷的遗产。此外，在本案中，儿子作为继承人，死在了被继承人王大爷之前，其子可以享有代位继承权。所以王大爷的遗产，应该由儿媳、女儿、孙子三人共同继承。

相关法条是，《继承法》第 12 条规定，丧偶儿媳对公、婆，丧偶女婿对岳父、岳母，尽了主要赡养义务的，作为第一顺序继承人。最高人民法院《意见》第30条规定，对被继承人生活提供了主要经济来源，或在劳务等方面给予了主要扶助的，应当认定其尽了主要赡养义务或主要扶养义务。

第三节 遗嘱继承

案例导入

李树纲以打鱼为生，有两层楼房一幢，共12间房。其女李玲出嫁多年，常有来往。长子李全喜，用自己经商收入建房4间，自成家庭；李全喜前妻早丧，遗子李山；后妻任平，生子李林。李山是复员军人，为成立小家庭用复员费购置新房2间，其妻何慧，生女李洁。李树纲的次子李全兴已病故，妻子王氏带儿子李明星另嫁。李树纲有一友宋建曾帮助过李树纲，李树纲想赠与其一笔钱，但其未接受。李树纲即写下字据待自己死后将自己房屋2间赠给宋建的儿子宋明。2014年年初，李树纲、李全喜、李山三人出海打鱼，遇台风船毁人亡，但各人死亡时间不能确定。丧事完毕，死者亲属们为房产分割发生纠纷。李玲认为，其兄已死，她是李树纲唯一子女，要求继承李树纲的房屋12间；任平认为李玲是出嫁女，不能回娘家分房子，她系李树纲的丧偶儿媳，因此房屋应由她和李林继承；另外，她还认为李山也系其子，她亦有权继承李山的房产。何慧不同意他们的意见，她和李洁均请求分割遗产，李明星也要求继承。宋明得知受遗赠后3个月来一直未表明态度，但在发生纠纷时也提出分割遗产要求。

问题：请指出本案的被继承人和遗产，并说明被继承人死亡的先后顺序及认定理由。本案当事人李玲、任平、李林、何慧、李洁、李明星、宋明能否分割遗产，分别说明理由。

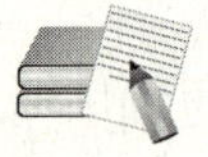

知识讲解

一、遗嘱的概念

遗嘱是指被继承人生前在法律允许的范围内按照法律规定的方式处分自己的财产或其他事务，并于遗嘱人死亡时发生法律效力的一种民事法律行为。

遗嘱作为一种法律行为，必须具备法律行为的有效条件，遗嘱的有效条件可归纳为四个方面：

1. 遗嘱人立遗嘱时必须具有遗嘱能力

遗嘱能力是遗嘱人生前依法享有的订立遗嘱、独立自主地处分自己财产的资格。遗嘱人作出这种处分，必须有足够的认识水平，能够意识到其行为的性质，把握行为的后果。而遗嘱人要达到这种意识和认识水平，则必须达到一定的年龄和具有正常的精神智力状态。这种能力既是遗嘱人的主体资格要件，也是遗嘱的有效条件。我国《继承法》第22条第1款规定："无行为能力人或者限制行为能力人所立的遗嘱无效。"

一个成年人的行为能力往往处于动态变化之中，或从无行为能力、限制行为能力变为完全行为能力，或从完全行为能力转为无行为能力或限制行为能力。由此就产生了确定遗嘱人是否具有遗嘱能力，是以遗嘱人设立遗嘱时为准，还是以遗嘱发生效力，即遗嘱人死亡时为准的问题。最高人民法院《意见》第41条明确指出："遗嘱人立遗嘱时必须有行为能力。无行为能力人所立的遗嘱，即使其本人后来有了行为能力，仍属无效遗嘱。遗嘱人立遗嘱时有行为能力，后来丧失了行为能力，不影响遗嘱的效力。"

2. 遗嘱必须是遗嘱人的真实意思表示

所谓意思表示真实，是指行为人在意志自由、能准确认识到自己的意思表示之法律效果的前提下，内心意图与外部表达相一致的状态。遗嘱之意思表示真实，就是遗嘱人在完全自由并确知遗嘱的法律后果的前提下，其关于预先处分死后财产或安排死后其他事务的主观愿望与遗嘱形式记载和反映的内容相互一致和吻合。换言之，即遗嘱人主观期望的即遗嘱所反映的，而遗嘱中所记载的就是遗嘱人自己要求的。两者不存在矛盾和冲突，即为意思表示真实。遗嘱人受胁迫、欺骗所立的遗嘱无效；伪造、篡改的遗嘱内容无效；乘人之危所立的遗嘱无效。

3. 遗嘱内容必须合法

遗嘱内容涉及财产处分、遗嘱继承人或受遗赠人及其他相关民事主体的权利义务等多个方面，并与家庭乃至社会生活秩序和公共利益紧密联系。因此，遗嘱是否有效，必须对遗嘱内容进行严格审定和把握，只有内容合法的遗嘱，才具备有效条件，才能得到法律的确认和保护。

4. 遗嘱必须符合法定形式

遗嘱是要式法律行为。遗嘱人设立遗嘱，必须遵行继承法所规定的形式，这是从形式上保证遗嘱出于遗嘱人的真实意思表示。遗嘱是否符合法定的形式，应以遗嘱设立时法律规定的标准为准。最高人民法院《意见》第35条指出："继承法实施前订立的，形式上稍有欠缺的遗嘱，如内容合法，又有充分证据证明确为遗嘱人真实意思表示的，可以认定遗嘱有效。"这里所指的形式上稍有欠缺，是指与继承法中规定的形式要求相比有一定缺失，但符合遗嘱设立当时的有关规定。据此，在继承法实施后所设立的遗嘱如在形式上有欠缺，则应认定无效。

二、遗嘱的形式

所谓遗嘱的形式是指遗嘱人表达自己处分其财产的意思表示的方式。法律对遗嘱形式的规定，奉行强制性与灵活性相结合的原则，即一般不是只规定一种单一的形式，而是确认多种有效形式，供遗嘱人选用。遗嘱人在法定形式的范围中有一定的选择自由。

根据继承法，合法的遗嘱形式有以下五种：

1. 公证遗嘱，即经过国家公证机关依法认可其真实性和合法性的书面遗嘱。在遗嘱形式的类别中，公证遗嘱可谓是最具严格形式的遗嘱，较之其他的遗嘱形式更能保障遗嘱人意思表示的真实性。因此，在认定、执行遗嘱和处理有关继承纠纷时，公证遗嘱是证明遗嘱人之真实意思表示的最有力和最可靠的证据。其形式要件为：须为书面形式，有遗嘱人签名或签章；须一式二份，一份由遗嘱人留存，一份由公证机关保存；须有公证机关出具的《遗嘱证明书》。办理遗嘱公证，遗嘱人必须亲自办理，不得委托代理。

2. 自书遗嘱，即遗嘱人生前亲手书写的遗嘱。这种遗嘱形式简便易行，保密性强，在生活中运用较为广泛。其形式要件为：须为遗嘱人亲笔书写；须有遗嘱人签名，并注明年、月、日。遗嘱人必须亲自书写遗嘱内容全文。

3. 代书遗嘱，即由遗嘱人口述遗嘱内容，他人代为书写制作的遗嘱。通常情况下遗嘱是遗嘱人亲自书写，这样便于遗嘱人准确表达其真实意志，符合遗嘱保密性要求。但在遗嘱人不具有文字书写能力，或者因某种原因不能亲笔书写的情况下，法律得允许委托他人代书遗嘱以施补救。其形式要件为：由遗嘱人口述遗嘱内容；须有两个以上的合法见证人在场见证，由其中一人代办；须有遗嘱人、代书人、其他见证人的签名，并注明年、月、日。

4. 录音遗嘱，即以录音磁带录记遗嘱人处分其遗产的语音的遗嘱。这种形式的遗嘱较之口头遗嘱更可靠，而且取证方便，不需要他人的复述。但由于录音、录像制品也容易被他人剪辑、复制从而难辨真伪，所以，在法律上一方面要承认录音遗嘱的可行性，另一方面又不得不给予一定条件的限制。其形式要件是：须是遗嘱人语音的录记；须有两个以上的合法见证人在场见证，并在录音遗嘱的磁带中录记见证人自报的姓名、见证的时间、地点等。

5. 口头遗嘱，即指遗嘱人口头表述的遗嘱。这种遗嘱形式是遗嘱人在危急情况下来不及采用其他类型的遗嘱，基于法律的规定而用口述形式设立的一种特别遗嘱。口头遗嘱既有简便、应急的好处，又有容易被篡改、伪造、遗忘失真的不足。所以世界各国对口头遗嘱的立法态度殊有不同，但总的取向是有条件、有限制地予以承认。针对口头遗嘱的双面效用，我国《继承法》给予其概括式承认和限制。其形式要件是：须是遗嘱人在危急情况下的口述；须有两个以上的合法见证人在场见证。

上述5种遗嘱形式中，代书遗嘱、录音遗嘱、口头遗嘱有着一个共同的法律要件，即都必须有两个以上的见证人在场见证。因此，设立这三种形式的遗嘱，特别要注意把握遗嘱见证人的资格条件。我国《继承法》第18条明确规定下列三种人不得作遗嘱见证人：（1）无行为能力人、限制行为能力人；（2）继承人、受遗赠人；（3）与继承人、受遗赠人有利害关系的人。所谓与继承人、受遗赠人有利害关系的人是指继承人、受遗赠人能否取得遗产、取得多少遗产会直接影响其利益的人，通常包括继承人、受遗赠人的近亲属（如配偶、子女、父母、兄弟姐妹、祖父母、外祖父母、孙子女、外孙子女），继承人、受遗赠人的债权人、共同经营的合伙人等。这部分人因与遗嘱实际上有着间接的利害关系，有可能影响对遗嘱作出客观公正的证明，所以不能作为遗嘱代书人和见证人。

三、遗嘱的变更和撤销

根据遗嘱自由的原则精神，自然人不仅可以自由地订立遗嘱，预先处分自己死后的财产，而且可以依法随时变更或撤销已设立的遗嘱，从而更充分和真实地表达自己的遗嘱意思。

（一）遗嘱的变更和撤销的概念

遗嘱的变更，是指遗嘱人在遗嘱设立后对遗嘱内容的部分修改或变动，即遗嘱人依法改变其原来所立遗嘱的部分内容，并使修改后的遗嘱将因遗嘱人死亡而发生法律效力的单方法律行为。

遗嘱的撤销，又称遗嘱的撤回，是指遗嘱人在设立遗嘱后又取消原来所立的遗嘱，即遗嘱人将自己原来所立遗嘱的全部内容予以废弃，使之不发生法律效力的单方法律行为。

（二）遗嘱的变更和撤销的要件

遗嘱的变更和撤销与遗嘱的设立一样，是一项严肃的法律行为，必须具备四个基本要件：

1. 遗嘱人变更或撤销遗嘱时，必须具有遗嘱能力。

2. 变更或撤销遗嘱的意思表示必须是遗嘱人本人亲自作出，不能由他人代理。所以遗嘱的变更或撤销只会发生在遗嘱人生存期间。

3. 变更或撤销必须是遗嘱人的真实意思表示。遗嘱人因受胁迫、欺骗等违背其真实意愿作出表示或实施行为导致遗嘱变更或撤销的，不发生变更或撤销的法律后果，原立遗嘱仍应有效。

4. 遗嘱人明示变更或撤销遗嘱，其意思表示与设立遗嘱应保持相一致的形式。其中公证遗嘱只能以公证形式予以变更或撤销；其他形式的遗嘱可以交替互换而变更或撤销，但口头形式原则上不能用来变更或撤销书面遗嘱和录音遗嘱。

（三）遗嘱变更和撤销的方式

遗嘱变更和撤销的方式可分为两种：一是明示的变更和撤销，二是法律推定的变更和撤销。

1. 明示方式

即遗嘱人以明确的意思表示对原立遗嘱予以变更或撤销。此种方式操作简便，表意清楚，证据确凿，在实践中最容易认定和把握。

2. 推定方式

遗嘱变更或撤销的推定方式，是指遗嘱人虽未以明确的意思表示变更、撤销所设立的遗嘱，但法律根据遗嘱人在遗嘱成立后的某种行为推定遗嘱人具有变更或撤销遗嘱的意思，并实际产生变更或撤销遗嘱的法律后果。常见的方式包括：（1）遗嘱人立有数份遗嘱，且内容相互抵触的，推定后立的遗嘱变更或撤销前立遗嘱。（2）遗嘱人生前的行为与遗嘱的内容相抵触的，推定变更或撤销遗嘱。（3）遗嘱人故意毁损、涂销遗嘱或在书面遗嘱上写明废弃的意思，应推定为遗嘱的变更或撤销。

遗嘱变更、撤销的效力主要表现为使原遗嘱的内容不能产生实际效果，即遗嘱人死亡时，已被变更或撤销的遗嘱内容不得生效。遗嘱变更的，应以变更后的遗嘱内容为遗嘱人的真实意思表示，按变更后的遗嘱来确定遗嘱的有效或无效，依变更后的遗嘱执行。遗嘱撤销的，被撤销的原遗嘱废弃，不具任何效力，以新设立的遗嘱为遗嘱人的真实意思表示，按新设立的遗嘱来确定遗嘱的效力和予以执行。原遗嘱被撤销而未立新遗嘱的，则认定遗嘱人没有遗嘱，按法定继承处理。

四、遗赠和遗赠扶养协议

1. 遗赠

遗赠是遗嘱继承的一种特殊形式，是遗嘱继承中不可缺少的组成部分。遗赠是遗赠人采用遗嘱的形式，将其财产的一部分或者全部赠与国家、集体、组织或者法定继承人以外的其他公民而于其死后发生法律效力的单方法律行为。在遗赠中，遗嘱人就是遗赠人，被遗嘱指定接受遗赠利益的人，叫做受遗赠人。

遗赠必须以遗嘱方式进行，它是一种单方法律行为。遗赠虽是遗赠人生前作出的意思表示，但只有在遗赠人死亡后才发生法律效力。

2. 遗赠扶养协议

遗赠扶养协议，是指遗赠人与继承人之外的扶养人订立的，由扶养人承担遗赠人生养死葬的义务，遗赠人的财产在其死后转归扶养人所有的协议。它实质上是一种附条件的遗赠。在此协议中，遗赠人同时是被扶养人；扶养人同时是受遗赠人，并且既可以是自然人，也可以是集体所有制组织。

遗赠扶养协议作为类似于合同的双方法律行为，依法产生如下法律效力：

(1) 遗赠扶养协议一经订立，即开始生效，对双方产生法律约束力。除双方通过协商一致而变更或解除之外，任何一方均不得擅自变更或解除。

(2) 对遗赠扶养协议中所定权利和义务，双方均应严格履行。扶养人应依协议履行扶养义务，在遗赠人生前对其给予生活上的照料和扶助及必要的经济供养；在遗赠人死亡后应当负责办理其丧葬及其他后事。

(3) 遗赠扶养协议的效力优先于遗嘱继承和遗赠。当同一被继承人同时存在多个遗产归属关系时，遗赠扶养协议具有最优先的法律效力。遗嘱所涉遗产处分的内容与遗赠扶养协议相抵触的，则应归于失效，或者只能在遗赠扶养协议执行完毕后才能付诸执行。

案例评析

李树纲、李全喜、李山均为被继承人，遗产为三人的房屋共18间。根据有关法规规定，本案中应认定李树纲先死亡、李全喜次之，李山再次之。

案件中其他当事人的继承权利和理由是：根据《婚姻法》中“父母和子女有相互继承遗产的权利”的规定，李玲享有对李树纲遗产的继承权；任平与何慧不属李树纲法定继承人范围的人，也不属于对公婆尽主要赡养义务的丧偶儿媳，因此不能继承李树纲的遗产；李明星之父李全兴先于李树纲死亡，李明星对李树纲的遗产享有代位继承权；李全喜是李树纲的继承人，其死后，他继承李树纲的一份遗产转继承归其继承人继承；宋明3个月内未表示接受李树纲的遗赠，应视为放弃受遗赠。李全喜的遗产应由任平、李林、李山共同继承；因李山亦死亡，其继承李全喜的该份遗产，转归何慧和李洁共同继承。李山的遗产应由何慧和李洁共同继承。任平是李山的继母，但与李山未形成实际扶养关系，依法不能继承李山的遗产。

在法定继承中应注意有一种特殊情况，即相互有继承关系的几个人在同一事件中死亡时的继承问题。对于这种情况，一般的做法是：如果不能确定死亡先后时间的，推定没有继承人的人先死亡；如果死者各自都有继承人，几个死者辈分不同的推定长辈先死，辈分相同，推定同时死亡，彼此不发生继承，由他们各自的继承人分别继承。

涉及遗嘱继承和遗赠扶养协议的，一般解决思路是：按照遗嘱的有效要件，分析遗嘱是否有效，是部分无效还是全部无效，无效的原因是什么，对无效的遗嘱所涉及的遗产，要按法定继承处理；按照合同的有关理论来认定遗赠扶养协议是否有效，有效的遗赠扶养协议有着最强的效力，当它与法定继承、遗嘱继承等继承方式共同存在于一个案件中并发生冲突时，应按遗赠扶养协议分割遗产。

如果一个案例中同时包含了法定继承、遗嘱继承、遗赠扶养协议等几种情况时，就要分别认定遗嘱和遗赠扶养协议是否有效，并结合法定继承问题进行全面考虑，然后按照“继承开始后，按法定继承办理；有遗嘱的，按遗嘱继承或者遗赠办理；有遗赠扶养协议的，按照协议办理”的有关规定分析处理案件。

知识点思维导图

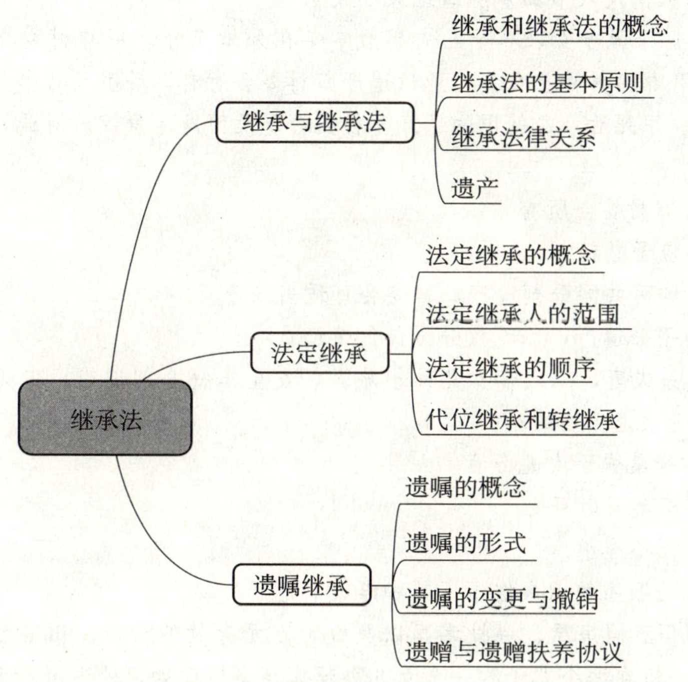

实战练习

一、选择题

1. 甲死后留有房屋1间和存款若干，法定继承人为其子乙。甲生前立有遗嘱，将其存款赠与侄女丙。乙和丙被告知3个月后参与甲的遗产分割，但直到遗产分割时，乙与丙均未作出是否接受遗产的意思表示。下列说法哪一个是正确的？（　　）

A. 乙、丙视为放弃接受遗产

B. 乙视为接受继承，丙视为放弃接受遗赠

C. 乙视为放弃继承，丙视为接受遗赠

D. 乙、丙均应视为接受遗产

2. 甲立下一份公证遗嘱，将大部分财产留给儿子乙，少部分的存款留给女儿丙。后乙因盗窃而被判刑，甲伤心至极，在病榻上当着众亲友的面将遗嘱烧毁，不久去世。乙出狱后要求按照遗嘱的内容继承遗产。对此，下列哪一选项是正确的？（　　）

A. 乙有权依据遗嘱的内容继承遗产

B. 乙只能依据法定继承的规定继承遗产

C. 乙无权继承任何遗产

D. 可以分给乙适当的遗产

3. 下列哪一行为可引起放弃继承权的后果?(　　)

A. 张某口头放弃继承权，本人承认

B. 王某在遗产分割后放弃继承权

C. 李某以不再赡养父母为前提，书面表示放弃其对父母的继承权

D. 赵某与父亲共同发表书面声明断绝父子关系

4. 甲妻病故，膝下无子女，养子乙成年后常年在外地工作。甲与村委会签订遗赠扶养协议，约定甲的生养死葬由村委会负责，死后遗产归村委会所有。后甲又自书一份遗嘱，将其全部财产赠与侄子丙。甲死后，乙就甲的遗产与村委会以及丙发生争议。对此，下列哪一选项是正确的?(　　)

A. 甲的遗产应归村委会所有

B. 甲所立遗嘱应予撤销

C. 村委会、乙和丙共同分割遗产，村委会可适当多分

D. 村委会和丙平分遗产，乙无权分得任何遗产

5. 王某与李某系夫妻，二人带女儿外出旅游，发生车祸全部遇难，但无法确定死亡的先后时间。下列哪些选项是正确的?(　　)

A. 推定王某和李某先于女儿死亡

B. 推定王某和李某同时死亡

C. 王某和李某互不继承

D. 女儿作为第一顺序继承人继承王某和李某的遗产

6. 田某死后留下五间房屋、一批字画以及数十万元存款的遗产。田某生三子一女，已病故，留下二子一女。就在两个儿子和一个女儿办理完丧事协商如何处理遗产时，小儿子因交通事故身亡，其女儿刚满周岁。田某的上述亲属中哪些人可作为第一顺序继承人继承他的遗产?(　　)

A. 二儿子和女儿　　　　B. 小儿子

C. 小儿子之女　　　　D. 大儿子之子女

7. 甲有一子一女，二人请了保姆乙照顾甲。甲为感谢乙，自书遗嘱，表示其三间房屋由两个子女平分，所有现金都赠给乙。后甲又立下书面遗嘱将其全部现金分给两个子女。不久甲去世。下列哪些选项是错误的?(　　)

A. 甲的前一遗嘱无效　　　　B. 甲的后一遗嘱无效

C. 所有现金应归甲的两个子女所有　　　　D. 所有现金应归乙所有

二、案例分析

甲、乙是夫妻，丙、丁是丈夫甲的父母，甲有一兄弟辛，妻子乙有母亲戊。甲、乙、丙、丁一起出游，途中发生事故，四人均在事故中遇难，无法确定死亡时间。甲、乙共有共同财产10万元，丙、丁共有共同财产20万元，问如何继承?

第十章
侵权责任法

学习目标：掌握侵权责任法的概念及归责原则；了解侵权责任法的保护范围；全面认识和理解侵权责任构成与责任方式；了解我国《侵权责任法》关于侵权责任主体的特殊规定；掌握各种特殊侵权责任。

第一节 侵权责任法概述

吴某“被精神病”案

吴某系办事处所辖某村村民，曾因离婚官司和村务处理不公问题逐级上访至北京。之后，她因多次上访“扰乱单位秩序”被行政拘留10日。拘留期满，因吴某拒绝签字承诺“不再上访”，其又被处以劳动教养。当晚，她被派出所警察张某、办事处负责人和其嫂子等送至精神病医院。吴某的住院病历显示，其病因为“反复告状3年”。她的入院体检显示，当时她的身体和精神状况基本正常，但医院并没有为她做司法鉴定就强行“治疗”她132天，其间她被强行喂食药物，并被捆在椅子上进行电针治疗。2009年6月，吴某将精神病医院和办事处告上法庭，要求两者为侵权行为对她进行赔偿。

问题：精神病医院是否构成侵权？

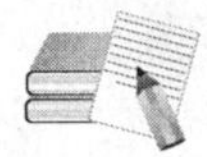
知识讲解

一、侵权责任法的概念

侵权责任法律制度属于民事基本法律，是保障公民、法人的生命健康、人身自由、名誉权、隐私权、物权、知识产权等民事权益，维护经济秩序，构建和谐社会的基本规范。

侵权责任法律制度包含侵权责任法以及其他相关法律规定，即分为两个层次①：

第一个层次是侵权责任法。侵权责任法是保护民事主体合法权益，明确侵权责任，预防并

① 参见王胜明主编：《中华人民共和国侵权责任法释义》，3页，北京，法律出版社，2010。

制裁侵权行为，促进社会和谐稳定的民事法律制度。什么是侵权责任？侵权，是指侵害民事权益。《中华人民共和国侵权责任法》（以下简称《侵权责任法》）第2条规定："本法所称民事权益，包括生命权、健康权、姓名权、名誉权、荣誉权、肖像权、隐私权、婚姻自主权、监护权、所有权、用益物权、担保物权、著作权、专利权、商标专用权、发现权、股权、继承权等人身、财产权益。"这里的责任，指民事法律责任。侵权责任，就是侵害民事权益后应当承担的民事责任。侵权责任法作为民法的重要组成部分，从基本法的角度对侵权责任作了规定。侵权责任法的规定有三类：一是普遍适用的共同规则。二是典型的侵权种类的基本规则。三是其他单行法不可能涉及的一些特殊规则。一部侵权责任法解决不了所有民事侵权问题，世界各国也没有一部侵权责任法能囊括所有民事侵权内容。

第二个层次是相关法律。许多单行法都从自身调整范围的角度对侵权责任作了一条或者多条规定。如我国《产品质量法》第四章用多个条款规范了产品质量损害赔偿问题。

这些有关侵权责任的法律规范在我国《宪法》的统率下相辅相成，共同规定侵权责任。对于侵权责任法和相关法律的关系，按照我国《立法法》规定，同一机关制定的法律，"特别规定与一般规定不一致的，适用特别规定"，即原则上优先适用相关法律。如果相关法律规定的内容已经在《侵权责任法》中完全体现，没有必要保留的，可在修改相关法律时作出适当调整。如2014年修订的《环境保护法》第64条规定："因污染环境和破坏生态造成损害的，应当依照《中华人民共和国侵权责任法》的有关规定承担侵权责任。"

改革开放以来，我国十分重视侵权责任法律制度的建立和完善。我国民法通则、消费者权益保护法、产品质量法、环境保护法、道路交通安全法等法律对侵权责任作了一些规定，这些规定对于保护公民、法人的合法权益，维护社会秩序，起到了积极作用。但是，我国侵权法律制度仍存在一些问题，特别是随着经济社会的发展，新的侵权类型不断出现，而原有法律的规定较为原则，缺乏可操作性；不少规定分散在单行法律中，缺乏对侵权责任共性问题的规定。从实际情况看，侵权案件逐年增多，为了更好地保护民事主体的合法权益，促进社会和谐稳定，2009年12月第十一届全国人大常委会第十二次会议通过了《侵权责任法》。

《侵权责任法》是中国特色社会主义法律体系中的支架性法律。它借鉴了国外的有益经验，从我国的实际出发，总结实践经验，把多年来行之有效的行政法规和司法解释的规定吸收进去，进一步完善了我国的侵权责任法律制度。

二、归责原则

承担侵权责任的原则是追究侵权责任的基本依据，一般称为归责原则。归责原则是侵权责任法律制度的基本内容。根据我国《民法通则》的规定，我国侵权责任制度实行过错责任和无过错责任相结合的原则。①

（一）过错责任

过错责任是指行为人对损害的发生必须有过错才承担侵权责任。把过错责任作为一般原则

① 对于归责原则有哪些，我国学者仍有争议。参见周林彬主编：《侵权责任法的理论与实践》，27页，广州，华南理工大学出版社，2010。

写入法典的代表是1804年的《法国民法典》。《法国民法典》第1382条规定："任何行为造成他人损害时，因其过错致使行为发生的人，应当对他人承担赔偿责任。"

1986年《民法通则》第106条第2款规定，公民、法人由于过错侵害国家的、集体的财产，侵害他人财产、人身的，应当承担民事责任。该规定确认了过错责任原则在我国的法律地位。2009年《侵权责任法》第6条规定："行为人因过错侵害他人民事权益，应当承担侵权责任。"该条重申了过错责任原则是侵权责任法的基本归责原则。这是我国社会、经济、文化发展的需要，同时也是为了更有效地保护公民、法人的合法权益，教育公民、法人遵守法律和公共道德，预防和减少损害的发生，化解社会纠纷，促进社会和谐稳定。

在过错责任原则下，只要同时满足以下条件，行为人就应承担侵权责任：

1. 行为人实施了某一行为。若无行为人的行为，就不会产生侵权责任。在现代社会，"不侵害他人"是任何一个民事主体所应遵守的普遍性义务，没有合法依据或者法律授权，不得损害他人的民事权益，否则就可能承担一定的法律后果。这里的行为包括作为和不作为。在多数情况下，行为人都是因为对他人的民事权益实施了积极的加害行为而承担侵权责任。但是，在一些情况下，行为人不作为也有可能产生侵权责任，这是现代侵权责任法的一种发展趋势，即在特定情形下行为人还负有积极保护他人的义务，例如根据《侵权责任法》第37条的规定，宾馆、商场、银行、车站、娱乐场所等公共场所的管理人或者群众性活动的组织者，未尽到安全保障义务，造成他人损害的，应当承担侵权责任。不作为侵权是因为行为人应当履行某种法定作为义务而未履行该义务而产生的，若没有法定作为义务，行为人的不作为并不构成侵权。这种法定作为义务可能是某一法律明确规定的，可能是因为某人先前的危险行为而导致的，还可能是基于当事人约定而产生的，等等。

2. 行为人行为时有过错。在过错责任原则中，过错是确定行为人承担侵权责任的核心要件，也是人民法院审理侵权案件的主要考虑因素。行为人的行为造成损害并不必然承担侵权责任，而要看其是否有过错，无过错即无责任。过错就是行为人行为时的一种应受谴责的心理状态。正是由于这种应受谴责的心理状态，法律要对行为人所实施的行为作否定性评价，让其承担侵权责任。过错分为故意和过失。故意是指行为人预见到自己的行为会导致某一损害后果而希望或者放任该后果发生的一种主观心理状态。过失是指行为人因疏忽或者轻信而使自己未履行应有注意义务的一种心理状态，其是侵权责任法中最常见的过错形态。故意与过失的主要区别是，故意表现为行为人对损害后果的追求、放任心态，而过失表现为行为人不希望、不追求、不放任损害后果的心态。故意是一种典型的应当受到制裁的心理状态，但它必须通过一定的行为表现出来。

3. 受害人的民事权益受到损害。损害是指行为人的行为对受害人的民事权益造成的不利后果。不利后果通常表现为：财产减少、生命丧失、身体残疾、名誉受损、精神痛苦等。

（二）过错推定

《侵权责任法》第6条第2款规定："根据法律规定推定行为人有过错，行为人不能证明自己没有过错的，应当承担侵权责任。"

过错推定是指根据一定的基础事实，采用举证责任倒置的方法直接推定行为人有过错；如果行为人不能反证证明自己没有过错，那么就应当承担责任。

1. 过错推定的归责依据还是过错。

2. 从一定的基础事实出发推定过错。这个基础事实有一些是法律明确规定的，有一些是造成损害的事实，通常情况下是法律规定的。

3. 实行举证责任倒置，即针对过错的举证责任倒置。这是它和过错责任最大的区别。在过错责任的情况下举证责任由受害人承担，在过错推定情况下实行举证责任倒置，举证责任由行为人承担，由行为人来反证证明自己没有过错。这在一定程度上不仅仅是减轻了受害人的举证负担，同时也加重了行为人的责任。过错责任和过错推定看起来好像只是举证责任的转换，实际上是一个责任的加重。因为在很多情况下，要反证自己没有过错是很困难的，其实就是加重了行为人的责任。

4. 在过错推定的情况下必须适用法律的特别规定。也就是说，过错推定属于例外的、特别的规定，只有在法律有特别规定的情况下才能适用，凡是在法律没有特别规定的情况下，法官不能直接类推适用过错推定。

（三）无过错责任

无过错责任指的是不论行为人在导致损害时有无过错，除存在法律规定的免责事由外，行为人都要承担赔偿责任。进入工业社会，技术日新月异，经济飞速发展，伴随而来的是事故大量发生，极大地危害人的生命和财产安全。在这样的时代背景下，如果还要受害人去证明企业在生产经营过程中的“过错”，结果将是大量受害人得不到赔偿。最早是在交通肇事、矿山事故等纠纷中率先突破过错责任，实行无过错责任。1838年，《普鲁士帝国铁路法》第25条针对火车事故规定了无过错责任，但这一规定很长时间未真正实施。在19世纪末20世纪初美国和欧洲在侵权纠纷中开始实行无过错责任。

我国《民法通则》、《民用航空法》、《产品质量法》、《环境保护法》等法律中都规定了无过错责任。《民法通则》第106条第3款规定：“没有过错，但法律规定应当承担民事责任的，应当承担民事责任。”由此确立了无过错责任原则。同时，第123条规定，从事高空、高压、易燃、易爆、剧毒、放射性、高速运输工具等对周围环境有高度危险的作业造成他人损害的，应当承担民事责任，如果能证明损害是由受害人故意造成的，不承担民事责任。这体现了高度危险作业适用无过错责任原则的一般规则，避免了单行法规定的疏漏。《民法通则》明文规定无过错责任，是现代社会发展的需要，也适应了侵权责任法发展的潮流。从《民法通则》多年的实施效果看，无过错责任原则不但有利于受害人及时获得赔偿，缓解社会矛盾，而且对切实保护人民群众人身、财产安全，促使高度危险作业人、产品制造者、环境污染者等行为人对自己从事的活动或者管理的物品高度负责、谨慎从事，不断改进技术安全措施，提高工作质量，尽力保障他人和环境的安全发挥了积极作用。近年来，随着我国工业化、城市化进程的快速推进，工伤事故处于易发期、多发期，环境污染加剧，火车进入高速时代，民航业蓬勃发展，人们已生活在高度危险的社会环境中，可以说，现代社会就是一个“风险社会”。为增强行为人的责任意识，同时使受害人能够得到及时、有效的赔偿，我国现阶段更应该突出和强调无过错责任原则，扩大无过错责任原则的适用范围。基于此，《侵权责任法》第7条规定：“行为人损害他人民事权益，不论行为人有无过错，法律规定应当承担侵权责任的，依照其规定。”

在许多适用无过错责任原则的领域，法律让行为人承担无过错责任，并非是因为其从事了法律禁止的活动，而恰恰相反，这些活动是社会经济发展所必需的，社会允许其存在。但是，由于这些活动充满不同寻常的危险，且这些风险有时是不可控制的，即使采取所有预防意外的措施，也不可能避免危险，如轨道交通、高速铁路等。在这些危险活动中，行为人承担侵权责任，不是因为其知道意外的发生而没有加以防范，而是其为了自己的利益，使别人面临这种特殊风险，法律允许其活动的条件就是其必须对这种风险产生的后果负责。

设立无过错责任原则的主要目的，绝不是要使“没有过错”的人承担侵权责任，而主要是为了免除受害人证明行为人过错的举证责任，使受害人易于获得损害赔偿，使行为人不能逃脱侵权责任。事实上，从我国审判实践的情况看，适用无过错责任原则的大多数案件中，行为人基本上都是有过错的。

在适用无过错责任原则的侵权案件中，只是不考虑行为人过错，并非不考虑受害人过错。如果受害人对损害的发生也有过错的，在有的情况下可减轻，甚至免除行为人的侵权责任。

无过错责任并不是绝对责任，在适用无过错责任原则的案件中，行为人可以向法官主张法定的不承担责任或者减轻责任的事由。例如，在产品责任案件中，生产者可以通过证明产品尚未投入流通或者产品投入流通时引起损害的缺陷尚不存在来免除自己的侵权责任。

案例评析

案件结果：县人民法院一审民事判决认为，精神病医院将吴某按照精神病人收治存在过错，原因有三：(1) 根据被告门诊相关工作管理规定，只有病人的监护人或司法机关才能送病人入院，而本案中只能确认送吴某去的是其嫂子，并非其法定监护人，被告精神病医院又没有提供证据证明系司法机关送治；(2) 即使送治人合乎规定，被告也不应根据嫂子仅供参考的陈述便将吴某收住入院，按照“狂躁型精神病”治疗；(3) 原告吴某被收治时间为 2008 年 7 月 26 日，病历记载的确诊时间为 2008 年 10 月 23 日，而在当日的治疗阶段小结及 5 天后该院一位副主任医师的查房记录中记载：“建议进行司法鉴定”，这说明当时被告对原告是否有精神病尚不确定。县人民法院因此判决精神病医院败诉，赔偿误工费、医疗费和精神损害抚慰金等共 11 万余元。2012 年 6 月市中级人民法院又对此案作出终审判决，确认办事处参与了送治吴某的事实，判决精神病医院和办事处共同赔偿吴某 14.533 6 万元，其中精神抚慰金 10 万元。

法理分析：精神病医院违反了其门诊相关工作管理规定，而且收治吴某时未进行司法鉴定，即程序上存在错误，行为时存在过错。根据《侵权责任法》第 6 条规定，精神病医院因过错侵害了吴某的身体健康权，应当承担侵权责任。

延伸阅读

侵权责任法的发展历程

1.《中华人民共和国民法通则》；

2. 全国人大法律委员会关于《中华人民共和国侵权责任法（草案）》主要问题的汇报（2008 年 12 月 22 日十一届全国人大常委会六次会议）；

3. 全国人大法律委员会关于《中华人民共和国侵权责任法（草案）》修改情况的汇报（2009 年 10 月 27 日十一届全国人大常委会十一次会议）；

4. 全国人大法律委员会关于《中华人民共和国侵权责任法（草案）》审议结果的汇报（2009 年 12 月 22 日十一届全国人大常委会十二次会议）。

第二节　侵权责任的构成及承担

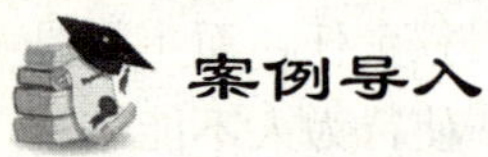

案例导入

触电导致人身损害赔偿案

李某与赵某签订建房协议，商定李某以包工包料的承包方式在赵某居住的房子上加层修建房屋。李某在修建房屋时不慎触到房屋上方10千伏高压线，导致颈部严重电烧伤。经法医鉴定结论为：李某的损伤属于重伤，为四级伤残。李某认为赵某、供电局侵害了自己的人身权利，遂向人民法院起诉，请求人民法院判决两被告赔偿原告李某住院费、营养费、护理费、误工费、交通费、残疾生活费、残疾用具费、精神损失费等二十余万元，并承担诉讼费。

法院审理查明：被告赵某修建的加层房屋系违章建筑。房屋上方10千伏高压线产权属被告供电局，其建设先于被告赵某修建的加层房屋。供电局巡视线路时曾发现高压电杆被被告赵某建房包住，房屋平台距高压线垂直距离仅1.2米，供电局向被告赵某下达了安全检查意见书，要求立即停止建房，并向有关部门反映，要求依法撤除电力设施保护范围内的违章建筑，但一直未撤除，无奈，只好加高电杆，保证了高压线与房屋平台的安全距离。事隔不到一年，供电局巡视线路时发现被告赵某正在施工将房屋已加高到三层，供电局当即下达了安全检查意见书，要求立即停止施工，封闭上房顶的通道，告知了其行为违法性，行为已对电力设施造成了侵害，同时向有关部门报告。

问题：原告李某的诉求能否得到法院支持?

知识讲解

一、侵权责任的构成

侵权责任的构成，是指具备哪些必要条件才能构成行为人因侵权行为所承担的民事责任。[①] 人们日常所见的一人侵权责任问题相对简单，比较复杂的是发生了多数人的侵权情况，如何解决多人侵权的责任分担问题。

（一）共同侵权

1986年《民法通则》第130条规定："二人以上共同侵权造成他人损害的，应当承担连带责任。"该条规定首次在立法上使用了"共同侵权"这一制度性概念。最高人民法院2003年颁布的《关于审理人身损害赔偿案件适用法律若干问题的解释》对这一规定进行了细化，其中第3条第1款规定："二人以上共同故意或者共同过失致人损害，或者虽无共同故意、共同过失，但其侵害行为直接结合发生同一损害后果的，构成共同侵权，应当依照民法通则第一百三十条规定承担连带责任。"

《侵权责任法》第8条规定："二人以上共同实施侵权行为，造成他人损害的，应当承担连带责任。"它是在综合考察其他国家和地区的立法例以及司法实务演变的基础上，具体结合我

① 参见杨立新主编：《侵权责任法》，85页，上海，复旦大学出版社，2010。

国实际情况制定的。“共同实施侵权行为”，这一表述与《民法通则》第130条的表述是基本一致的。

根据该条规定，构成共同侵权行为需要满足以下几个要件：

1. 主体的复数性。共同侵权行为的主体必须是两人或者两人以上，当行为人只有一人时，不可能成立共同侵权。行为人可以是自然人，也可以是法人。

2. 共同实施侵权行为。这一要件中的“共同”主要包括三层含义：其一，共同故意。数个行为人基于共同故意侵害他人合法权益的，应当成立共同侵权行为。其二，共同过失。“共同过失”主要是数个行为人共同从事某种行为，基于共同的疏忽大意，造成他人损害。其三，故意行为与过失行为相结合。

3. 侵权行为与损害后果之间具有因果关系。在共同侵权行为中，有时各个侵权行为对造成损害后果的程度有所不同，但必须存在法律上的因果关系，如果某个行为人的行为与损害后果之间没有因果关系，不应与其他行为人构成共同侵权。

4. 受害人有损害。这是受害人请求加害人承担侵权责任的一个基本要件。无损害，则无救济，如果没有损害，根本不可能成立侵权责任。

根据规定，一旦满足上述构成要件，成立共同侵权行为，那么，数个行为人就必须对外承担连带责任，被侵权人有权请求部分或者全部行为人承担全部责任。

《侵权责任法》第13条规定：“法律规定承担连带责任的，被侵权人有权请求部分或者全部连带责任人承担责任。”这一规定赋予被侵权人更多的选择权，被侵权人可以请求一个或者数个连带责任人承担全部或者部分的赔偿责任；规定连带责任的重要意义在于增加责任主体的数量，加强对受害人请求权的保护，确保受害人获得赔偿。

连带责任对外是一个整体的责任。连带责任中的每个人都需要对被侵权人承担全部责任。被请求承担全部责任的连带责任人，不得以自己的过错程度等为理由只承担自己的责任。

连带责任还是法定责任，连带责任人不能约定改变责任的性质，对于内部责任份额的约定对外不发生效力。

除了共同侵权人应承担连带责任外，《侵权责任法》还规定以下情形下，有关行为人承担连带责任：(1) 教唆人、帮助人与行为人的连带责任。即教唆、帮助他人实施侵权行为的，应当与行为人承担连带责任（第9条）。(2) 共同危险行为人的连带责任（第10条）。(3) 分别实施的行为足以造成全部损害的行为人的连带责任。二人以上分别实施侵权行为造成同一损害，每个人的侵权行为都足以造成全部损害的，行为人承担连带责任（第11条）。(4) 网络服务提供者与网络用户的连带责任。网络用户利用网络服务实施侵权行为的，被侵权人有权通知网络服务提供者采取删除、屏蔽、断开链接等必要措施。网络服务提供者接到通知后未及时采取必要措施的，对损害的扩大部分与该网络用户承担连带责任。网络服务提供者知道网络用户利用其网络服务侵害他人民事权益，未采取必要措施的，与该网络用户承担连带责任（第36条）。(5) 高度危险物所有人与管理人、非法占有人的连带责任。遗失、抛弃高度危险物造成他人损害的，由所有人承担侵权责任。所有人将高度危险物交由他人管理的，由管理人承担侵权责任；所有人有过错的，与管理人承担连带责任（第74条）。非法占有高度危险物造成他人损害的，由非法占有人承担侵权责任。所有人、管理人不能证明对防止他人非法占有尽到高度注意义务的，与非法占有人承担连带责任（第75条）。(6) 建设单位与施工单位的连带责任。

建筑物、构筑物或者其他设施倒塌造成他人损害的，由建设单位与施工单位承担连带责任（第86条）。

（二）共同危险行为

理论上所界定的共同危险行为，是指数人的危险行为对他人的合法权益造成了某种危险，但对于实际造成的损害又无法查明是危险行为人中的何人所为，法律为保护被侵权人的利益，将数个行为人视为侵权行为人。共同危险行为制度的设立初衷是防止因无法指认具体加害人而使受害人的请求权落空。

通说认为共同危险行为制度起源于德国民法，后为各国立法所确认。《德国民法典》第830条第1款规定："数人因共同实施侵权行为造成损害的，各人对损害均负责任。不能查明数关系人中谁的行为造成损害的，亦同。"在德国，存在两个非常典型的共同危险行为的案例：一是"猎人案件"，多个猎人同时向一个方向开枪，路过的行人被射中，但无法查明究竟是哪个猎人射出的子弹击中了该行人。另一个是"摔炮案件"，在一个啤酒花园中，坐在一个桌上的六个人向另外一个桌上的客人都扔出了摔炮，其中一个摔炮炸伤了受害人的眼睛，但受害人无法指认，究竟是哪个摔炮导致其眼睛遭受了损害。

《侵权责任法》第10条规定："二人以上实施危及他人人身、财产安全的行为，其中一人或者数人的行为造成他人损害，能够确定具体侵权人的，由侵权人承担责任；不能确定具体侵权人的，行为人承担连带责任。"此前，最高人民法院《关于审理人身损害赔偿案件适用法律若干问题的解释》第4条规定："二人以上共同实施危及他人人身安全的行为并造成损害后果，不能确定实际侵害行为人的，应当依照民法通则第一百三十条规定承担连带责任。共同危险行为人能够证明损害后果不是由其行为造成的，不承担赔偿责任。"

构成共同危险行为应当满足下列几个要件：

1. 二人以上实施危及他人人身、财产安全的行为。行为主体是复数，这是最基本的条件，满足这个条件才有可能不能确定谁是具体加害人。在共同危险行为制度中，"共同"的含义主要是要求数个行为人的行为必须是在同一时间、同一场所的行为，即具有"时空上的共同性"，如果各被告的行为在时间上、场所上发生了分离，就不属于共同危险行为。

2. 其中一人或者数人的行为造成他人损害。虽然实施危及他人人身、财产安全的行为的是数人，但真正导致受害人损害后果发生的只是其中一个人或者几个人的行为。

3. 不能确定具体加害人。一般而言，受害人只能请求加害人就其侵权行为所造成的损失予以赔偿，加害人也仅对其侵权行为所造成的损失进行赔偿。但在共同危险行为制度中，数个行为人实施的危险行为在时间上、空间上存在偶合性，事实上只有部分行为人的行为造成了损害后果，但是，由于受害人无法掌握各个行为人的行为动机、行为方式等证据，无法准确判断哪个行为才是真正的加害行为，为了保护受害人的合法权益，降低受害人的举证难度，避免其因不能指认真正加害人而无法行使请求权，同时由于每个行为人都实施了危险行为，在道德上具有可责难性，所以规定由所有实施危险行为的人承担连带责任是合理的。如果受害人能够指认或者法院能够查明具体加害人，就不能适用本条规定，只能要求具体加害人承担侵权责任。

根据《侵权责任法》规定，适用共同危险行为制度的法律后果是，数个行为人对受害人承担连带责任。

(三) 替代责任与补充责任

1. 替代责任

替代责任指不仅仅是对自己的行为，还要对他人的行为以及自己管理下的物件造成的损害承担责任。替代责任包含两种情况：一个是对人的替代责任；另一个是对物的替代责任。对物的替代责任，如物件损害责任、动物损害责任等。对人的替代责任，《侵权责任法》第四章关于侵权责任主体的特殊规定这一部分，实际上多数都是在规范替代责任。如第32条第1款规定："无民事行为能力人、限制民事行为能力人造成他人损害的，由监护人承担侵权责任。"即属于监护人的替代责任。此外，第34条第1款用人单位的责任，第35条接受个人劳务一方的责任，第54条规定的，医疗损害中医务人员有过错的由医疗机构承担的责任，还有第57条关于"医务人员在诊疗活动中未尽到与当时的医疗水平相应的诊疗义务，造成患者损害的，医疗机构应当承担赔偿责任"的规定，这些规定讲的都是替代责任，而且都是对人的替代责任。

2. 补充责任

补充责任最典型的是《侵权责任法》第32条第2款："有财产的无民事行为能力人、限制民事行为能力人造成他人损害的，从本人财产中支付赔偿费用。不足部分，由监护人赔偿。"补充责任还有一种情况就是相应的补充责任，如第34条第2款规定："劳务派遣期间，被派遣的工作人员因执行工作任务造成他人损害的，由接受劳务派遣的用工单位承担侵权责任；劳务派遣单位有过错的，承担相应的补充责任。"第37条第2款规定："因第三人的行为造成他人损害的，由第三人承担侵权责任；管理人或者组织者未尽到安全保障义务的，承担相应的补充责任。"第40条规定："无民事行为能力人或者限制民事行为能力人在幼儿园、学校或者其他教育机构学习、生活期间，受到幼儿园、学校或者其他教育机构以外的人员人身损害的，由侵权人承担侵权责任；幼儿园、学校或者其他教育机构未尽到管理职责的，承担相应的补充责任。""相应的补充责任"即相关主体就其过错和原因力程度负补充责任。

二、侵权责任的承担

(一) 侵权责任的承担方式

《侵权责任法》第15条规定："承担侵权责任的方式主要有：（一）停止侵害；（二）排除妨碍；（三）消除危险；（四）返还财产；（五）恢复原状；（六）赔偿损失；（七）赔礼道歉；（八）消除影响、恢复名誉。以上承担侵权责任的方式，可以单独适用，也可以合并适用。"

从国外立法看，英美法系的侵权责任承担方式主要是损害赔偿，受害人无论受到何种类型的损害，都可以采用损害赔偿的方式予以救济。大陆法系的侵权责任承担方式主要是恢复原状和损害赔偿。这两大法系都强调了损害赔偿这种责任方式的主导地位。但是，随着社会的发展，人们的需求越来越多元化，这就需要侵权责任承担方式适应人们多元化的需求。侵权责任法的一个重要发展趋势就是侵权责任方式的多元化。这既能适应侵权责任法保护范围扩大的要求，也能为受害人提供全方位的救济。[①] 我国《民法通则》第134条第1款对承担民事责任方式的规定适应了这种发展趋势，明确承担民事责任的方式主要有：(1) 停止侵害；(2) 排除妨

① 参见杨立新主编：《侵权责任法》，62～63页，上海，复旦大学出版社，2010。

碍；（3）消除危险；（4）返还财产；（5）恢复原状；（6）修理、重作、更换；（7）赔偿损失；（8）支付违约金；（9）消除影响、恢复名誉；（10）赔礼道歉。《侵权责任法》基本承继了《民法通则》对于民事责任承担方式的规定。

（二）赔偿损失的有关问题

《侵权责任法》分别对侵害财产、侵害人身权益造成财产损失与精神损失的赔偿问题进行了规定。其中，《侵权责任法》第19条规定："侵害他人财产的，财产损失按照损失发生时的市场价格或者其他方式计算。"以下主要介绍人身损害财产赔偿、精神损害赔偿、公平分担损失和过错相抵。

1. 人身损害财产赔偿

《侵权责任法》第16条规定："侵害他人造成人身损害的，应当赔偿医疗费、护理费、交通费等为治疗和康复支出的合理费用，以及因误工减少的收入。造成残疾的，还应当赔偿残疾生活辅助具费和残疾赔偿金。造成死亡的，还应当赔偿丧葬费和死亡赔偿金。"该条确定了人身损害赔偿的范围。

《侵权责任法》第17条规定："因同一侵权行为造成多人死亡的，可以以相同数额确定死亡赔偿金。"根据该条规定，以相同数额确定死亡赔偿金原则上仅适用于因同一侵权行为造成多人死亡的案件。但是需要注意：一是以相同数额确定死亡赔偿金并非确定死亡赔偿金的一般方式，若分别计算死亡赔偿金较为容易，可以不采用这种方式；二是本条特别强调，对因同一侵权行为造成多人死亡的，只是"可以"以相同数额确定死亡赔偿金，而不是任何因同一侵权行为造成多人死亡的案件都"必须"或者"应当"以相同数额确定死亡赔偿金。该条规定基本解决了实践中存在的"同命不同价"问题。

《侵权责任法》第20条规定："侵害他人人身权益造成财产损失的，按照被侵权人因此受到的损失赔偿；被侵权人的损失难以确定，侵权人因此获得利益的，按照其获得的利益赔偿；侵权人因此获得的利益难以确定，被侵权人和侵权人就赔偿数额协商不一致，向人民法院提起诉讼的，由人民法院根据实际情况确定赔偿数额。"

2. 精神损害赔偿

《侵权责任法》第22条规定："侵害他人人身权益，造成他人严重精神损害的，被侵权人可以请求精神损害赔偿。"

精神损害赔偿是受害人因人格利益或身份利益受到损害或者遭受精神痛苦而获得的金钱赔偿。《侵权责任法》制定之前，2001年最高人民法院《关于确定民事侵权精神损害赔偿责任若干问题的解释》规定精神损害赔偿的范围是：侵害生命权、健康权、身体权，姓名权、肖像权、名誉权、荣誉权，人格尊严权、人身自由权；违反社会公共利益、社会公德侵害他人隐私或者其他人格利益；非法使被监护人脱离监护，导致亲子关系或者近亲属间的亲属关系遭受严重损害；自然人死亡后其近亲属因以侮辱、诽谤、贬损、丑化或者违反社会公共利益、社会公德的其他方式，侵害死者姓名、肖像、名誉、荣誉，非法披露、利用死者隐私，或者以违反社会公共利益、社会公德的其他方式侵害死者隐私，非法利用、损害遗体、遗骨，或者以违反社会公共利益、社会公德的其他方式侵害遗体、遗骨的侵权行为遭受精神痛苦；具有人格象征意义的特定纪念品因侵权行为而永久灭失或者毁坏。

根据规定，精神损害赔偿的适用条件是侵害他人人身权益，侵害财产权益不在精神损害赔偿的范围之内。人身权益包括生命权、健康权、姓名权、名誉权、肖像权、隐私权、监护权等，侵权人侵害了他人的人身权益的，被侵权人可以请求精神损害赔偿。并非只要侵害他人人身权益，被侵权人就可以获得精神损害赔偿，根据规定，“造成他人严重精神损害”的，受害人才能够获得精神损害赔偿，“严重精神损害”是构成精神损害赔偿的法定条件。偶尔的痛苦和不高兴不能认为是严重精神损害。

一般来说，请求精神损害赔偿的主体应当是直接遭受人身权侵害的本人。根据《侵权责任法》第 18 条的规定，“被侵权人死亡的，其近亲属有权请求侵权人承担侵权责任”。据此，被侵权人死亡的，其近亲属有权请求精神损害赔偿。

确定精神损害赔偿的数额可以考虑侵权人的主观心理状态、被侵权人的伤残情况和遭受精神痛苦的情形等。目前，全国各地法院掌握标准不一。随着社会经济的发展变化，精神损害赔偿的数额也会发生变化。

3. 公平分担损失

《侵权责任法》第 24 条规定：“受害人和行为人对损害的发生都没有过错的，可以根据实际情况，由双方分担损失。”

公平分担损失的规定是《侵权责任法》根据实际情况作出的特别规定，它保留了《民法通则》第 132 条关于公平分担的规定，但将《民法通则》规定的“分担民事责任”修改为“分担损失”。该修改主要基于理论和实践两方面考虑。从理论上说，无过错即无责任是承担侵权责任的基本原则，既然双方当事人对损害的发生都没有过错，那么行为人就不应承担责任，而只能是分担损失。从实践上看，让无过错的当事人承担责任，他们比较难以接受。比如高空抛物造成他人损害的案件，一些建筑物的使用人认为，自己并不是行为人，出于道义可以拿出钱来对受害人提供帮助，但说自己有“责任”，感情上接受不了。故此，《侵权责任法》的规定更科学，也较符合社情民意。

4. 过错相抵

《侵权责任法》第 26 条规定：“被侵权人对损害的发生也有过错的，可以减轻侵权人的责任。”被侵权人对于损害的发生也有过错的，让侵权人承担全部赔偿责任，有失公允。因此，侵权人可以被侵权人的过错为由进行抗辩，要求减轻自己的侵权责任，主要是减少损害赔偿的数额。

（三）不承担责任和减轻责任的情形

1. 受害人的故意

受害人故意造成损害，是指受害人明知自己的行为会发生损害自己的后果，而希望或者放任此种结果的发生。

《侵权责任法》第 27 条规定：“损害是因受害人故意造成的，行为人不承担责任。”规定对行为人免责，是指损害完全是因为受害人的故意造成的，即受害人故意的行为是其损害发生的唯一原因。例如，《侵权责任法》第73条规定："从事高空、高压、地下挖掘活动或者使用高速轨道运输工具造成他人损害的，经营者应当承担侵权责任，但能够证明损害是因受害人故意或者不可抗力造成的，不承担责任。被侵权人对损害的发生有过失的，可以减轻经营者的责任。"

2. 第三人过错

第三人过错是指原告（受害人）起诉被告以后，被告提出的该损害完全或者部分由于第三人的过错造成，从而应免除或者减轻自己责任的抗辩事由。《侵权责任法》第28条规定："损害是因第三人造成的，第三人应当承担侵权责任。"第三人的过错包括故意和过失。这里的"第三人"应与被告不存在任何隶属关系。如若用人单位的工作人员在工作过程中造成他人损害的，用人单位不能以其工作人员作为第三人提出"第三人过错"的抗辩。用人单位应当对其工作人员造成的损害，承担替代责任。

3. 不可抗力

不可抗力是指不能预见、不能避免并不能克服的客观情况。具体来说，不可抗力是独立于人的行为之外，不受当事人意志所支配的现象，是人力所不可抗拒的力量。行为人完全因为不可抗力造成他人损害的，表明行为人的行为与损害结果之间不存在因果关系，同时表明行为人没有过错，如果让行为人对自己无法控制的损害结果承担责任，对行为人来说是不公平的。因此，很多国家都将"不可抗力"作为"免责事由"予以规定。我国《侵权责任法》第29条也规定："因不可抗力造成他人损害的，不承担责任。法律另有规定的，依照其规定。"

4. 正当防卫

正当防卫是指本人、他人的人身权利、财产权利遭受不法侵害时，行为人所采取的一种防卫措施。正当防卫作为行为人不承担责任和减轻责任的情形，其根据是行为的正当性、合法性，表明行为人主观上没有过错。正当防卫是法律赋予公民自卫的权利，属于受法律鼓励的行为，目的是保护公民本人、他人不受侵犯。在世界各国的法律中，正当防卫均作为不承担责任和减轻责任的情形之一。

《侵权责任法》第30条规定："因正当防卫造成损害的，不承担责任。正当防卫超过必要的限度，造成不应有的损害的，正当防卫人应当承担适当的责任。"《侵权责任法》第23条还规定："因防止、制止他人民事权益被侵害而使自己受到损害的，由侵权人承担责任。侵权人逃逸或者无力承担责任，被侵权人请求补偿的，受益人应当给予适当补偿。"

5. 紧急避险

紧急避险是指为了使本人或者他人的人身、财产和其他权利免受正在发生的危险，不得已采取的紧急避险行为，造成损害的，不承担责任或者减轻责任的情形。危险有时来自于人的行为，有时来自于自然原因。不管危险来源于何处，紧急避险人避让风险、排除危险的行为都有其正当性、合法性，因此在所有国家，紧急避险都是作为不承担责任和减轻责任的情形之一。

《侵权责任法》第31条规定："因紧急避险造成损害的，由引起险情发生的人承担责任。如果危险是由自然原因引起的，紧急避险人不承担责任或者给予适当补偿。紧急避险采取措施不当或者超过必要的限度，造成不应有的损害的，紧急避险人应当承担适当的责任。"

案例评析

案件结果：在法院的主持下被告赵某承担了主要责任，原告承担次要责任。原告与被告赵某在法院的主持下达成了调解协议。原告获得了62 700元的赔偿，撤销了对供电局的诉讼请求。

法理分析：在本案中，被告赵某在供电局对其下达了《安全检查意见书》，告知其在高压线下建房具有高度危险性，已违反了国家法律、法规，要求其停止违法行为的情况下，仍然违法修建该房屋最后导致了损害结果的发生，其具有重大过失，所以应承担主要责任。原告李某为完全民事行为能力人，应当能预见在高压线附近施工的危险，而其轻信能够避免，以致发生触电损害结果的发生，因此也应承担相应的责任。综上，损害后果的产生是由原、被告的违法行为所致。供电局事前已尽到自己应尽的义务，根据《侵权责任法》第73条规定，不应承担赔偿责任。

延伸阅读

相关司法解释

1. 最高人民法院《关于贯彻执行〈中华人民共和国民法通则〉若干问题的意见（试行）》（1988年4月2日）；

2. 最高人民法院《关于审理人身损害赔偿案件适用法律若干问题的解释》（2003年12月26日）；

3. 最高人民法院《关于确定民事侵权精神损害赔偿责任若干问题的解释》（2001年3月8日）；

4. 最高人民法院《关于审理铁路运输人身损害赔偿纠纷案件适用法律若干问题的解释》（2010年3月3日）。

案例指引

1. 王保富诉三信律师所财产损害赔偿纠纷案（最高人民法院公报2005年第10期）；

2. 吴文景、张恺逸、吴彩娟诉厦门市康健旅行社有限公司、福建省春牛姆林旅游发展服务有限公司人身损害赔偿纠纷案（最高人民法院公报2006年第6期）；

3. 季宜珍等诉财保海安支公司、穆广进、徐俊交通事故损害赔偿纠纷案（最高人民法院公报2006年第9期）；

4. 李萍、龚念诉五月花公司人身伤害赔偿纠纷案（最高人民法院公报2002年第2期）；

5. 周庆安诉王家元、李淑荣道路交通事故损害赔偿纠纷案（最高人民法院公报2002年第5期）；

6. 马青等诉古南都酒店等人身损害赔偿纠纷案（最高人民法院公报2006年第11期）。

第三节　特殊侵权责任

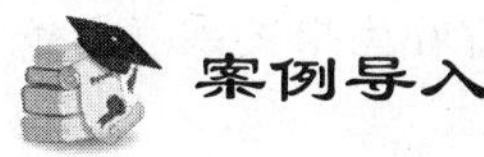

案例导入

鳄鱼吞噬小孩案

2007年的一天下午，未成年人刘某放学后与同班同学3人一起到附近的渔庄公园鳄鱼湖玩耍，因渔庄公园鳄鱼湖外墙铁栅栏大门未锁，管理人员已回家做饭，刘某与其他3个小孩得以进入到鳄鱼湖内。刘某用弹弓射击该鳄鱼，又持树枝近距离逗弄鳄鱼，被鳄鱼突然咬住脚部并拖入湖中。鳄鱼的所有人刘某某与某渔庄旅游度假有限公司签订《合作合同书》，约定一方出鳄鱼、另一方出场地合作经营渔庄公园鳄鱼湖供游客观赏，双方利益分成。事发后受害人刘某父母起诉鳄鱼的所有人刘某某与某渔庄旅游度假有限公司承担民事赔偿责任。

问题：本案该如何处理？

知识讲解

一、产品责任

1. 产品责任的概念

产品责任关系到人民生命和财产安全，我国十分重视。1993年第七届全国人大常委会就通过了《产品质量法》，规定了合同责任和产品责任。产品责任指产品存在缺陷发生侵权而造成他人损害，生产者、销售者等所应当承担的民事侵权责任。这里的缺陷，不是指产品有一般瑕疵，而是指产品质量不好达到危害人民生命和财产安全的程度。《产品质量法》第46条规定，缺陷，“是指产品存在危及人身、他人财产安全的不合理的危险；产品有保障人体健康和人身、财产安全的国家标准、行业标准的，是指不符合该标准”。产品瑕疵是指产品不具有其应当具备的使用性能。存在瑕疵的产品是可以销售的，但是必须以“处理品”、“次品”等形式注明，并告诉消费者哪方面有瑕疵。产品瑕疵影响消费者正常使用的，销售者承担修理、更换、退货或违约赔偿的责任。如电冰箱不制冷是合同责任，但如果自身爆炸则是产品责任。对于产品有缺陷的，《产品质量法》第41条明确规定生产者承担无过错责任，第42条规定销售者承担过错责任。《侵权责任法》第41条、第42条重申了上述规定，即“因产品存在缺陷造成他人损害的，生产者应当承担侵权责任。”“因销售者的过错使产品存在缺陷，造成他人损害的，销售者应当承担侵权责任。销售者不能指明缺陷产品的生产者也不能指明缺陷产品的供货者的，销售者应当承担侵权责任。”

产品缺陷的这种归责原则，在许多国家都经历了从合同责任到一般侵权责任，再到产品责任的过程。①

2. 产品责任的构成要件

构成产品责任必须具备三个要件：

（1）产品存在缺陷。

（2）有缺陷产品造成受害人损害的事实。即缺陷产品的使用人或者第三人因缺陷产品遭受损害的客观存在。损害事实包括人身损害和财产损害。财产损害既包括缺陷产品本身的损害，也包括缺陷产品以外的其他财产的损害。

（3）缺陷产品与损害事实之间存在因果关系。

产品存在缺陷，缺陷产品造成受害人损害，缺陷产品与损害事实之间存在因果关系三个条件必须同时具备，生产者方可承担产品责任。

3. 产品责任的承担

《侵权责任法》第43条规定：“因产品存在缺陷造成损害的，被侵权人可以向产品的生产

① 参见王胜明主编：《中华人民共和国侵权责任法释义》，219页，北京，法律出版社，2010。

者请求赔偿，也可以向产品的销售者请求赔偿。产品缺陷由生产者造成的，销售者赔偿后，有权向生产者追偿。因销售者的过错使产品存在缺陷的，生产者赔偿后，有权向销售者追偿。”第 44 条规定：“因运输者、仓储者等第三人的过错使产品存在缺陷，造成他人损害的，产品的生产者、销售者赔偿后，有权向第三人追偿。”

当然，产品责任不是绝对责任。根据最高人民法院《关于民事诉讼证据的若干规定》(2001 年 12 月 21 日)，因缺陷产品致人损害的侵权诉讼，由产品的生产者就法律规定的免责事由承担举证责任。免责事由按照《产品质量法》的规定，包括下列三种情形：(1) 未将产品投入流通的；(2) 产品投入流通时，引起损害的缺陷尚不存在的；(3) 将产品投入流通时的科学技术水平尚不能发现缺陷的存在的。这里需注意，根据《侵权责任法》第 46 条规定，“产品投入流通后发现存在缺陷的，生产者、销售者应当及时采取警示、召回等补救措施。未及时采取补救措施或者补救措施不力造成损害的，应当承担侵权责任”。警示，是指对产品有关的危险或产品的正确使用给予说明、提醒，提请使用者在使用该产品时注意已经存在的危险或者潜在可能发生的危险，避免危险的发生，防止或者减少对使用者的损害。召回，是产品的生产者、销售者依法定程序，对其生产或者销售的缺陷产品以换货、退货、更换零配件等方式，及时消除或减少缺陷产品危害的行为。

关于惩罚性赔偿。惩罚性赔偿也称惩戒性赔偿，是加害人给付受害人超过其实际损害数额的一种金钱赔偿，是一种集补偿、惩罚、遏制等功能于一身的赔偿制度。《侵权责任法》第 47 条规定：“明知产品存在缺陷仍然生产、销售，造成他人死亡或者健康严重损害的，被侵权人有权请求相应的惩罚性赔偿。”据此，适用惩罚性赔偿的条件是：第一，侵权人具有主观故意，即明知是缺陷产品仍然生产或者销售；第二，要有损害事实，这种损害事实不是一般的损害事实，而应当是造成严重损害的事实，即造成他人死亡或者健康受到严重损害；第三，要有因果关系，即被侵权人的死亡或者健康受严重损害是因为侵权人生产或者销售的缺陷产品造成的。惩罚性赔偿在被侵权人死亡或者健康受到严重损害的范围内适用，除此之外的其他损害不适用惩罚性赔偿，例如被侵权人的财产损害。为防止滥用惩罚性赔偿，避免被侵权人要求的赔偿数额畸高，《侵权责任法》第 47 条规定的“相应”，主要指被侵权人要求的惩罚赔偿金的数额应当与侵权人的恶意相当，应当与侵权人造成的损害后果相当，应当与对侵权人的威慑相当，具体赔偿数额由人民法院根据个案具体情况予以判定。特别指出的是，规定惩罚性赔偿的主要目的不在于弥补被侵权人的损害，而在于惩罚有主观故意的侵权行为，并遏制这种侵权行为的发生。

为防患于未然，《侵权责任法》第 45 条还规定：“因产品缺陷危及他人人身、财产安全的，被侵权人有权请求生产者、销售者承担排除妨碍、消除危险等侵权责任。”

二、机动车交通事故责任

从汽车诞生以来，机动车交通事故责任制度就不断发展和完善。根据学者们的研究，机动车交通事故责任制度大体经历了三个阶段：第一阶段，按照过错责任原则处理交通事故赔偿问题。第二阶段，按照无过失责任原则或者过错推定责任原则处理交通事故赔偿问题。无过失责任原则或者过错推定责任原则虽然加重了机动车一方的赔偿责任，但对受害人的保护还不够。因为交通事故往往后果严重，机动车一方赔不起；受害人伤亡越严重，越难以得到赔偿。第三阶段，主要通过第三者责任强制保险制度解决道路交通事故赔偿问题。根据第三者责任强制保险制度，机动车一方只需向保险公司交纳少量保费，事故发生后，原则上不论机动车一方是否有过错，受害人都可以在强制保险责任限额范围内从保险公司直接获得赔偿。

《侵权责任法》第48条规定："机动车发生交通事故造成损害的，依照道路交通安全法的有关规定承担赔偿责任。"《道路交通安全法》第76条第1款规定："机动车发生交通事故造成人身伤亡、财产损失的，由保险公司在机动车第三者责任强制保险责任限额范围内予以赔偿；不足的部分，按照下列规定承担赔偿责任：（一）机动车之间发生交通事故的，由有过错的一方承担赔偿责任；双方都有过错的，按照各自过错的比例分担责任。（二）机动车与非机动车驾驶人、行人之间发生交通事故，非机动车驾驶人、行人没有过错的，由机动车一方承担赔偿责任；有证据证明非机动车驾驶人、行人有过错的，根据过错程度适当减轻机动车一方的赔偿责任；机动车一方没有过错的，承担不超过百分之十的赔偿责任。"第2款规定："交通事故的损失是由非机动车驾驶人、行人故意碰撞机动车造成的，机动车一方不承担赔偿责任。"上述规定表明，机动车与非机动车驾驶人、行人之间发生交通事故，主要适用过错推定责任原则，同时，机动车一方还要承担一部分无过错责任。

为进一步完善机动车交通事故责任制度，《侵权责任法》根据发生事故的特殊情况作出了具体规定，如针对机动车被租赁、借用时发生事故，《侵权责任法》第49条规定："因租赁、借用等情形机动车所有人与使用人不是同一人时，发生交通事故后属于该机动车一方责任的，由保险公司在机动车强制保险责任限额范围内予以赔偿。不足部分，由机动车使用人承担赔偿责任；机动车所有人对损害的发生有过错的，承担相应的赔偿责任。"针对当事人之间已经买卖但尚未过户的机动车发生事故，《侵权责任法》第50条规定："当事人之间已经以买卖等方式转让并交付机动车但未办理所有权转移登记，发生交通事故后属于该机动车一方责任的，由保险公司在机动车强制保险责任限额范围内予以赔偿。不足部分，由受让人承担赔偿责任。"针对已达报废标准机动车或拼装车转让后发生事故，《侵权责任法》第51条规定："以买卖等方式转让拼装或者已达到报废标准的机动车，发生交通事故造成损害的，由转让人和受让人承担连带责任。"针对机动车被盗、被抢后发生事故，《侵权责任法》第52条规定："盗窃、抢劫或者抢夺的机动车发生交通事故造成损害的，由盗窃人、抢劫人或者抢夺人承担赔偿责任。保险公司在机动车强制保险责任限额范围内垫付抢救费用的，有权向交通事故责任人追偿。"此外，《侵权责任法》第53条还规定："机动车驾驶人发生交通事故后逃逸，该机动车参加强制保险的，由保险公司在机动车强制保险责任限额范围内予以赔偿；机动车不明或者该机动车未参加强制保险，需要支付被侵权人人身伤亡的抢救、丧葬等费用的，由道路交通事故社会救助基金垫付。道路交通事故社会救助基金垫付后，其管理机构有权向交通事故责任人追偿。"

三、医疗损害责任

近年来医疗纠纷逐年增多，社会普遍关注。妥善解决医疗纠纷，既要保护患者的合法权益，也要保护医院和医务人员的合法权益，还要有利于医学科学进步以及医药卫生事业发展。

1. 医疗损害的归责原则

《侵权责任法》第54条规定："患者在诊疗活动中受到损害，医疗机构及其医务人员有过错的，由医疗机构承担赔偿责任。"这是关于医疗损害责任归责原则的规定，即实行过错责任原则。患者在诊疗活动中受到损害，除了具备医疗机构及其医务人员有过错的条件外，医疗机构及其医务人员的过错还要与患者的损害具有因果关系，医疗机构才承担赔偿责任。

《侵权责任法》第55条规定："医务人员在诊疗活动中应当向患者说明病情和医疗措施。需要实施手术、特殊检查、特殊治疗的，医务人员应当及时向患者说明医疗风险、替代医疗方案等情况，并取得其书面同意；不宜向患者说明的，应当向患者的近亲属说明，并取得其书面同意。医务人员未尽到前款义务，造成患者损害的，医疗机构应当承担赔偿责任。"医务人员在诊疗活动中应当向患者或其近亲属说明病情和医疗措施，这是医务人员在诊疗活动中一般应尽的义务。违反此义务即属有过错。当然，不是说医务人员尽到了上述第55条第1款规定的义务，在后续的诊疗活动中造成患者损害的，医疗机构就可以不承担赔偿责任了。《侵权责任法》第57条规定，医务人员在诊疗活动中未尽到与当时的医疗水平相应的诊疗义务，造成患者损害的，医疗机构应当承担赔偿责任。"尽到与当时的医疗水平相应的诊疗义务"体现了侵权责任法上的重要概念——注意义务，即为了避免造成损害而合理注意的法定义务。医务人员尽管尽到了上述第55条第1款规定的义务，取得了患者或者其近亲属同意相关治疗的签字，但如果在后续的诊疗活动中未尽到与当时的医疗水平相应的诊疗义务即注意义务，造成患者损害的，医疗机构仍应当承担赔偿责任。

2. 医疗损害的过错推定

《侵权责任法》第54条规定了医疗损害的过错责任原则，第58条还规定了在什么情况下推定医疗机构有过错，即"患者有损害，因下列情形之一的，推定医疗机构有过错：（一）违反法律、行政法规、规章以及其他有关诊疗规范的规定；（二）隐匿或者拒绝提供与纠纷有关的病历资料；（三）伪造、篡改或者销毁病历资料"。

推定医疗机构有过错，并非当然认定医疗机构有过错。也就是说，医疗机构可以提出反证证明自己没有过错。2001年最高人民法院《关于民事诉讼证据的若干规定》第4条第8项规定："因医疗行为引起的侵权诉讼，由医疗机构就医疗行为与损害结果之间不存在因果关系及不存在医疗过错承担举证责任。"合理规定医疗损害责任，必须充分考虑诊疗活动的特点：第一，未知性。医学是一门探索性、经验性的学科，直至今天，我们对许多疾病的认知还非常有限。第二，特异性。人体的基因不同，体质不同，情绪不同，所处环境不同，因此患者的疾病表现、治疗效果也不同。第三，专业性。据此，在诊疗纠纷中不宜一律实行过错推定，而应当适用一般过错责任原则，只有在法律有规定的特殊情况下才适用过错推定，适用举证责任倒置规则。

3. 医疗损害的免责

《侵权责任法》第60条第1款规定："患者有损害，因下列情形之一的，医疗机构不承担赔偿责任：（一）患者或者其近亲属不配合医疗机构进行符合诊疗规范的诊疗；（二）医务人员在抢救生命垂危的患者等紧急情况下已经尽到合理诊疗义务；（三）限于当时的医疗水平难以诊疗。"这里需注意，尽管有患者或者其近亲属不配合医疗机构进行符合诊疗规范的诊疗行为，但如果医疗机构及其医务人员也有过错的，如履行说明告知义务不充分，医疗机构仍应对患者的损害承担相应的责任；反之，若医务人员已经尽到相应义务，患者的损害是因患者或者其近亲属不配合的行为所致，则医疗机构对此不应当承担赔偿责任。

四、环境污染责任

环境问题关系人的生存和发展，治理环境污染已成为世界各国的共同义务。

1. 环境污染责任的归责原则

从侵权纠纷角度研究环境污染责任，首先是要根据不同的污染源，适用不同的归责原则。居民之间生活污染所致纠纷适用过错责任，主要由《民法通则》、《物权法》规定的相邻关系解决。企业生产污染所致纠纷适用无过错责任，主要由《民法通则》、《侵权责任法》、《环境保护法》、《大气污染防治法》、《水污染防治法》等相关法律解决。我国《民法通则》第124条规定："违反国家保护环境防止污染的规定，污染环境造成他人损害的，应当依法承担民事责任。"《侵权责任法》第65条规定："因污染环境造成损害的，污染者应当承担侵权责任。"2014年修订后的《环境保护法》第64条规定："因污染环境和破坏生态造成损害的，应当依照《中华人民共和国侵权责任法》的有关规定承担侵权责任。"

对于环境污染侵权纠纷，大多数国家对企业生产等危害较大的环境污染采用无过错责任的归责原则。依无过错责任原则，在受害人有损害、污染者的行为与损害有因果关系的情况下，不论污染者有无过错，都应对其污染造成的损害承担侵权责任。

这里需要注意，国家或者地方规定的污染物排放标准，是环境保护主管部门决定排污单位是否需要缴纳排污费和进行环境管理的依据，并不是确定排污者是否承担赔偿责任的界限。即使排污符合标准，若排污给他人造成损害的，企业生产者也应当根据有损害就要赔偿的原则承担责任。

2. 环境污染责任的举证

《侵权责任法》第66条规定："因污染环境发生纠纷，污染者应当就法律规定的不承担责任或者减轻责任的情形及其行为与损害之间不存在因果关系承担举证责任。"这表明环境污染侵权实行因果关系的举证责任倒置。在环境污染责任的认定中，由受害人对污染者的行为与其损害之间存在因果关系进行举证非常困难，如果仍然按照民事诉讼中"谁主张，谁举证"原则，由受害人承担因果关系的举证义务，则受害人很难获得救济，这是由环境污染侵权的特殊性决定的。因此《侵权责任法》第66条规定将举证义务加于污染者，有利于保护受害人的合法权益。

因环境污染发生纠纷，污染者应当就法律规定的不承担责任或者减轻责任的情形承担举证责任。我国有关环境保护方面的法律中对不承担责任或者减轻责任的情形有所规定，主要涉及不可抗力、受害人故意等。

3. 第三人过错污染环境责任

《侵权责任法》第68条规定："因第三人的过错污染环境造成损害的，被侵权人可以向污染者请求赔偿，也可以向第三人请求赔偿。污染者赔偿后，有权向第三人追偿。"

第三人的过错，是指除污染者与被侵权人之外的第三人，对被侵权人损害的发生具有过错，此种过错包括故意和过失。第三人过错污染环境责任需具备以下几个条件：首先，第三人是指被侵权人和污染者之外的第三人，即第三人不属于被侵权人和污染者一方，第三人与被侵权人和污染者之间不存在法律上的隶属关系，如雇佣关系等。其次，第三人和污染者之间不存在意思联络。如果第三人与污染者有意思联络，则第三人与污染者构成共同侵权。

五、高度危险责任

1. 高度危险责任的归责原则

《侵权责任法》第 69 条规定："从事高度危险作业造成他人损害的，应当承担侵权责任。"这里讲的"高度危险作业"，既包括使用民用核设施、高速轨道运输工具和从事高压、高空、地下采掘等高度危险活动，也包括占有、使用易燃、易爆、剧毒和放射性等高度危险物的行为。构成高度危险作业应具备以下三个条件：一是，作业本身具有高度危险性。也就是说，危险性变为现实损害的几率很大，超过了一般人正常的防范意识，或者说超过了在一般条件下人们可以避免或者躲避的危险。二是，高度危险作业中即使采取安全措施并尽到了相当的注意，也无法避免损害。日常生活中，任何一种活动都可能对周围人们的财产或人身产生一定的危险性，但高度危险作业则具有不完全受人控制或者让人难以控制的危害性。三是，不考虑高度危险作业人对造成损害是否有过错。

高度危险作业造成他人损害的，应当承担无过错责任，就是说只要是高度危险作业造成他人人身、财产损害的，无论作业人是否有过错，他都要承担侵权责任。高度危险责任采用无过错责任原则，是大部分国家的普遍做法。我国《民法通则》也将高度危险责任规定为无过错责任。其后根据《民法通则》制定的铁路法、电力法和民用航空法等单行法也确认了有关高度危险作业的无过错责任。

2. 高度危险责任的具体规定

《侵权责任法》分别对民用核设施发生核事故、民用航空器造成他人损害等情形作了规定。第 70 条规定："民用核设施发生核事故造成他人损害的，民用核设施的经营者应当承担侵权责任，但能够证明损害是因战争等情形或者受害人故意造成的，不承担责任。"第 71 条规定："民用航空器造成他人损害的，民用航空器的经营者应当承担侵权责任，但能够证明损害是因受害人故意造成的，不承担责任。"第 72 条规定："占有或者使用易燃、易爆、剧毒、放射性等高度危险物造成他人损害的，占有人或者使用人应当承担侵权责任，但能够证明损害是因受害人故意或者不可抗力造成的，不承担责任。被侵权人对损害的发生有重大过失的，可以减轻占有人或者使用人的责任。"第 73 条规定："从事高空、高压、地下挖掘活动或者使用高速轨道运输工具造成他人损害的，经营者应当承担侵权责任，但能够证明损害是因受害人故意或者不可抗力造成的，不承担责任。被侵权人对损害的发生有过失的，可以减轻经营者的责任。"第 74 条规定："遗失、抛弃高度危险物造成他人损害的，由所有人承担侵权责任。所有人将高度危险物交由他人管理的，由管理人承担侵权责任；所有人有过错的，与管理人承担连带责任。"第 75 条规定："非法占有高度危险物造成他人损害的，由非法占有人承担侵权责任。所有人、管理人不能证明对防止他人非法占有尽到高度注意义务的，与非法占有人承担连带责任。"第 76 条规定："未经许可进入高度危险活动区域或者高度危险物存放区域受到损害，管理人已经采取安全措施并尽到警示义务的，可以减轻或者不承担责任。"

六、物件损害责任

物件损害责任，又称物件致害责任，是指管领物件的人未尽适当注意义务，致使物件造成他人损害，应当承担对物的替代责任。在我国，物件损害责任主要包括建筑物等设施及其搁置物、悬挂物脱落损害责任，建筑物等设施倒塌损害责任，不明抛掷物、坠落物损害责任，堆放物倒塌损害责任，妨碍通行物损害责任，林木折断损害责任以及地面施工损害责任。物件损害责任是一种特殊侵权责任，属于对物的替代责任。[①] 物件损害责任归责原则适用过错推定原则。

物件损害责任的构成要件有四个：第一，须有物件致害行为；第二，须有受害人的损害事实；第三，损害事实须与物件致害行为之间有因果关系；第四，物件所有人或者管理人须有过错（采过错推定方式）。

物件损害责任的赔偿责任主体包括：所有人、管理人、其他占有人。依承包、租赁等法律行为经营、使用他人物件的，由约定的责任者承担赔偿责任。没有约定的，原则上由承包、租赁者承担责任；其没有过错的，由所有人承担赔偿责任。

物件损害责任的免责事由包括：第一，物件所有人或者管理人无过错；第二，不可抗力；第三，第三人的过错；第四，受害人故意或者过失。受害人故意的，物件所有人或管理人完全免责；如果双方都有过错，实行过失相抵。

《侵权责任法》第85条规定："建筑物、构筑物或者其他设施及其搁置物、悬挂物发生脱落、坠落造成他人损害，所有人、管理人或者使用人不能证明自己没有过错的，应当承担侵权责任。所有人、管理人或者使用人赔偿后，有其他责任人的，有权向其他责任人追偿。"建筑物、构筑物或者其他设施及其搁置物、悬挂物脱落、坠落造成他人损害的责任，是侵权责任法中的重要制度。《民法通则》第126条规定："建筑物或者其他设施以及建筑物上的搁置物、悬挂物发生倒塌、脱落、坠落造成他人损害的，它的所有人或者管理人应当承担民事责任，但能够证明自己没有过错的除外。"最高人民法院《关于审理人身损害赔偿案件适用法律若干问题的解释》第16条规定，道路、桥梁、隧道等人工建造的构筑物因维护、管理瑕疵致人损害的，适用《民法通则》第126条的规定，由所有人或者管理人承担赔偿责任，但其能够证明自己没有过错的除外。最高人民法院《关于民事诉讼证据的若干规定》第4条第4项规定，建筑物或者其他设施以及建筑物上的搁置物、悬挂物发生倒塌、脱落、坠落致人损害的侵权诉讼，由所有人或者管理人对其无过错承担举证责任。在民法通则、司法解释和司法实践经验的基础上，《侵权责任法》第85条对建筑物、构筑物或者其他设施及其搁置物、悬挂物脱落、坠落造成他人损害责任作了上述规定。

构筑物或者其他设施是指人工建造的、固定在土地上的建筑物以外的某些设施，例如道路、桥梁、隧道、城墙、堤坝等。一般情况下，有关设施或者物体的脱落、坠落与所有人、管理人或者使用人在管理、维护时存在过错有很大关系。另外，被侵权人通常并不了解建筑物等设施及其搁置物、悬挂物的管理、维护情况，很难获得足够的证据。因此，让被侵权人来证明所有人、管理人或者使用人的过错，对被侵权人来说不公平。采用过错推定原则，既符合社会生活的实际情况，也有利于保护被侵权人的合法权益。

为防止和制裁不动产倒塌致人损害的"豆腐渣工程"，《侵权责任法》第86条规定："建筑物、构筑物或者其他设施倒塌造成他人损害的，由建设单位与施工单位承担连带责任。建设单位、施工单位赔偿后，有其他责任人的，有权向其他责任人追偿。因其他责任人的原因，建筑

---

① 参见韩世远：《物件损害责任的体系位置》，载《法商研究》，2010（6）。

物、构筑物或者其他设施倒塌造成他人损害的，由其他责任人承担侵权责任。”一般来讲，该条规定的“其他责任人”，主要包括勘察单位、设计单位、监理单位等。

《侵权责任法》第 87 条规定：“从建筑物中抛掷物品或者从建筑物上坠落的物品造成他人损害，难以确定具体侵权人的，除能够证明自己不是侵权人的外，由可能加害的建筑物使用人给予补偿。”这是关于从建筑物中抛掷的物品或者从建筑物上坠落的物品造成他人损害，难以确定具体加害人时，如何对被侵权人进行救济的规定。难以确定具体侵权人，是指无法确定物品具体是从哪一个房间抛掷、坠落的，因此无法确定具体的侵权人。使用人包括使用建筑物的所有权人、承租人、借用人以及其他使用建筑物的人。物业服务公司是否属于建筑物使用人，要视具体情况而定。一般情况下，物业服务公司只是与业主签订合同，负责对物业的管理、服务，并不占有、控制建筑物本身，其不属于建筑物使用人。但是，如果物业服务公司实际占有、使用建筑物，则其也属于建筑物使用人。

《侵权责任法》第 86 条规定采用举证责任倒置，即无法确定具体的侵权人的，由被侵权人证明自己是被建筑物上的抛掷物、坠落物伤害的，由建筑物使用人证明自己不是侵权人。建筑物使用人不能证明自己不是侵权人的，要对被侵权人受到的损害进行补偿。如果有证据能够确定具体的侵权人，则其他可能实施加害行为的建筑物使用人无须再举证证明自己不是侵权人。

建筑物抛掷物、坠落物造成他人损害，难以确定具体侵权人的，由可能实施加害行为的建筑物使用人对被侵权人给予补偿。各个可能实施加害行为的建筑物使用人之间不承担连带责任，而是按份分别对被侵权人进行补偿。被侵权人不能要求某一个或一部分可能实施加害行为的建筑物使用人补偿其全部的损害，可能实施加害行为的建筑物使用人按照自己应承担的份额对被侵权人进行补偿后，也不能向其他可能实施加害行为的建筑物使用人追偿。但是，发现了真正侵权人的，可以向真正的侵权人进行追偿。

建筑物抛掷物、坠落物造成他人损害，特别是造成他人重伤、残疾的，如果让被侵权人自己承担损害后果，可能会导致其陷入生活的困境。而让可能实施加害行为的建筑物使用人对被侵权人进行补偿，每一个可能实施加害行为的建筑物使用人只承担整个损失的一小部分。从总体上来讲，侵权责任法的这一规定有利于合理分散损失，有利于促进社会和谐稳定。

其他关于物件损害责任的规定包括，《侵权责任法》第 88 条规定：“堆放物倒塌造成他人损害，堆放人不能证明自己没有过错的，应当承担侵权责任。”第 89 条规定：“在公共道路上堆放、倾倒、遗撒妨碍通行的物品造成他人损害的，有关单位或者个人应当承担侵权责任。”第 90 条规定：“因林木折断造成他人损害，林木的所有人或者管理人不能证明自己没有过错的，应当承担侵权责任。”第 91 条规定：“在公共场所或者道路上挖坑、修缮安装地下设施等，没有设置明显标志和采取安全措施造成他人损害的，施工人应当承担侵权责任。窨井等地下设施造成他人损害，管理人不能证明尽到管理职责的，应当承担侵权责任。”

七、动物饲养人或者管理人的责任

在各类侵权行为中，饲养动物致人损害是一种特殊的形式，其特殊性在于它是一种由间接侵权引发的直接责任，其加害行为是人的行为与动物的行为的复合。人的行为是指人对动物的所有、占有、饲养或者管理。动物的行为是直接的加害行为。这两种行为相结合，才能构成侵权行为。

《侵权责任法》第78条规定："饲养的动物造成他人损害的，动物饲养人或者管理人应当承担侵权责任，但能够证明损害是因被侵权人故意或者重大过失造成的，可以不承担或者减轻责任。"第79条规定："违反管理规定，未对动物采取安全措施造成他人损害的，动物饲养人或者管理人应当承担侵权责任。"第81条规定："动物园的动物造成他人损害的，动物园应当承担侵权责任，但能够证明尽到管理职责的，不承担责任。"第82条规定："遗弃、逃逸的动物在遗弃、逃逸期间造成他人损害的，由原动物饲养人或者管理人承担侵权责任。"第83条规定："因第三人的过错致使动物造成他人损害的，被侵权人可以向动物饲养人或者管理人请求赔偿，也可以向第三人请求赔偿。动物饲养人或者管理人赔偿后，有权向第三人追偿。"

对动物饲养人或者管理人的责任承担进行特别规定的原因，在于动物具有令人难以估量的行为及因此而对他人的生命、健康和财产造成侵害的危险，因此，动物饲养人或者管理人必须对所有由于这种动物的难以估量的行为而发生的损害承担责任。

案例评析

案件结果：人民法院判决，鳄鱼管理人被告刘某某和鳄鱼湖经营者被告旅游度假有限公司共同赔偿被鳄鱼吞噬小孩父母死亡赔偿金、丧葬费、交通费和误工费、公证费及精神损害抚慰金合计219 414.4元。被告刘某某作为鳄鱼的所有人和管理人，旅游度假有限公司作为鳄鱼湖的业主和管理者，双方对鳄鱼湖的安全管理均应当负有完全的责任，但事发当日，鳄鱼湖却存在安全隐患，鳄鱼湖外墙铁栅栏大门未锁，管理人员回家做饭，使刘某及其他小孩得以轻易进入鳄鱼湖；鳄鱼湖虽设有两道防护设施但门边围墙有坍塌处，外人容易入内。两被告对事故的发生有疏忽大意、看管不力之过错，对事故的发生应负主要责任，因此由两被告共同承担责任，赔偿死亡赔偿金、丧葬费、交通费和误工费、公证费合计186 768元的80%责任即149 414.4元。未成年人刘某身葬鳄鱼腹，给其父母造成了巨大的精神伤害，因此由两被告赔偿两原告精神损害抚慰金7万元，以上赔偿费用合计219 414.4元。

法理分析：饲养的动物造成他人损害的，动物饲养人或者管理人应当承担侵权责任。作为未成年人的刘某，脱离其父母看管，擅自进入有各种警示牌的鳄鱼湖，攀越鳄鱼湖内护栏进入鳄鱼池，并用弹弓、树枝挑逗鳄鱼，引起鳄鱼攻击，对事故的发生是存在一定过错的，也就是说，被侵权人致害，是因自己挑逗、刺激等诱发动物攻击的行为直接造成的。另外，两原告作为监护人对其监护不力，也负有一定责任，对刘某死亡引起的各项损失应负次要责任，即承担20%的责任。

延伸阅读

相关法律

1.《中华人民共和国民法通则》；
2.《中华人民共和国产品质量法》；
3.《中华人民共和国道路交通安全法》；
4.《中华人民共和国环境保护法》。

案例指引

1. 贾国宇诉北京国际气雾剂有限公司、龙口市厨房配套设备用具厂、北京市海淀区春海餐厅人身损害赔偿纠纷案（最高人民法院公报 1997 年第 2 期）；

2. 陈梅金、林德鑫诉日本三菱汽车工业株式会社损害赔偿纠纷案（最高人民法院公报 2001 年第 2 期）；

3. 郑克宝诉徐伟良、中国人民财产保险股份有限公司长兴支公司道路交通事故人身损害赔偿纠纷案（最高人民法院公报 2008 年第 7 期）；

4. 最高人民法院《关于财保六安分公司与李国福等道路交通事故人身损害赔偿纠纷请示的复函》（2008 年 10 月 16 日）；

5. 陆耀东诉永达公司环境污染损害赔偿纠纷案（最高人民法院公报 2005 年第 5 期）；

6. 江宁县东山镇副业公司与江苏省南京机场高速公路管理处损害赔偿纠纷案（最高人民法院公报 2000 年第 1 期）；

7. 王烈凤诉千阳县公路管理段人身损害赔偿纠纷案（最高人民法院公报 1990 年第 2 期）。

知识点思维导图

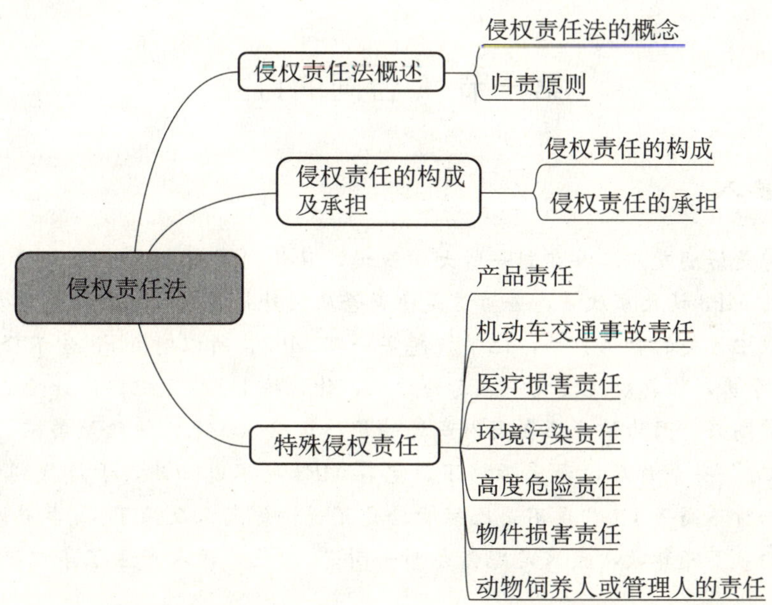

实战练习

2010 年 2 月 1 日，王二骑自行车回家途中，遭遇车祸，住进了医院。交警认定机动车一方负全责，王二无责任。王二在医院住院治疗 30 天。出院后，医生开具医嘱，建议王二回家继续休养 1 个月，注意增加营养，并定期做复查。后经伤残鉴定，王二构成十级伤残。

问题：王二可以向交通事故责任方主张哪些赔偿？王二能否提出精神损害赔偿请求？

第十一章 合同法

学习目标：合同法是民法的重要组成部分，是市场经济的基本法律，在社会主义法律体系中占有不可或缺的地位。通过本课程的学习要求学生系统掌握我国合同法的基本概念、基本知识、基本理论，掌握合同成立、生效和履行规则，培养学生运用所学理论和知识分析和解决实际问题的能力。

第一节 合同的订立

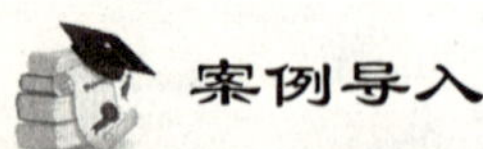

张华与李勇是好朋友，二人在同一所大学就读，且住同一宿舍。2003年2月25日晚，张华拿出一款新的MP3请大家欣赏，并称这是他爸爸从国外带回来的。当传到李勇手中的时候，李勇顿时被耳机中优美的音乐打动，他早就想买一部MP3，所以对MP3爱不释手。张华见此情形，便说："李勇，你喜欢就便宜一点卖给你吧，你就给1 000元吧，谁让咱们是好朋友呢！"李勇一听，非常高兴，因为该产品在国内商场的价格近2 000元，便欣然答应，并说："钱过一阵子再给你吧。"半个月后，李勇听够了，觉着MP3也不过如此，于是找到张华要将MP3还给他，张华一听不高兴了："我不是已经卖给你了吗？你怎么反悔了？"李勇说："那是咱们在宿舍说着玩的，不能算数，我只是想借着听一听。"为此，两人产生了争议，张华坚持要李勇付款。

问题：双方订立的合同是否具有法律效力？

一、合同的概念和特点

（一）合同的概念

合同是平等主体的自然人、法人、其他组织之间设立、变更、终止民事权利义务关系的协议。

合同这种行为方式已经被广泛应用于社会生活的各个方面，在社会生活中存在着各种各样的合同。从合同所调整的社会关系的性质来看，合同可分为：民事合同（是平等民事主体之间订立的协议）；劳动合同（是劳动者与用人单位之间明确劳动权利和义务关系的协议）；行政合同（是行政关系的主体之间为实现管理的目的而订立的协议，由行政法调整，如综合治理、计划生育、环境保护等协议或责任状）。①

合同法所称的合同就是民事合同，不包括劳动合同和行政合同，而且不是所有的民事合同，而（主要）是指有关财产关系的民事合同。有关身份关系的协议，如婚姻、收养、监护等协议适用其他法律，如婚姻法、收养法等，不适用合同法。

（二）合同的特点

1. 合同是一种协议。协议就是指经过谈判、协商后所取得的一致的意见，是意思表示的一致。也就是人们就做某件事情经过讨价还价后达成的相同的没有分歧的想法。

2. 合同是一种民事法律行为。《民法通则》规定："民事法律行为是公民或者法人设立、变更、终止民事权利和民事义务的合法行为。"合同必须是一种合法行为；以设立民事权利义务关系为目的。只有合法才受法律保护，才能产生当事人所预期的法律后果。如果不合法，即使达成协议，法律也不保护，也不能产生合同效力，不能产生当事人所预期的法律后果。

3. 合同当事人之间具有平等法律地位。合同作为当事人之间意思表示一致的法律行为，要求当事人之间必须具有平等的法律地位，没有高低贵贱之分，谁也不能命令谁，谁也不能强迫谁。如果当事人之间的法律地位不平等，就不可能有真实表达自己意思的自由，亦不可能有真正的讨价还价，因而也就无法认定当事人之间的意思表示是否一致。地位不平等的主体之间的合同，如行政管理合同、企业内部生产责任制等，不是合同法上所说的合同，都不适用合同法。

二、合同的形式

合同的形式，又称合同的方式，是当事人合意的表现形式。

具体说，是指订立合同的当事人各方协商一致而成立合同的外在表现方式。一方面，合同的形式反映着当事人双方一致同意的合同的内容，是当事人双方意思表示一致的外在表现；另一方面，只有通过合同的形式，才能证明合同的客观存在，合同的内容也才能为他人所知晓。

我国现行法对合同形式的态度主要体现在《民法通则》第56条的规定中，《合同法》继承并完善了它，在第10条规定，"当事人订立合同，有书面形式、口头形式和其他形式。法律、行政法规规定采用书面形式的，应当采用书面形式。当事人约定采用书面形式的，应当采用书面形式。"

1. 口头形式

口头形式，是指当事人只用口头语言为意思表示订立合同，而不用文字表达协议内容的形式。口头形式在日常生活中经常被采用。集市的现货交易、商店里的零售等一般都采用口头形式。

合同采取口头形式，无须当事人特别指明。凡当事人无约定，法律未规定须采用特定形式的合同，均可采用口头形式。但发生争议时当事人必须举证证明合同的存在及合同关系的内容。合同采取口头形式并不意味着不能产生任何文字的凭证。人们到商店购物，有时也会要求

① 参见王卫国主编：《商法概论》，315页，北京，中国政法大学出版社，2000。

商店开具发票或其他购物凭证，但这类文字材料只能视为合同成立的证明，不能作为合同成立的要件。以口头形式订立合同，可以简化手续、方便交易提高效益，但其缺点是发生合同纠纷时难以取证，不易分清责任。所以，对于不能即时清结的合同和标的数额较大的合同，不宜采用这种形式。

2. 书面形式

书面形式，是指以文字表现当事人所订立的合同的形式。合同书以及任何记载当事人要约、承诺和权利义务内容的文件，都是合同的书面形式的具体表现。《合同法》第11条规定，“书面形式是指合同书、信件和数据电文（包括电报、电传、传真、电子数据交换和电子邮件）等可以有形地表现所载内容的形式。”

书面合同必然由文字凭据组成，但并非一切文字凭据都是书面合同的组成部分。成为书面合同的文字凭据，必须符合以下要求：有某种文字凭据，当事人或其代理人在文字凭据上签字或盖章，文字凭据上载有合同权利义务。

书面形式的最大优点是合同有据可查，发生纠纷时容易举证，便于分清责任。因此，对于关系复杂的合同、重要的合同，最好采取书面形式。①

3. 推定形式

推定形式，是指当事人未用语言、文字表达其意思表示，仅用行为向对方发出要约，对方接受该要约，作出一定或指定的行为作为承诺的，合同成立。例如，商店安装自动售货机，顾客将规定的货币投入机器内，买卖合同即成立。

三、合同的内容

合同中的内容一般应该包含以下几项条款，除第1项外，其他条款都是合同订立过程中“兵家必争之地”，因此，我们有必要对这些条款的性质和内容进一步予以明确。

1. 当事人的名称或者姓名和住所

2. 标的

合同的标的就是合同双方交易的主要内容，标的不明确，会影响交易目的的实现。合同标的条款往往与数量、质量、价款条款共同构成一个描述合同主要内容的整体，这也是造成合同标的条款被忽视的主要原因。如某些交易过程中，一方向另一方提供的不仅是产品本身，可能还附带一些服务性的内容，如安装、售后服务等无形的标的，这也是构成合同标的的重要内容。以买卖合同为例，由于买卖合同是转让标的物所有权的合同，因而要求转让人对标的物享有所有权，否则转让人就属于无权处分人，影响买卖合同的生效。

3. 数量

数量既包括总数，也包括计量单位。如果合同不对计量单位进行约定，就会造成重大的误解。如，双方可能对一套产品的“套”各有理解，此时，就需要对这套产品具体包含的产品进行约定，从而消除双方对此的误解。采用了相应计量单位后，还要注意表述的方式，如约定提供产品300套，合计约30万人民币。此时，“约”这个词就将原本精确的数据变得模糊了。

4. 价格或者报酬

价款或报酬和总数、计量单位有关。一般情况下，必须对产品或者服务的价款或者计算方

---

① 参见王利明：《合同法研究》（第一卷）（修订版），505页，北京，中国人民大学出版社，2011。

式进行明确约定，并对特殊情况下的计价方式进行明确。

5. 质量

质量条款对卖方的影响会比较大。如果双方对产品或者服务的质量进行明确约定，就可以在一定程度上防止对方向自己售卖质低价高的产品或者服务。

6. 履行期限、地点和方式

履行期限、履行地点和履行方式是当事双方之间商务谈判的重要内容，这涉及双方的履行成本和商务利益问题。

以买卖合同的履行方式为例，双方可以约定有关包装与交付、产品的清点与检验、现场安装、调试与验收、产品的技术服务和备件供应、知识产权与商业秘密的保护等其他与合同履行过程有关的条款。除此之外，双方还应当针对因为政治、暴乱、不可抗力等导致合同不能按照约定履行的情况进行约定，以便及时对突发情况进行变通处理。

如果当事方不对此进行具体的约定，当纠纷发生不能调和时，就只能按照法定的标准进行判断。

7. 违约责任

法定的违约责任一般规定得都比较笼统，如继续履行、修理、更换或者重做、退货、减少价款或者报酬、赔偿损失、违约金或者定金条款（两者不能同时适用）。当事人可以对此进行更为明确和具体的约定。周密的违约范围和违约责任的计算方式和承担方式，可以提高违约的成本，迫使双方按照合同的约定行事。

8. 解决争议的办法

当事人之间可以就争议解决方法进行明确的约定，通过进一步细分，对各种情况下如何处理和如何承担责任的问题进行规定，以避免无谓的诉讼。当争议发生后，当事人可以先进行友好协商，如果协商不能，当事人再考虑选择通过仲裁或者诉讼来解决。在约定诉讼途径的情况下，双方还可以对管辖法院作出进一步的明确约定。在约定仲裁途径的情况下，可以对仲裁地点、仲裁法院、仲裁所依据的法律作出进一步的明确约定。

四、合同订立的程序

（一）要约

1. 要约和要约邀请

要约是希望和他人订立合同的意思表示。也就是一方当事人以订立合同为目的，向对方当事人提出合同条件，希望对方当事人接受。其中发出要约的一方称为要约人，对方当事人则称为受要约人。

要约邀请是希望他人向自己发出要约的意思表示。要约邀请有三个特点：一是其内容不具备合同成立的全部必要因素，一般只有标的，有时候有价格。二是要约邀请对当事人不具有约束力。因为要约邀请只是订立合同的一种预备行为。其本身不发生法律后果，对当事人不具有约束力，要约人并不受其约束。三是要约邀请的相对人一般为不特定的人。

商品价目表、拍卖公告、招标公告、招股说明书、商业广告等为要约邀请。但商业广告的内容符合要约规定的，视为要约。如“本公司有大量某种型号的水泥，价格为200元/吨，保证现货供应”，即为要约。

2. 要约的构成条件

(1) 内容具体确定。要约的内容必须是明确的，不是含糊不清的，必须包含要约人所希望订立的合同的基本条款，如果受要约人表示同意，合同即告成立。否则，即使是受要约人作出答复，合同也不能成立。

(2) 表明经受要约人承诺，要约人即受该意思表示约束。即要约人在要约中表明他自身受该意思表示的约束，对方一经承诺，他就要和对方签订合同。如果其意思表示中附有某种条件，比如"以签订合同确认书为准"、"须以本公司最后确认为准"、"须以货物尚未售出为准"、"仅供参考"等字样，则是要约邀请，不是要约。因其不含有受该意思表示约束的意思。

(3) 受要约人一般为特定的人。但广告要约的受要约人为不特定的人。

3. 要约的生效

我国《合同法》采用的是到达主义原则，规定：要约到达受要约人时生效。采用数据电文形式订立合同，收件人指定特定系统接收数据电文的，该数据电文进入该特定系统的时间，视为到达时间；未指定特定系统的，该数据电文进入收件人的任何系统的首次时间，视为到达时间。

(1) 要约的撤回

要约撤回，是指要约人在要约生效前，阻止要约发生法律效力的行为。撤回是为了尊重要约人的意志和保护要约人的利益。如要约发出后，市场行情发生重大变化，如果再以原要约订立合同，将遭受重大损失。这时，要约人就可以撤回要约，避免损失的发生。但撤回要约不是无条件的、随意的，否则会影响交易的安全。所以，《合同法》规定：撤回要约的通知应当在要约到达受要约人之前或者与要约同时到达受要约人。

(2) 要约的撤销

要约撤销，是指要约人在要约生效后，将该项要约取消，从而使要约的法律效力归于消灭的行为。规定要约的撤销，是考虑到要约到达受要约人后，也可能出现一些不利的情况，如遇到不可抗力；发现要约内容存在缺陷和错误；市场行情发生变化；等等。这对于保护要约人的利益也是很有必要的。

撤销与撤回都旨在使要约作废，从后果上看，好像是一样的。但二者存在重要的区别。撤回是在要约到达受要约人生效前的行为，而撤销是在要约到达受要约人生效后的行为。这时可能影响到受要约人的利益。因此，两者的条件和受到的限制是不一样的。《合同法》规定："撤销要约的通知应当在受要约人发出承诺通知之前到达受要约人。"此外，《合同法》还规定了不得撤销要约的情形，否则，将会在实际上否定要约的法律效力。[①]

4. 要约的失效

要约失效是指要约丧失其法律效力，当事人，尤其是要约人不再受其约束。

《合同法》第20条规定：有下列情形之一的，要约失效：(1) 拒绝要约的通知到达要约人；(2) 要约人依法撤销要约（没有撤回，因为撤回的要约未生效，也就不存在失效的问题）；(3) 承诺期限届满，受要约人未作出承诺；(4) 受要约人对要约的内容作出实质性变更。

(二) 承诺

承诺是指受要约人同意要约的意思表示。承诺应当以通知的方式作出，但根据交易习惯

① 参见李显东主编：《中国合同法要义与案例释解》，57页，北京，中国民主法制出版社，1999。

或者要约表明可以通过行为作出承诺的除外。

1. 承诺的条件

（1）承诺的主体只能是受要约人。这意味着，非受要约人作出的承诺的意思表示并非承诺，而是向要约人发出的要约。

（2）承诺的内容是同意要约，它强调承诺的内容与要约的内容应当一致。承诺实质性变更要约的，为新要约。我国合同法对承诺与要约内容的一致性原则作了灵活处理，允许承诺作出大量实质性变更。

（3）承诺应当在要约确定的期限内到达要约人。要约没有确定承诺期限，承诺应当按照下列规定到达：要约以对话方式作出的，应当及时作出承诺，但当事人另有约定的除外；要约以其他方式作出的，承诺应当在合理期限内到达。

2. 承诺迟到的效力

（1）因承诺自身原因迟到的，原则上承诺无效，为新要约。《合同法》第 28 条规定：受要约人超过承诺期限发出承诺，除要约人及时通知受要约人该承诺有效的以外，为新要约。

（2）因非由于承诺人自身原因迟到的，原则上承诺有效。《合同法》29 条规定：受要约人在承诺期限内发出承诺，按照通常情形能够及时到达要约人，但因其他原因承诺到达要约人时超过承诺期限的，除要约人及时通知受要约人因承诺超过期限不接受该承诺的以外，该承诺有效。

3. 承诺的效力

承诺通知到达要约人时生效。承诺不需要通知的，根据交易习惯或者要约的要求作出承诺的行为时生效。承诺的生效亦采取到达主义，与要约相同。承诺生效时合同成立，承诺生效的地点为合同成立的地点。

4. 承诺的失效

有下列情形之一的，受要约人接受要约所做的答复不发生法律效力：

（1）承诺撤回。承诺人可以发出承诺后又撤回承诺，但撤回承诺的通知应当在承诺通知到达要约人之前或者与承诺通知同时到达要约人。

（2）承诺逾期，要约方没有认可其为承诺。

案例评析

在本案中，李勇在口头答应张华购买其 MP3 后，能否以“说着玩”为由否认合同的存在而不履行其付款义务，这是本案的争议所在。

在本案中，张华与李勇之间存在一个口头约定，这种口头约定实际上是合同的一种形式，所谓口头合同，是指双方当事人只用谈话、电话等语言形式对合同内容达成一致的协议，无任何书面的或其他有形载体来表现合同内容。根据《合同法》第 10 条的规定，除法律、行政法规规定或者当事人约定应当采用书面形式的合同外，当事人订立合同可以采用书面形式、口头形式和其他形式。口头合同具有与书面合同一样的效力，只要口头合同符合合同的成立及有效要件，该合同即具有法律效力，受法律保护。在本案中，张华与李勇订立的口头合同是双方真实意思的体现，不属于应当采取书面形式订立合同的情况，因此，该合同有效成立，李勇不能以“说着玩”为借口否认合同的存在，应当履行自己的义务，向张华支付价款1 000元。

第二节　合同的效力

案例导入

2013年5月11日下午，华光照相器材商店购进一批新型数码相机，每台定价为2 998元。售货员王某在制作标价牌时，由于工作中的疏忽，误将2 998元标为1 998元，贴完后未予检查便下班了。第二天上午，顾客英国人史密斯来到该店购物时，发现在别处卖近三千元的该款数码相机在这里只卖1 998元，遂买了两台。事后，当售货员王某再次去库房取货时，才发现每台少收了1 000元。商店经多方查找，终于找到史密斯，商店要求其退货或补足差价。史密斯称，自己买回的两台相机是按照标价付了钱的，买卖已成交，岂有商店要求顾客退货或补足差价之理。商店遂以史密斯为被告诉到法院，要求退货或补足差价。

问题：(1) 商店将商品的价格标错造成的损失应当由谁承担？为什么？(2) 本案属于哪种可撤销合同形式？

知识讲解

一、合同生效的概念和内容

合同的生效是指已经成立的合同开始发生以国家强制力保障的法律约束力，即合同发生法律效力。

此处所说的法律效力并不是指合同能够像法律那样产生约束力。因为当事人的意志符合国家的意志和社会利益，所以国家赋予当事人的意志以约束力；要求合同当事人严格履行合同，如果当事人不履行合同，则依靠国家强制力强制当事人履行合同并承担违约责任。可见合同的效力本身介入了国家意志；如果合同不符合国家意志，该合同将会被宣告无效或被撤销。

二、合同的生效要件

合同的效力仅存在于已经成立并且具备法定要件的合同，而并非是所有已成立的合同。只有满足一定的要求，合同的效力才能够实现。根据《合同法》的规定，合同的生效应当符合下列条件：

1. 当事人具有相应的民事行为能力

《合同法》第9条规定："当事人订立合同，应当具有相应的民事权利能力和民事行为能力。"行为人只有具备相应的民事权利能力和民事行为能力，能够正确理解自己行为的性质和后果、独立表达自己意思，才能成为合同的主体，其合同行为才能发生法律效力。

2. 意思表示真实

所谓意思表示真实，是指表意人的表示行为应当真实地反映其内心的效果意思。因为合同在本质上乃是当事人之间的一种合意，此种合意符合法律规定，依法律可以产生法律约束力；而当事人的意思表示能否产生此种约束力，则取决于此种意思表示是否同行为人的真实意思相符合。[①]

3. 不违反强制性法律规范及社会公共利益

从法律上看，合同之所以能产生法律效力，就在于当事人的意思表示符合法律的规定。合同不仅应符合法律规定，而且在内容上不得违反社会公共利益。将不违反社会公共利益作为合同的生效要件，可以大大弥补法律规定的不足。

4. 合同必须具备法律所要求的形式

《合同法》第44条作出规定："法律、行政法规规定应当办理批准、登记等手续生效的，依照其规定。"可见，我国法律承认当事人可以依法选择合同的形式。但是，如果法律对合同的形式作出了特殊规定，当事人必须遵守法律规定。

三、效力待定合同

效力待定（或者叫未定）的合同是指这些合同的签订从主体上来看存在着某些瑕疵，不完全符合法律的规定。那么其效力，在某些情况下认定其是有效的，在某些情况下认定其是无效的。因此人们把这种合同叫做效力未定或者效力待定合同。

（一）限制民事行为能力人订立的合同

《合同法》第47条规定：限制民事行为能力人订立的合同，经法定代理人追认后，该合同有效，但纯获利益的合同或者与其年龄、智力、精神健康状况相适应而订立的合同，不必经法定代理人追认。相对人可以催告法定代理人在1个月内予以追认。法定代理人未作表示的，视为拒绝追认。合同被追认之前，善意相对人有撤销的权利。撤销应当以通知的方式作出。

这里需要注意三点：一是法定代理人追认的期限是被催告后的1个月内，在1个月内未作表示的就被视为拒绝追认。二是享有撤销权的相对人必须是善意的，所谓善意的，就是指相对人在与限制行为能力人签订合同时并不知道其为限制行为能力人，而误以为是完全行为能力人。如果相对人主观上是非善意的，即相对人明知行为人是限制行为能力人仍与之签订合同，则不享有撤销权。三是相对人的撤销权必须是在合同被追认之前行使，如果合同已经被法定代理人追认，则合同的效力已经确定，相对人不得再进行撤销。

（二）无权代理人签订的合同

《合同法》第48条规定：行为人没有代理权、超越代理权或者代理权终止后以被代理人名义订立的合同，未经被代理人追认，对被代理人不发生效力，由行为人承担责任。相对人可以催告被代理人在1个月内予以追认。被代理人未作表示的，视为拒绝追认。合同被追认之前，善意相对人有撤销的权利。撤销应当以通知的方式作出。

无权代理是指不符合法律规定的代理行为，包括没有代理权、超越代理权和代理权终止后的代理。

同样这里也要注意三点：一是被代理人追认的期限是被催告后的1个月内，在1个月内未作表示的就被视为拒绝追认。二是享有撤销权的相对人必须是善意的，所谓善意的，就是指相对人在与"代理人"签订合同时并不知道其无代理权，如果相对人明知行为无代理权而与其签订合同则属于非善意的，不享有撤销权。三是相对人的撤销权必须是在合同被追认之前行使，

① 参见杨立新：《合同法总则》（上），142页，北京，法律出版社，1999。

如果合同已经被“被代理人”追认，则合同的效力已经确定，相对人不得再进行撤销。

（三）表见代理合同

表见代理人实际上没有代理权，但是相对人有理由相信其有代理权，法律为保护善意相对人的利益，规定代理行为有效，被代理人要承担责任。

《合同法》第49条规定：行为人没有代理权、超越代理权或者代理权终止后以被代理人名义订立合同，相对人有理由相信行为人有代理权的，该代理行为有效。

根据上述规定，表见代理有两个条件：（1）行为人为无权代理，即行为人在进行“代理”行为时确无代理权，本质上属于无权代理；（2）相对人为善意，主观上无过错，即行为人虽然实际上无代理权，但是从外部表象上看，他是有代理权的，也就是相对人完全有理由相信其是有代理权的。而且这种有代理权的表象往往是由于“被代理人”的过失引起的，在这种情况下法律强制要求被代理人履行合同义务，承担合同责任。

（四）法定代表人、负责人越权订立的合同

《合同法》第50条规定：法人或者其他组织的法定代表人、负责人超越权限订立的合同，除相对人知道或者应当知道其超越权限的以外，该代表行为有效。

（五）无处分权的人处分他人财产的合同

《合同法》第51条规定：“无处分权的人处分他人财产，经权利人追认或者无处分权的人订立合同后取得处分权的，该合同有效。”如甲把某物借给乙，乙将该物卖给丙。本来乙无处分权，乙与丙的买卖行为无效。但此后，甲同意把该物卖给乙，则乙属于事后取得处分权，乙与丙的买卖行为有效。

四、合同的无效

合同的无效是指合同已经成立，但是由于违反法定事由而使其不能产生法律约束力。对于这种合同，当事人不仅不能履行，而且要承担法律责任。①

关于合同的无效问题，曾经的三部合同法即《经济合同法》、《涉外经济合同法》、《技术合同法》及《民法通则》都作出过规定。1999年统一《合同法》规定了以下两种无效：

《合同法》第52条规定：有下列情形之一的，合同无效：（1）一方以欺诈、胁迫的手段订立合同，损害国家利益；（2）恶意串通，损害国家、集体或者第三人利益；（3）以合法形式掩盖非法目的；（4）损害社会公共利益；（5）违反法律、行政法规的强制性规定。

《合同法》在规定合同无效的同时，还规定了两项免责条款无效，即第53条规定：“合同中的下列免责条款无效：（一）造成对方人身伤害的；（二）因故意或者重大过失造成对方财产损失的。”它与第52条规定的区别是，第52条规定的情形往往造成整个合同无效，而第53条仅指有关条款无效，并不影响合同中其他条款的效力。

五、合同的可变更、可撤销

《合同法》第54条规定：下列合同，当事人一方有权请求人民法院或者仲裁机构变更或者撤销：（1）因重大误解订立的；（2）在订立合同时显失公平的。一方以欺诈、胁迫的手段或者

---

① 参见崔建远主编：《新合同法原理与案例评释》，165页，长春，吉林大学出版社，1999。

乘人之危，使对方在违背真实意思的情况下订立的合同，受损害方有权请求人民法院或者仲裁机构变更或者撤销。当事人请求变更的，人民法院或者仲裁机构不得撤销。

重大误解指行为人因对行为的性质、对方当事人、标的物的品种、质量、规格和数量等的错误认识，使行为后果与自己的意思相悖，且由于该合同造成较大损失。

显失公平指一方当事人利用自己的优势或者利用对方没有经验签订合同，致使双方的权利义务明显违反公平原则。

《合同法》第 54 条第三款的规定是为了限制法院和仲裁机构的自由量裁权，它们的行为必须以当事人的请求为基础。

六、合同无效和被撤销的法律后果

《合同法》第 56 条规定："无效的合同或者被撤销的合同自始没有法律约束力。合同部分无效，不影响其他部分效力的，其他部分仍然有效。"该条规定了合同从什么时候无效以及合同可能全部无效也可能部分无效的问题。

《合同法》第 57 条规定："合同无效、被撤销或者终止的，不影响合同中独立存在的有关解决争议方法的条款的效力。"也就是说，有关解决争议的方法的条款虽然也是合同的一部分，但在效力上却具有独立性，与其他部分分开。合同其他部分无效，该部分仍然有效，当事人之间的争议仍然要按照约定方法来解决，如，是仲裁还是诉讼；是在被告住所地、原告住所地，还是合同履行地、签订地、标的物所在地法院起诉。但约定不能违反民事诉讼法关于级别管辖和专属管辖的规定。

《合同法》第 58 条规定：合同无效或者被撤销后，因该合同取得的财产，应当予以返还；不能返还或者没有必要返还的，应当折价补偿。有过错的一方应当赔偿对方因此所受到的损失，双方都有过错的，应当各自承担相应的责任。

《合同法》第 59 条规定：当事人恶意串通，损害国家、集体或者第三人利益的，因此取得的财产收归国家所有或者返还集体、第三人。

案例评析

针对问题 1 的不同观点：

第一种观点认为：商店将商品的价格标错是由于商店的过错造成的，普通的消费者无从去了解商店的本意，也不能为商店的这种过错承担责任，而应当由商店自己承担该损失。在消费者已经按照标价支付了价款后，合同履行完毕，商店不能再要求买方退货或者补足差价。

第二种观点认为：商店虽然存在一定的过错，但履行合同会给商店造成巨大的损失，造成合同履行的不公平，依据《合同法》的规定，该合同是因重大误解而订立的合同，属于可撤销合同，商店可以行使撤销权，要求对方补足差价或者撤销合同。

本案主要涉及因当事人的意思表示不真实而订立的合同应当如何处理的问题，即涉及可撤销合同问题。

从本案来看，贴错标签不是商店的本意，而是售货员的过失造成的，商店因此遭受了损失，从公平的角度讲，不应确认该合同的法律效力。但是，由于该合同不存在对社会、国家利益的侵害，如果商店愿意承受这种损失，也可以确定其为有效合同，这完全取决于商店的选择。因此，本案中的合同属于可撤销合同。在本案中，史密斯与商店的买卖合同并不存在欺诈、胁迫或乘人之危的情形，也不存在史密斯利用优势地位与商店订立合同的可能性。售货员王某因疏忽将价格标签贴错并与史密斯订立买卖合同，应属重大误解的合同。对此，商店可以行使变更权或撤销权。如果商店行使变更权，则史密斯应当支付差价；如果商店行使撤销权，则合同归于无效，史密斯应当将两台照相机返还。

第三节 买卖合同

案例导入

2002年6月，朱宏杰到嘉华家电商场购买大屏幕背投彩电。经过细心挑选后，决定购买标价为1.3万元的松下43寸背投彩电一台。当时朱宏杰付款1万元，约定余款3 000元第二天取货时付清。为了防止背投彩电被别人买去，朱宏杰要求家电商场将其另行存放，家电商场的工作人员将其放在商场的办公室内。第二天，朱宏杰携3 000元余款去家电商场取彩电时，家电商场的工作人员称，昨晚本市突降暴雨，电闪雷鸣，商场办公室中的背投彩电被雷电击毁，但朱宏杰仍应缴清货款。朱宏杰听后很生气，与家电商场的工作人员发生争吵。朱宏杰见争吵无果，遂向法院提起诉讼。朱宏杰诉称，其选好的彩电是在家电商场的控制下毁损的，对该彩电的损失商场理应负责，并要求退回其已交付的货款。家电商场辩称，背投彩电已卖给朱宏杰，所有权已发生转移，风险理应由买受人承担，况且雷击是难以预料的，应属于不可抗力，因此要求原告补足货款。

问题：本案中，背投彩电被雷电击毁，损失由谁承担？

知识讲解

一、买卖合同的概念和特征

买卖合同是一方转移标的物的所有权于另一方，另一方支付价款的合同。转移所有权的一方为出卖人或卖方，支付价款而取得所有权的一方为买受人或者买方。

买卖是商品交换最普遍的形式，也是典型的有偿合同。根据《合同法》第174条、第175条的规定，法律对其他有偿合同的事项未作规定时，参照买卖合同的规定；互易等移转标的物所有权的合同，也参照买卖合同的规定。

买卖合同的特征：

1. 买卖合同是有偿合同。买卖合同的实质是以等价有偿方式转让标的物的所有权，即出卖人移转标的物的所有权于买方，买方向出卖人支付价款。这是买卖合同的基本特征，使其与赠与合同相区别。买卖合同是有偿民事法律行为。

2. 买卖合同是双务合同。在买卖合同中，买方和卖方都享有一定的权利，承担一定的义务。而且，其权利和义务存在对应关系，即买方的权利就是卖方的义务，买方的义务就是卖方的权利。买卖合同是双务民事法律行为。

3. 买卖合同是诺成合同。买卖合同自双方当事人意思表示一致就可以成立，不需要交付标的物。

4. 买卖合同一般是不要式合同。通常情况下，买卖合同的成立、有效并不需要具备一定的形式，但法律另有规定者除外。

5. 买卖合同是双方民事法律行为。

二、买卖合同中卖方的义务

（一）权利保证责任

一般情况下，出卖人必须享有标的物的所有权和知识产权，保证第三人不会据此向买受人主张权利。如果买受人有确切证据证明第三人可能就标的物主张权利的，可以中止支付相应的价款，但出卖人提供适当担保的除外。

例外情况：如果买受人订立合同时知道或者应当知道第三人对买卖的标的物享有权利的，出卖人不负上述保证责任。

（二）标的物的转让

标的物的所有权自标的物交付时起转移，但法律另有规定或者当事人另有约定的除外。当事人可以在买卖合同中约定买受人未履行支付价款或者其他义务的，标的物的所有权属于出卖人。

（三）相关单证的转让

在履行过程中，出卖人应当履行向买受人交付标的物或者交付提取标的物的单证。出卖人还应当按照约定或者交易习惯向买受人交付提取标的物单证以外的有关单证和资料。

（四）质量保证责任

出卖人必须根据合同约定或者法律规定交付标的物。当事人对标的物的质量要求没有约定或者约定不明确，按照国家标准、行业标准履行；没有国家标准、行业标准的，按照通常标准或者符合合同目的的特定标准履行。

凭样品买卖的当事人应当封存样品，并可以对样品质量予以说明。出卖人交付的标的物应当与样品及其说明的质量相同。

根据合同法的规定，如果质量不符合要求，则买受人可以要求出卖人承担违约责任，在下述情况发生时，买受人甚至可以解除合同：

1. 标的物为数物，其中一物不符合约定的，买受人可以就该物解除合同，但该物与他物分离使标的物的价值显受损害的，当事人可以就数物解除合同。

2. 出卖人分批交付标的物的，出卖人对其中一批标的物不交付或者交付不符合约定，致使该批标的物不能实现合同目的的，买受人可以就该批标的物解除合同。

3. 出卖人不交付其中一批标的物或者交付不符合约定，致使今后其他各批标的物的交付不能实现合同目的的，买受人可以就该批以及今后其他各批标的物解除合同。

4. 买受人如果就其中一批标的物解除合同，该批标的物与其他各批标的物相互依存的，可以就已经交付和未交付的各批标的物解除合同。

此外，出卖人应当按照约定的包装方式交付标的物。对包装方式没有约定或者约定不明确，可以补充协议。应当按照通用的方式包装，没有通用方式的，应当采取足以保护标的物的包装方式。

(五) 按时完成交付

出卖人应当按照约定的期限交付标的物。约定交付期间的，出卖人可以在该交付期间内的任何时间交付。当事人没有约定标的物的交付期限或者约定不明确的，债务人可以随时履行，债权人也可以随时要求履行，但应当给对方必要的准备时间。如果出卖人不在规定时间内完成交付，买方可以要求卖方支付迟延履行的违约金，严重的情况下，买方有解除合同的权利。

(六) 在规定地点进行交付

出卖人应当在约定的地点交付标的物。如果履行地点不明，可以补充协议，补充协议仍不能确定的，适用合同法的有关规定：

1. 标的物需要运输的，出卖人应当将标的物交付给第一承运人以运交给买受人。

2. 标的物不需要运输，出卖人和买受人订立合同时知道标的物在某一地点的，出卖人应当在该地点交付标的物；不知道标的物在某一地点的，应当在出卖人订立合同时的营业地交付标的物。

三、买卖合同中买方的义务

(一) 验货义务

买受人收到标的物时应当在约定的检验期间内检验。没有约定检验期间的，应当及时检验。当事人约定检验期间的，买受人应当在检验期间内将标的物的数量或者质量不符合约定的情形通知出卖人。买受人怠于通知的，视为标的物的数量或者质量符合约定。当事人没有约定检验期间的，买受人应当在发现或者应当发现标的物的数量或者质量不符合约定的合理期间内通知出卖人。

买受人在合理期间内未通知或者自标的物收到之日起两年内未通知出卖人的，视为标的物的数量或者质量符合约定，但对标的物有质量保证期的，适用质量保证期，不适用该两年的规定。

出卖人知道或者应当知道提供的标的物不符合约定的，买受人不受前两款规定的通知时间的限制。

(二) 收货的义务

出卖人多交标的物的，买受人可以接收或者拒绝接收多交的部分。买受人接收多交部分的，按照合同的价格支付价款；买受人拒绝接收多交部分的，应当及时通知出卖人。

(三) 支付价款的义务

买受人应当按照约定的数额、约定的时间、约定的地点、约定的方式支付价款。对分期付款的买受人来说，如果买受人未支付到期价款的金额达到全部价款的五分之一的，出卖人可以要求买受人支付全部价款或者解除合同。

(四) 保全责任

买受人因为质量或者其他原因要求退货，此时，仍负有对货物的看管和保存义务，因为买受人的原因导致货物产生毁损、灭失的风险，须由买受人来承担。

四、标的物所有权的转移，标的物毁损、灭失风险的承担和孳息的归属

(一) 标的物所有权的转移

所有权何时转移是买卖合同的核心问题之一，因为它经常关系到风险责任的承担、保险利

益的归属及买卖双方能够采取何种救济措施等。

标的物所有权的转移方法，基本上有两种：一是交付。动产一般以占有为权利的公示方法，所以动产所有权一般自交付时起转移。二是登记。不动产和法律有特别规定的动产（车辆、船舶、航空器），以登记为权利的公示方法，因此其所有权的转移须办理所有权的转移登记。但各国合同法关于标的物所有权转移的规定很不一致。我国《合同法》第133条规定："标的物的所有权自标的物交付时起转移，但法律另有规定或者当事人另有约定的除外。"这一规定与《民法通则》第72条的规定是一致的。《合同法》第134条规定："当事人可以在买卖合同中约定买受人未履行支付价款或者其他义务的，标的物的所有权属于出卖人。"可见，在我国财产所有权的转移时间有以下几种情况：

1. 交付时转移。即一般情况下，所有权随着交付而转移。交付又分为现实交付和拟制交付，拟制交付又分为简易交付、指示交付和占有改定。

2. 按法律规定转移。即法律对标的物所有权的转移时间或程序有其他规定的，在履行法定手续（程序）后所有权才能转移，而不以交付为标志。这主要是针对不动产买卖和特殊的动产买卖。比如不动产的买卖，必须办理所有权变更登记。那么在办理完了变更登记手续以后，所有权才发生转移。

3. 按当事人的约定转移。在所有权的转移程序法律没有强制性规定的情况下，当事人可以在合同中自由约定除交付以外的其他所有权转移的时间。如可以约定合同成立时，标的物所有权即发生转移；也可以约定交付标的物一定时间内发生转移；也可以约定买受人履行完合同义务后转移。

4. 买受人履行义务后转移（《合同法》第134条规定）。这实际上是第三种情况"当事人约定"的进一步明确化。即在标的物交付后，买受人支付价款和履行其他义务以前，买受人已经对该物进行了占有、使用、收益，但并未取得所有权，对该物没有处分权。这在理论上叫"所有权保留条款"，它有利于出卖人实现权利，也可以约束买受人，促使买受人积极履行义务。可以在合同中约定，也可以在合同之外单独约定。

这里说的买受人的"义务"有两方面：一是支付价款的义务。买受人未履行这一义务包括两种情况：（1）全部未支付；（2）部分未支付。对此，合同中应规定清楚，不能规定得含含糊糊，比如，可以规定一定的比例，未达到什么比例时，出卖人仍然保留所有权。也可以直接规定一个具体的数额，只有规定清楚才有利于解决纠纷，达到约定保留所有权条款的目的。这一条款一般适用于分期付款合同中。二是其他义务，比如交付包装费的义务、交付运输费用的义务、交付保管费用的义务、押运费用的义务等等。

（二）标的物毁损、灭失风险的承担

所谓"风险"，是指标的物因不可归责于任何一方当事人的事由而遭受的各种意外损失，如盗窃、火灾、沉船、渗漏、碰撞、受潮、受热、发霉、变质等。风险不是指由于当事人的故意或者过失造成的损失，而是指由意外事件或者自然灾害造成的损失。标的物风险的承担就是指风险从何时由出卖人转移至买受人。

我国《合同法》从第142条到第149条也是这样规定的，风险的转移是以交付为主，以合同成立和制裁违约为辅，同时体现契约自由原则。具体说有以下几种情况：

1. 风险自交付时起转移。《合同法》第142条规定：标的物毁损、灭失的风险，在标的物交付之前由出卖人承担，交付之后由买受人承担，但法律另有规定或者当事人另有约定的除外。第145条规定：当事人没有约定交付地点或者约定不明确，依照本法第141条第2款第1项的规定标的物需要运输的，出卖人将标的物交付给第一承运人后，标的物毁损、灭失的风险由买受人承担。

一般情况下，我国以交付作为划分风险的时间界限，这和大多数国家的做法是相同的。

2. 风险自买方违反约定之日转移。《合同法》第143条规定：因买受人的原因致使标的物不能按照约定的期限交付的，买受人应当自违反约定之日起承担标的物毁损、灭失的风险。第146条规定：出卖人按照约定或者依照本法第141条第2款第2项的规定将标的物置于交付地点，买受人违反约定没有收取的，标的物毁损、灭失的风险自违反约定之日起由买受人承担。

这种风险转移方式是指标的物实际上并没有交付，但当事人已经约定了交付日期，因为买受人的原因，未能在约定的日期完成交付。为了体现对守约方的保护和对违约方的制裁，这时标的物虽未交付，但风险仍然转移，自买受人违反约定之日，风险由买受人承担。

3. 风险自合同成立时转移。《合同法》第144条规定：出卖人出卖交由承运人运输的在途标的物，除当事人另有约定的以外，毁损、灭失的风险自合同成立时起由买受人承担。

即以“在途货”或者叫“路货”为标的物的买卖合同中，一般情况下，其风险在合同成立时起转移至买受人。这里注意是“时”而不是“日”，所以当事人应当在合同上写明成立的具体时间。

4. 风险在交付后转移。这种风险转移方式需要由当事人约定，即在《合同法》第142条和第144条规定情况下，允许当事人另行约定。这时当事人可以另行约定风险转移的时间。如果当事人没有另行约定，就不存在这种风险转移方式，如果有这种约定，则风险在交付后再转移。

（三）标的物孳息的归属

所谓孳息，是指基于对原物的所有或占有、使用而产生的收益，分为法定孳息和自然孳息。《合同法》第163条规定：标的物在交付之前产生的孳息，归出卖人所有，交付之后产生的孳息，归买受人所有。

在标的物孳息的归属问题上，与风险的转移基本上是一致的，都是以交付作为界限，不是以所有权作为界限，所有权不是判断孳息归属的根据。但与风险的承担也有些不同，那就是风险承担有例外情况，而孳息归属没有例外情况。

但在判断标的物孳息归属时，还应注意一点，那就是如果合同中明确规定孳息也是合同的标的，《合同法》第163条的规定就不适用。如当事人双方买卖一头将要产崽的母牛，本来预计交付之后才会生产，但实际上交付前母牛就产下了小牛，此小牛就不能归卖方所有。因为买方在订立合同时已包含了对小牛的预期，价格中考虑了小牛的因素，所以卖方应将母牛连同小牛一起交付买方。

案例评析

法院经审理认为：除法律另有规定或者当事人另有约定外，标的物毁损、灭失的风险责任应自交付时起转移。《合同法》第142条规定：“标的物毁损、灭失的风险，在标的物交付之前由出卖人承担，交付之后由买受人承担，除法律另有规定或者当事人另有约定的除外。”本案中的背投彩电被雷电击毁确实是不可抗力所致，但其毁损是在家电商场交付之前发生的，风险责任应由家电商场负担，因此，判决嘉华家电商场应返还朱宏杰的货款1万元。

在本案中，被告嘉华家电商场并未将原告朱宏杰所购买的背投彩电现实交付给原告，该彩电实际上还在被告的实际控制之下，应当属于尚未交付。另外，该案的情形也不属于“法律另有规定”的情形，又不存在双方当事人对标的物风险的负担作出其他约定的情形。因此，根据风险负担转移的交付主义，背投彩电被雷电击毁的风险应由嘉华家电商场承担，嘉华家电商场应向朱宏杰返还所交付的货款，剩余的货款朱宏杰无须支付。

知识点思维导图

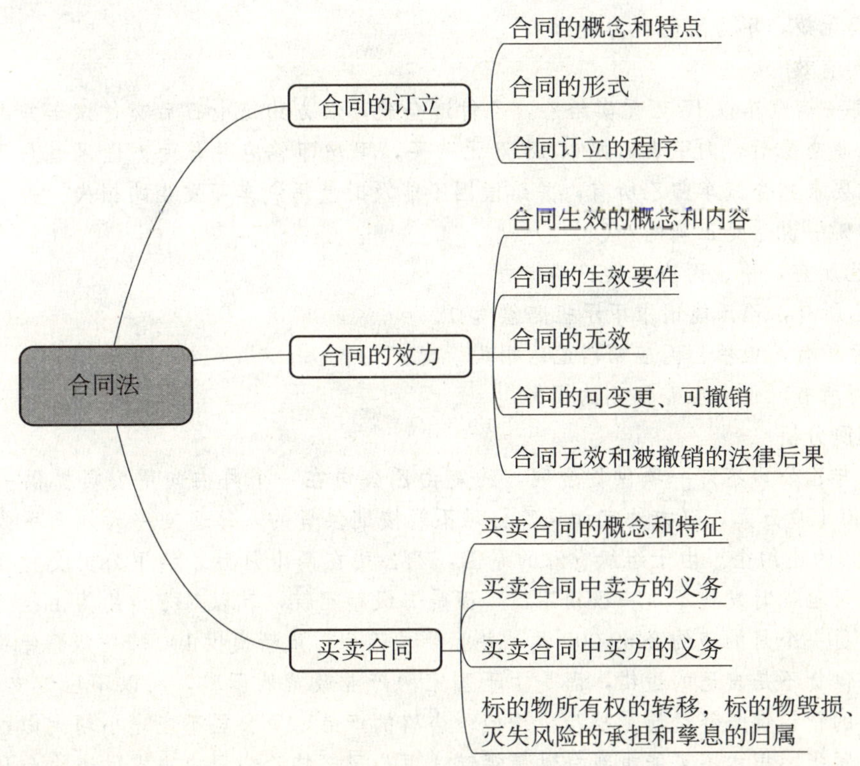

实战练习

一、选择题

1. 甲与同学打赌，故意将一台旧电脑遗留在某出租车上，看是否有人送还。与此同时，甲通过电台广播悬赏，称捡到电脑并归还者，付给奖金500元。该出租汽车司机乙很快将该电脑送回，主张奖金时遭拒。下列哪一表述是正确的？（　　）

A. 甲的悬赏属于要约　　B. 甲的悬赏属于单方允诺

C. 乙归还电脑的行为是承诺　　D. 乙送还电脑是义务，不能获得奖金

2. 甲将某物出售给乙，乙转售给丙，甲应乙的要求，将该物直接交付丙。下列哪一说法是错误的？（　　）

A. 如仅甲、乙间买卖合同无效，则甲有权向乙主张不当得利返还请求权

B. 如仅乙、丙间买卖合同无效，则乙有权向丙主张不当得利返还请求权

C. 如甲、乙间以及乙、丙间买卖合同均无效，甲无权向丙主张不当得利返还请求权

D. 如甲、乙间以及乙、丙间买卖合同均无效，甲有权向乙、乙有权向丙主张不当得利返还请求权

3. 甲17岁，以个人积蓄1 000元在慈善拍卖会拍得明星乙表演用过的道具，市价约100元。事后，甲觉得道具价值与其价格很不相称，颇为后悔。关于这一买卖，下列哪一说法是正确的？（　　）

A. 买卖显失公平，甲有权要求撤销

B. 买卖存在重大误解，甲有权要求撤销

C. 买卖无效，甲为限制行为能力人

D. 买卖有效

4. 甲将一辆汽车以15万元卖给乙，乙付清全款，双方约定七日后交付该车并办理过户手续。丙知道此交易后，向甲表示愿以18万元购买，甲当即答应并与丙办理了过户手续。乙起诉甲、丙，要求判令汽车归乙所有，并赔偿因不能及时使用汽车而发生的损失。关于该汽车的归属，下列哪一说法是正确的？（　　）

A. 归乙所有，甲、丙应赔偿乙的损失

B. 归乙所有，乙只能请求甲承担赔偿责任

C. 归丙所有，但甲、丙应赔偿乙的损失

D. 归丙所有，但丙应赔偿乙的损失

二、案例分析

甲公司与乙公司签订一项供货合同，约定由乙公司在一个月内向甲公司提供一级精铝锭100吨，价值130万元，双方约定如果乙公司不能按期供货的，每逾期一天须向甲公司支付货款价值0.1%的违约金。由于组织货源的原因，乙公司在两个月后才给甲公司交付了100吨精铝锭，甲公司验货时发现不是一级精铝锭，而是二级精铝锭，就以对方违约为由拒绝付款，要求乙公司支付一个月的违约金39 000元，并且要求乙公司重新提供100吨一级精铝锭。但是乙公司称逾期供货不是自己的过错，而是由于国家的产业政策的调整，所以不应该支付违约金，而且所提供的精铝锭是经过质量检验机构检验合格的产品，甲公司不应当小题大做，现在精铝锭供应比较紧张，根本不可能重新提供精铝锭。甲公司坚持乙公司应当支付违约金和按照合同约定的质量标准履行合同。双方为此发生争议，甲公司起诉至法院，要求乙公司支付违约金和重新履行合同。乙公司在答辩状中称，逾期供货不是自己的本意，也不是自己所能控制得了的，不应当支付违约金，即使支付违约金，也不应当支付39 000元之多，这个请求不公平。

问题：

1. 甲公司与乙公司之间签订的合同是否有效？

2. 乙公司没有在约定的时间内交付货物是客观原因还是市场原因？

主要参考文献

1. 张文显主编．法理学．北京：法律出版社，1997

2. 沈宗灵主编．法理学．北京：高等教育出版社，1998

3. 刘金国，舒国滢主编．法理学教科书．北京：中国政法大学出版社，1999

4. ［美］博登海默著，邓正来译．法理学：法律哲学与法律方法．北京：中国政法大学出版社，1999

5. 朱景文主编．法理学．北京：中国人民大学出版社，2007

6. 高铭暄，马克昌主编．刑法学．北京：北京大学出版社，高等教育出版社，2000

7. 赵秉志主编．新编刑法学教程．北京：中国人民大学出版社，1997

8. 张明楷．刑法学．北京：法律出版社，1999

9. 齐文远，刘义兵主编．刑法学．北京：人民法院出版社，2003

10. 齐文远主编．刑法学．北京：法律出版社，1999

11. 胡长清．中国民法总论．北京：中国政法大学出版社，1997

12. 史尚宽．民法总论．北京：中国政法大学出版社，2000

13. 佟柔．中国民法学·民法总则．北京：中国人民公安大学出版社，1990

14. 王泽鉴．民法思维：请求权基础理论体系．北京：北京大学出版社，2009

15. 王泽鉴．民法总则．北京：北京大学出版社，2009

16. 梁慧星．民法总论·3版．北京：法律出版社，2007

17. 梁慧星．民法学说判例与立法研究．北京：法律出版社，2003

18. 魏振瀛主编．民法·3版．北京：北京大学出版社，高等教育出版社，2007

19. 姜明安主编．行政法学与行政诉讼法学．北京：北京大学出版社，高等教育出版社，1999

20. 胡建淼．行政法学．北京：法律出版社，1998

21. 罗豪才主编．行政法学（新编本）．北京：北京大学出版社，1996

22. 应松年主编．行政法学新论．北京：中国方正出版社，1999

23. 马怀德主编．行政法与行政诉讼法．北京：中国法制出版社，2000

《　　　　　　》※任课教师调查问卷

为了能更好地为您提供优秀的教材及良好的服务，也为了进一步提高我社法学教材出版的质量，希望您能协助我们完成本次小问卷，完成后您可以在我社网站中选择与您教学相关的 1 本教材作为今后的备选教材，我们会及时为您邮寄送达！如果您不方便邮寄，也可以申请加入我社的**法学教师 QQ 群：83961183（申请时请注明法学教师）**，然后下载本问卷填写，并发往我们指定的邮箱（cruplaw@163. com）。

邮寄地址：北京市海淀区中关村大街 31 号中国人民大学出版社 411 室收

邮　　编：100080

再次感谢您在百忙中抽出时间为我们填写这份调查问卷，您的举手之劳，将使我们获益匪浅！

基本信息及联系方式：※

姓名：＿＿＿＿＿＿ 性别：＿＿＿＿＿＿ 课程：＿＿＿＿＿＿＿＿＿＿

任教学校：＿＿＿＿＿＿＿＿＿＿＿＿ 院系（所）：＿＿＿＿＿＿＿＿

邮寄地址：＿＿＿＿＿＿＿＿＿＿＿＿ 邮编：＿＿＿＿＿＿＿＿＿＿＿

电话（办公）：＿＿＿＿＿＿ 手机：＿＿＿＿＿＿ 电子邮件：＿＿＿＿＿＿

调查问卷：※

1. 您认为图书的哪类特性对您使用教材最有影响力？（　　）（可多选，按重要性排序）

   A. 各级规划教材、获奖教材　　B. 知名作者教材

   C. 完善的配套资源　　D. 自编教材

   E. 行政命令

2. 在教材配套资源中，您最需要哪些？（　　）（可多选，按重要性排序）

   A. 电子教案　　B. 教学案例

   C. 教学视频　　D. 配套习题、模拟试卷

3. 您对于本书的评价如何？（　　）

   A. 该书目前仍符合教学要求，表现不错将继续采用。

   B. 该书的配套资源需要改进，才会继续使用。

   C. 该书需要在内容或实例更新再版后才能满足我的教学，才会继续使用。

   D. 该书与同类教材差距很大，不准备继续采用了。

4. 从您的教学出发，谈谈对本书的改进建议：＿＿＿＿＿＿＿＿＿＿＿＿

＿＿＿＿＿＿＿＿＿＿＿＿＿＿＿＿＿＿＿＿＿＿＿＿＿＿＿＿＿＿＿＿＿＿

＿＿＿＿＿＿＿＿＿＿＿＿＿＿＿＿＿＿＿＿＿＿＿＿＿＿＿＿＿＿＿＿＿＿

选题征集：如果您有好的选题或出版需求，欢迎您联系我们：

联系人：黄　强　联系电话：010-62515955

索取样书：书名：＿＿＿＿＿＿＿＿＿＿＿＿＿＿＿＿＿＿＿＿＿＿＿＿

书号：＿＿＿＿＿＿＿＿＿＿＿＿＿＿＿＿＿＿＿＿＿＿＿＿＿＿＿＿＿＿

备注：※ 为必填项。